KB209702

빛나는 이토록 1982

성균관대 82학번 글모음

책을 펴내며

삶의 의미도 미처 돌아 볼 틈 없이 무엇에 홀린 듯 바삐 살았다. 그러다 40년 지기들의 삶의 여정을 세상에 드러낼 생각을 했다. 세상일은 이야기로 만들어졌기에 친구들의 삶도 이야기로 정리해 보고 싶었다. 우리의 삶도, 관계도 심지어 정체성도 그렇게 이야기로 표현되어 60세(!), 새로운 청년 시기에 이르러 서로를 보듬어 주는 울타리가 될 것 같았다. 이 책, 〈이토록 빛나는 1982〉 출간의 돛은 그렇게 올려졌다. 그 뒤 7개월의 시간이 흘렀다. 친구들의 글이 한 편 한 편 쌓였고 그때마다 말할 수 없는 기쁨과 감동이 가슴을 뜨겁게 했다.

우리가 대학을 다녔던 20대(!), 그때는 군사독재 시절이었다. 젊은 날, 역사와 민족 앞에 부끄럽지 않게 살겠다는 의지가 컸다. 어떤 대가나 영달을 위해 운동을 시작하지 않았다. '어떻게 살 것인가.' 고민하며 시대와 소통했고 시대의 아픔에 동참하여 전사가 되었을 뿐이다. 순수했던 젊은 날, 정의로운 선택을 한 대가는 혹독했다. 민주화에 대한 열망과 행동은 늘 우리를 권력의 대척점에 서게 했다. 탄압과 폭거를 온몸으로 마주할 수밖에 없었다. 시위와 수배, 교도소, 공장 생활 등은 일상의 코스였다. 그것이 어두운 시대에 깨어 있는 청년의 숙명이라 여기며 그 시절을 살았다. 그러면서 마음속 깊은 곳에 아픔이 있었다. 자식의 밝은 미래를 소망하는 부모님의 바람을 저버린 것에 대한 통한이다.

우리는 그같은 아픔을 가슴에 담고 시간의 강을 건너왔다. 굴곡지고 때론 격랑을 겪으며 살아 온 세월은 흐르는 강물과 다름없었다.

이 책의 1부는 성균관대민주동문회 82학번(이하, 성민동82)의 20대를 결정적으로 규정한 학생운동권 시절 이야기로부터 시작된다. 책 전체를 규정하는 출발점이자, 성민동82 정체성의 모체이다. 2부에 실린 이야기를 이해하는 시금석(試金石)도 될 것이다. 1부는 다섯 꼭지로 구성되었다.

이동일의 글 "시대"는 젊음의 열정을 태우게 한 철학과 가치가 무엇이었는지를 세상과 부딪치면서, 때로는 성장통을 앓으면서 체화한 이야기로 풀어냈다. 특히, 시대 상황과 운동 주체 간 어떠한 관계가 있었는지를 시기별 노선투쟁과 연계하여, 본인의 체험담과 시(詩)를 통해 처절하게 써냈다.

강재봉·권순필·장진희는 "우리의 기억"에서 성균관대 자연과학캠퍼스(이하, 자연캠) 학생운동사를 기술하였다. 자연캠의 운동 환경과 투쟁 장면을 눈앞에 펼쳐 보이듯 생생하게 묘사했다. 자연캠 운동사는 치열했음에도 유쾌한 여운이 남는 묘한(!) 스토리가 있다.

1부에는 이 밖에도 1980년대 학생운동사에서 빼놓을 수 없는 사건인 민정당사점거투쟁('84_이동일), 미문화원점거투쟁('85_구자춘)에 대한 글이 있다. 마지막 글인 "우리들의 화양연화"에서 최혜자는 운동권 세대로서 자부심을 갖는 것과 별개로, 이제 더 이상 세대의 굴레에 갇히지 말자고 말한다. 자기 자신으로 사는 삶을 만들어 보자고... 그래서 60대 이후는 온전히 나의 삶으로 살아가자고...

2부는 격정과 아픔, 유쾌한 서사를 가슴에 쌓으며 살아 온 친구들의 40년 세월(!), 긴 시간의 노고를 담고 있다. 너무도 맑고 솔직하여 거칠게까지 느껴진다. 사연을 담아 보내 준 원고 한 편 한 편을 읽고 또 읽으며 가슴이 먹먹할 때가 많았다. 입술이 마를 때도 있었고, 울컥할 때도 있었다.

온몸이 묶인 수인(囚人)이 되어 교도소 이감 중, 새벽 대관령 일출을 보며 한없이 눈물을 흘렸다는 권순필, 3남 1녀 자식들 생계를 위해 그토록 하기 싫었던 무당 생활을 감내하셨던 오수진 어머님(!), 집안의 가장 역할을 한 엄마 같았던 언니가 20대 나이로 세상을 떠나야 했던 아픈 사연을 가슴에 담고 살았던 김난희(!), 대장암 4기 항암치료 중 천우신조(天佑神助)로 일상의 생활을 하고 있는 이송지(!)... 이 외에도 각자 가슴에 묻어두고 알리지 않았던 수많은 사연이 원고를 붙들고 있는 내내 가슴을 쳤다.

친구들의 글은 나를 돌아볼 수 있게 했다. 세상을 바라보는 나의 눈높이가 낮고 부족하다는 것을 일깨워 줬고, 눈앞에 보이는 것이 전부가 아니라는 사실도 알게 해줬다. 깨달음은 정말 끝이 없는 것 같다. 또 하나, 크게 눈을 뜨게 한 것이 있다. 세상의 변화다. 변화의 폭과 깊이가 사고의 틀을 깨주었다. 운동의 영역과 소재가 예전에 비해 훨씬 넓고 다양해졌다는 것, 특히 일상에서 운동성을 지키며 발전시켜 갈 일들이 많다는 것을 알게 되었다. 공동육아, 돌봄, 대안학교, 마을공동체, 기후 및 환경, 소상공인, 소비자협동조합 활동 등이 그것이다. 교육, 연구, 공직, 목회부터 출판, 문화예술, 동화작가에 이르기까지 폭넓은 영역에서 역경을 극복하며 살아 온 친구들이 밤하늘의 별들처럼 빛나 보였다.

3부는 지난 20여 년간 우리가 함께한 활동의 사진과 사연을 담았다. 흘러간 시간, 추억은 이미지로 남는다는 명제에 충실하고자 했다. 성민동82 30주년 전후 시기에 동기 모임을 이끌었던 홍성필, 이후 조영신·권순필, 주형길이 이끈 시기, 코로나 3년을 거쳐 2022년 40주년 행사까지 모임을 이끌어준 이성수·임어진, 김병일·조영신 회장단의 2024년 현재까지의 주요활동을 사진으로 기록하였다. 이 밖에도 성민동82의 에너지원인 율풍회, 언저리모임, 여산회, 에코성균 등의 활동을 사진에 담았다. 함께 했던 유쾌한 시간이 아름다운 이미지로 남아 오래도록 회자(膾炙)되었으면 한다.

올해 여름은 유난히 길고 무더웠다. 폭염 속에서 한 마음 한 뜻으로 글을 쓰고 책을 만들어 준 친구들이 한없이 고맙다. 인생은 유한하지만 기록은 무한할 수 있기에 오늘의 이 값진 출판이 지난날 말할 수 없는 고통의 시간을 감내해야 했던 친구들에게 자그마한 위안이 되면 좋겠다. 책의 완성도를 위해 여러 친구가 함께 고생했음을 밝힌다. 친구들의 부족한 단어를 보완하고 느슨한 문장을 다듬어 글 속 원석이 빛을 내도록 도운 한필훈이 고맙다. 생업을 제쳐두고 무한토론과 교정·교열에 최선을 다해 준 소재두에게도 진실한 마음을 보낸다. 특히 따뜻한 마음으로 편집과 디자인을 책임져 더 나은 책이 될 수 있도록 열과 성을 다한 진애드 대표 윤미향과 윤미리 팀장, 직원분들 모두에게 감사의 마음을 전한다. 끝으로 책이 출판되기까지 고비마다 버팀목이 되어주고 출판 요청까지 흔쾌히 받아준, 따뜻한 벗이자 동지인 류지호 원더박스 대표에게 깊이 감사한다.

2024년 11월 8일

성민동82 회장 **김병일**

Contents

CHAPTER 01

회고와 새로운 희망

CHAPTER **01**

01

시대(時代), 1982 ~ 2024

이동일

한국철학과

미원

시대(時代), 1982 ~ 2024

혁명의 신화

우리는 누구인가. 대한민국 땅에서 1963년 언저리에 태어나 1982년 대학에 입학한 이들이다. 80년대 민주화운동 시대를 온몸으로 관통해 왔던 동질감, 역사성이 있다.

1945년 2차 세계대전이 끝나고 일본 제국주의로부터 해방되었으나 종전처리 과정에서 우리의 의사와 무관하게 남북으로 분단되었고, 냉전체제의 서막에 희생물로 바쳐진 내전을 치렀다. 1953년 휴전협정 이후 꼭 10년 만에 우리는 이 땅에 태어난 것이다. 그리고 20여 년 후 대학생이 되었다.

1963년은 1960년 4·19 민주항쟁과 1961년 5·16 군사 정변을 지나 박정희가 민간 대통령으로 취임한 해이다. 1979년 박정희가 죽음을 맞이할 때까지 우리는 박정희 대통령 한 사람, 유신시대의 소년병(?)으로 청소년기를 보냈다. 그리고 전두환 신군부의 등장과 서울의 봄, 광주 5·18항쟁, 5공화국의 등장과 함께 우리의 대학 생활이 시작된 것이다.

초등학교, 중학교, 새마을 운동과 비상계엄 유신체제에 길들여진 우리는 고등학교 1학년 시절 박정희의 죽음으로부터 의식의 균열을 경험했다. 서울의 봄 소식과 5·18 광주항쟁은 언론통제에도 불구하고 새로운 파도가 밀려오고 있음을 직감하게 했다.

자식이 대학생이 된다는 것. 그것은 모든 부모들의 열망이었고, 꿈이었다. 못 배우고 가난한 자신들의 한을 풀고 개천에서 용 나는 신분 상승의 유일한 길이었기 때문이다. 그런 기대와 열망을 안고 대학생이 된 우리는 그래서 시대와 부모에, 어린 날 공장으로 취직한 친구들에게 마음의 빚을 지고 있었는지 모른다.

자유, 정의, 진리......뭐, 대학은 그런 줄 알았다. 하지만 현실은 달라도 너무 달랐다. 대학에도 교련 수업이 있었고 1학년 때는 문무대, 2학년 때는 전방 입소라는 병영체계 속에 통제되었다. 더욱 놀라운 건 사복 경찰들이 캠퍼스 정문 수위실, 대학 본관에 자리를 잡고 학생들의 동향을 노골적으로 감시하고 있다는 사실이었다.

건물 옥상 어딘가에서 유인물이 날리고 외마디 구호가 비명처럼 들리는 순간 어디서 나타났는지 모여 있던 시위대를 수십 명의 사복 경찰들이 압박했다. 선배와 동료들이 끌려가는 일들이 눈앞에서 벌어졌다. 억압으로부터 오는 분노, 불의에 대한 저항심, 출발은 거기서부터였다. 우리가 학생운동에 몸담게 된 것은.

제 발로 찾아간 공개 서클, 단과대 선배들과의 공부 모임, 이러저러한 곳의 비공개 공부모임. 그렇게 알음알음 우리는 '운동권'이라는 큰 틀의 조직 생활을 시작했다. 〈민중과 지식인〉, 〈해방 전후사의 인식〉, 〈전환시대의 논리〉, 〈역사란 무엇인가〉, 〈자본주의의 구조와 발달〉 등은 세상을 바라보는 인식의 전환을 가져왔고 세상을 바꾸기 위한 공부로 지평을 넓혀갔다.

1984년 학원 자율화 조치로 학생운동은 일대 전환기를 맞는다. 더 이상 폭압적 지배로는 정권을 유지할 수 없다는 위기의식의 발로이기도 했지만 이는 유화 국면을 통한 분할통치 목적이 분명했다. 그러한 의도를 꿰뚫고 열린 공간을 통해 부활된 총학생회의 공개 활동으로 대학 간 연합집회와 노학연대가 강화되었다.

1984년 민정당 중앙당 점거 농성, 1985년 총선투쟁을 거쳐 학생운동은 전학련(전국학생총연합), 삼민투(민족통일 민주쟁취 민중해방 삼민투쟁위원회)라는 전국 투쟁조직을 갖추었다. 그리고 미문화원 점거 농성으로 5·18 광주학살의 진상규명과 미국의 책임을 묻는 데까지 나아갔다. 82학번은 전학련 삼민투 세대에 속한다. 이념 분화가 이뤄지기 직전의 학번이다.

민족, 민주, 민중이라는 삼민을 이념으로 하는 대중운동으로의 전환이었다. 삼민투 산하에 반파쇼 민주화 투쟁위원회, 민중 생존권 투쟁위원회, 조국 통일 투쟁위원회를 두었다. 반파쇼 민주화 투쟁을 주(된) 방향으로 민중 생존권 지원 투쟁과 조국 통일 투쟁을 배치하는 형태였다. 전학련 기관지로 〈백만학도〉를 발행했고 러시아 혁명 당시의 〈이스크라(Iskra, 불꽃)〉라는 정치신문 역할을 도모했다. 1986년 민민투(반제반파쇼 민족민주화투쟁위원회)와 자민투(반미자주화 반파쇼민주화 투쟁위원회)로 분화되면서 이 계획은 아쉽게도 실행되지 못했다.

80년 5월 광주 금남로

학원 자율화 조치 등 유화국면은 1987년 대통령 선거와 88올림픽을 앞둔 군사 정권의 안정적 정권 이양을 위한 사전 조치였기에 공안기관을 앞세운 저항 세력에 대한 탄압은 그 강도를 높여갔다. 70년대 민주화 투쟁의 선배들이 주축이 되어 1983년 9월 결성되었던 민청련(민주화운동청년연합)에 대한 대대적 탄압과 와해 공작이 시작되었다. 미문화원 점거농성 사건 이후 삼민투를 이적단체로 규정, 그 배후로 지목돼 서울대 민추위(민주화추진위원회) 사건 등이 뒤를 이었다. 성대도 1986년 초 민회투(민주회복투쟁위원회)라는 이름으로 조직이 드러나 수많은 이들이 국가보안법 위반 혐의로 구속 수배되었다.

1984년 유화 국면에서 표면화된 내부논쟁은 1985년 사회구성체 논쟁을 거치면서 NDR(민족 민주 혁명론)과 NLPDR(민족해방 민중민주주의 혁명론)로 분화되었다. 1986년 민민투와 자민투로 분화된 이후 이합집산하면서 NL(민족해방파-자주파)과 PD(민중해방파-평등파)로 명명된다. 이러한 논쟁을 거슬러 올라가면 학림-무림 논쟁으로부터 시작되고 있음을 확인할 수 있다. 학생운동의 역할을 강조하면서 선도적 투쟁론의 입장에 섰던 것이 '학림'이고 대중운동론에 근거한 준비론적 입장이 '무림'이다.

학림은 마르크스 레닌주의를 철학적 기초로 삼았다. 한국 사회를 신식민지 국가독점자본주의 사회라고 진단했으며 민족민주혁명론으로 입장을 정리했다. 서울대와 성대가 주축이 되어 전학련 삼민투를 주도했던 세력이다. 1986년 민민투(반제반파쇼 민족민주화투쟁위원회)로 이어진다. 이후 대통령 선거투쟁 국면에서 CA그룹(제헌의회 그룹)으로 민중당, 민주노동당으로 이어지는 PD(민중해방파–평등파)그룹이 된다. 사노맹(남한 사회주의 노동자 동맹) 등 전위정당 건설이 화두인 그룹들이 여기에 포함된다. 민주노동당 분열 이후 진보신당, 정의당으로 이어져 왔다. 노동당, 사회당 등 좌파 정당들도 이에 속한다.

무림은 종속이론과 북한의 주체사상을 철학적 기초로 삼았다. 한국 사회를 식민지 반봉건 사회(나중에 식민지 반자본주의로 변경)라고 진단했으며 민족해방 민주주의 혁명론으로 입장을 정리했다. 1985년 〈강철서신〉으로 운동권에 균열을 냈으며 북한의 구국의 소리 방송을 청취하며 구학련(구국학생연맹)으로 그 모습을 드러냈다. 1986년 자민투(반미자주화 반파쇼민주화 투쟁위원회)로 독자적 투쟁 대오를 갖췄다. 이른바 건대사태–애학투(전국 반외세 반독재 애국학생투쟁연합) 이후 대중적 영향력을 강화했으며 전대협, 한총련으로 이어졌다. NL 주사파, 비주사파 등 범 NL(민족해방파–자주파)로서 민주노동당 내 다수파로 자리 잡았다. 민주노동당 분열 이후 통합진보당으로, 통합진보당 해산 이후 오랜 시간을 거쳐 다시 진보당으로 이어져 오고 있다.

위의 구분은 한국 변혁운동의 맥락을 짚고자 한 것이지 그 사상이나 진로가 일치하지는 않는다.

"본래 민족해방민중민주주의혁명(NLPDR)이란 식민지, 반(半)식민지, 신생독립국가에서 식민지 반(半)봉건사회를 타파하고 민중이 주체가 되어 민주주의 제도를 수립하는 혁명을 말한다. 이때 민족의 해방과 완전한 독립의 달성을 목표로 하는 반제국주의 '민족해방혁명(NLR)'과 사회체제의 근본적 변혁을 위한 계급해방을 목표로 하는 '민중민주주의혁명(PDR)'이 불가분의 통일체를 이루면서 각각 상대적 독자성을 가지는 새로운 유형의 민주변혁이론이다."(두산 백과)」

한국 사회의 민족문제는 두 개의 민족문제로 나누어 보아야 한다. 하나는 반외세 민족해방투쟁이요, 다른 하나는 분단을 극복하는 민족통일투쟁이다. 둘은 연관되어 있지만 또한 독립되어 있다. 분명한 건 그 투쟁의 주체도 민중이어야 하고 그를 통해 이루어지는 사회는 민중이 주인되는 세상이어야 한다는 점이다. NL과 PD라는 정파로 나누어 서로를 외부의 적보다 더 적대시한 풍토는 우리 운동사의 커다란 오점이다.

1986년 무렵 82학번 운동권은 감옥에 있거나 수배 상태에 있거나 공장 취업을 준비하고 있었다. 모두가 밀려드는 파도에 떠밀려 휘청거렸다. 개헌 투쟁 국면에서 직선제 개헌안을 관철하려는 야당이 운동권과 거리두기를 시도하자 그해 5월 3일 신한민주당 인천 및 경기지부 결성 대회에 모든 운동 진영이 자신의 깃발을 들고 참여했다. 그날의 인천은 정치권에 대한 비판과 자신들의 개헌 투쟁 방향을 선전 선동하는 장이 되었다. 이를 빌미로 서노련(서울노동운동연합), 인노련(인천지역 노동자연맹)에 대한 대대적 검거가 시작되었고 그 과정에서 '부천서 성고문 사건'이 터지기도 했다. 그해 10월 28일에는 자민투계열의 애학투(전국 반외세 반독재 애국학생 투쟁연합) 결성식이 있었다. 이른바 '건대 사태'라는 이름으로 많은 이들이 구속되었다.

1987년 6월 민주항쟁을 촉발했던 '박종철 고문치사 사건'도 5·3 인천 투쟁 이후 검거 작전의 일환으로 벌어진 일이었다. 고문치사 은폐가 드러나고 호헌조치 발표로 대중은 분노했다. 거기에 이한열 죽음이 기름을 부었다. 6·10 민주항쟁이다. 6·29 선언(대통령 직선제 개헌 수용)으로 일단락된 6월 항쟁은 이후 7·8·9월 노동자 대투쟁으로 이어졌고 노동과 자본의 전면적 계급투쟁을 예고했다.

후속 조치로 구속자 석방과 사면 복권이 이뤄졌고 사람들의 관심은 대통령 선거에 집중되었다. 그로부터 분열도 시작되었다. 야권 후보자의 분열과 대중의 분열, 거기에 민주 변혁운

80년 5월 광주 전남도청 앞 광장

동 진영의 분열까지. 비판적 지지론, 독자후보론, 후보 단일화론으로 분열된 운동 진영은 이후 길고도 지루한 노선투쟁을 겪으며 제도권 안으로 흡수되어 소멸에 이른 것은 아닐까.

양심과 정의라는 이념 세례를 받아 혁명 전사로 거듭났던 우리들은 밀물처럼 거침없이 한 시대를 살았고 썰물처럼 떠밀렸다. 1987년 이후 일부는 학교로 돌아가 일상의 삶을 살았다. 누군가는 노동자, 농민, 도시빈민의 현장으로 또 누군가는 재야 연합체에서 혹은 전위정당, 합법적 진보정당 건설 운동으로 각자의 삶을 살게 되었다.

끝없는 만남, 밤을 새는 토론 속에
알맹이를 다 파 먹혀 버린 곤충처럼 民이의 생명은 갉아 먹혔다
비타협의 주장들이 신랄하게, 때로는 비장하게 부딪혀 불꽃을 튀겼다

선도투쟁이다… 대중투쟁이다
좌경모험주의다… 경험주의다
교조주의다… 경제주의다
공세기다… 대치기다 하는

비타협적 논쟁과 공격이 꼬리를 물었다.
정신 차릴 수조차 없이 날이 새면 새로이 등장하는 깃발 앞에
하나 되기를 포기하는 당파성의 기준이 동지들을 갈라 세웠다

……………

자주 없이 민주 없다고
직선제 개헌 투쟁으로 적들의 심장에 파열구를 내자던 사람들은
노동자들의 진출에 놀라 손을 놓고
혁명을 예고하고 있다고
제헌의회 소집으로 임시혁명정부를 구성하자던 사람들은
대중의 눈 밖에 나 자기들끼리만 떠들고 있었어

불안한 시선 던지던 자본가들은 재빨리
'불순세력 타도', '사회 안정'을 외치며
구사대, 헬리콥터에 살인적 백골단 투입해 각개격파
자본의 축배를 들었지
호남사람 호남사람대로, 영남사람 영남사람대로 대통령 선거에 목을 매고
자신들의 대통령 만들기에 넋이 나가
야권 분열은 민족민주운동 진영을 갈라 세우고
끝내 사분오열 난 대중의 패배감 위로 자본과 권력은 축배를 들었지

이동일 시집 〈생각의 끝은 늘 길에 닿아 있다〉 – '民이의 고백' 중에서

상처

87년 민주항쟁과 노동자 대투쟁은 본격적인 민중 주도의 변혁운동을 밀고 나갈 공간을 열었다. 지배 권력은 대통령직선제(절차적 민주주의)를 받아들이고 군부가 아닌 자본이 전면에 나서 보수 대연합을 통한 지배 세력의 공고화를 꾀할 수밖에 없었다. 변혁운동 진영은 학생운동과 지식인들의 선도 투쟁이 아니라 노동자 민중의 대중 진출로 사회변혁을 꿈꿀 수 있는 단계로 발전했다.

수없는 좌절과 배신 속에서도
생존과 의리로 맺어진 노동자의 통박으로 세상 깨우친 선진노동자들이
자주. 민주. 통일, 노동해방의 깃발 힘껏 움켜잡는 것을
인테리 노동자는
자신의 관념성과 조급함을 고백하고
소시민적 근로자는

자신의 조합주의 사고를 교정하고 노동자의 미래를 설계한다
이들이 새 세상의 주인이다
오늘은 비록 밀려왔지만
싸움은 이제부터 시작이란다
눈물의 함성 위에, 골리앗 크레인으로 우뚝 선 노동자들의 희망
좌표를 잃은 선진 인테리들이 동요하고
좌충우돌 조직의 이해 따라 선명 경쟁을 해도
바다 심연 같은 '절망 끝에 부르는 희망 노래'는 그치지 않으리라

이동일 시집 〈생각의 끝은 늘 길에 닿아 있다〉 – '民이의 고백' 중에서

1989년에서 1991년의 3년은 마치 1984년에서 1986년의 시기와 비슷한 양상을 보이며 보다 첨예한 대치 전선이 이뤄졌다. 1987년 노동자 대투쟁 이후 민주노조운동이 한국노총을 무력화시키면서 각 지역에 별도의 민주노조 연합체가 구성되었고 대기업 노동조합, 사무직 노동조합, 전교조 등 업종별 전국 조직도 생겼다. 농민, 빈민, 여성 등 각 부분 운동 또한 모양새를 갖추며 전민련(전국민족민주운동연합)을 결성한다. 명망가들 중심의 재야가 아니라 명실 공히 각 부문 운동의 총체로서 연합체가 탄생한 것이다.

하지만 1989년 문익환 목사 방북 사건을 빌미로 공안합수부가 만들어졌다. 1987년 노동자 대투쟁을 거치며 성장한 민주노조운동이 1988년을 지나 1989년 봄, 전국적 투쟁을 준비하고 있던 때여서 공안합수부를 앞세운 노동운동 단체 및 민주노조에 대한 침탈과 와해 공작은 심대한 타격이 아닐 수 없었다. 방북 시기를 노동운동의 춘투가 끝나는 시점으로 조율했다면 하는 아쉬움이 남는다. 그 해, 전대협에서 파견한 임수경이 평양축전 참가를 위해 7월 방북, 8월 15일 귀환하면서 남북문제가 새롭게 조망되기도 했다. 이후 노동운동 진영이 범민족대회에 참가하고 노학 연대투쟁이 확대되면서 1990년을 지나 1991년, 새로운 국면을 맞는다.

1991년 초, 자본과 권력은 노태우, 김영삼, 김종필 3당 합당을 통해 보수 대연합을 한다. 1992년 대통령 선거를 앞두고 지배체제의 안정화를 의도한 조치다. 노동자 대중운동은 민

1991년 고 박창수 위원장 추모제, 안양 벽산쇼핑센터 앞

1988년 전국노동자대회

주노조운동의 성과를 바탕으로 전노협(전국노동조합협의회)을 결성함으로써 한국노총에 대응하는 전국 조직의 틀을 구축했다. 연합조직인 전민련은 노태우 정권의 탄압과 와해 공작으로 전국연합(민주주의 민족통일 전국연합)으로 재구성된다.

1987년 대통령 선거처럼 1992년 대선 국면은 지배계급과 민주화운동 세력의 날선 대립을 예고했다. 그 전초전이라 할 수 있는 당해 국회의원 총선투쟁은 변혁운동 진영 각 정파들의 생존을 건 치열한 내부 투쟁을 촉발시켰다. 더욱이 1991년 말 소련의 해체와 동구권 사회주의의 몰락, 냉전체제의 해체와 미국 일극 체제의 등장, 신자유주의 태동은 앞으로의 정세를 가늠하기 어려운 분위기를 조성했다.

전국연합의 선거 투쟁 방침은 '민중주도 민주대연합'이었다. 전국연합 내 PD그룹은 합법적 대중정당 건설이 목표였기에 연합조직에서 이탈해 민중당을 만들었다. 전국연합 내 다수파는 비판적 지지 입장을 취하며 김대중(민주당)과의 민주연합에 힘을 실었다. 대중투쟁을 중심으로 민주당을 견인해 사회 대개혁 투쟁으로 나가야 한다는 입장은 소수파였다.

전국연합 대의원대회의 파행, 지역연합에서의 정파간 대립은 그야말로 각 정파의 정치 생명을 건 노선투쟁이었다. 활동가들의 분열은 그들의 영향력 하에 있는 대중조직의 분열로, 나아가 대중의 분열로 이어졌다. 노동조합 위원장 선거, 연합조직 대표자 및 간부 선거 등 '자신들의 정파를 지지할 대중조직을 누가 장악할 것인가' 하는 조직중심주의, 패권주의가 난무하는 상황이 되었다.

"그들은 영악스럽게도
민중 전체를 하나의 덩어리로 인정하며 적으로 만드는 대본은
절대로 만들지 않았다
그 내부를 다시 자르고 토막 내어 서로 싸우게 하고 분열시켜 놓고서
조금 험악하게 저항하면, '질서유지를 위하여' 하면서
총칼을 들이대고 앞으로 돌격하면 되는 것이었다"

"분열은 식민지 개척의 황금 어시장.
뭉칠 것 같으면 총으로 찢어내고,
흩어져서 자기들 잘났다고 떠들어대면
비료 주고 물 주고 서로 싸우게 하고
너무 잘났다고 떠벌이면 다시 잡아 가두고,
그래서 이름나서 유명인사 되는 놈 몇 놈 솎아
교묘하게 키워주고 따까리도 시키면
또다시 분열이요, 또다시 혼란이다
자기들끼리 언제나 싸우게 되어 있으니까"

그랬다

"화살은 시위를 떠나 역사의 어두운 허공을 가르며 날고 있었다
그 화살 끝이 뾰족한 것이냐, 대공이 긴 것이냐 짧은 것이냐,
바람이 불 것인가, 안 불 것인가,
시위가 팽팽히 당겨졌느냐, 아니냐 하는 말들은 죄다
때늦은 변사들의 변에 지나지 않았다"

"벌써 그 화살에 사람들이 죽어가고 있었고
민중들은 그 화살을 누가, 왜 쏘는 것인지를 알고 있었지만
말쟁이들은 말만 하고 있었다
운동이라는 이름을 걸고 그저 앉아서 떠드는 것이다"

"그렇다고 그들의 조국을 위한 순수한 열정이나 도덕성까지

의심하고자 하는 것은 아니다
그 운동가라는 사람들의 많은 희생과 노력이 있었음을 인정하면서도
그 경쟁적인 상호 노력들이
분열과 혼란을 낳는 데 기여한 점 또한 크다는 것이다"

"역사의 거대한 수레바퀴는 오늘을 사는 우리 모두에게
그날과 같은 분열과 혼란, 경쟁적 운동상을
유산처럼 실어다 주고 있지 않는가"

역사는 순환 반복하는 것이 아닐진데
50여 년 전, 해방정국 그때로 돌아간 듯. 이 참담함을 어찌할까
民이는 떨리는 가슴으로 오늘을 본다
그 긴 침묵 속에 피워 올린 항쟁의 깃발, 민중의 진출 위에
빛바랜 종파주의 운동을 말아먹고
역사의 뒤안길 사라져 가는 수많은 군상들의 초라한 몸짓들

이동일 시집 〈생각의 끝은 늘 길에 닿아 있다〉 – '民이의 고백' 중에서

인용된 내용들은 〈녹슬은 해방구〉 (권운상/백산서당)에 나오는 문장들이다.

1992년 대선에서 김영삼이 대통령에 당선되고 절차적 민주주의에 의해 민간정부가 탄생했다. 역사 바로 세우기(5공 청문회–전두환, 노태우를 법정에 세움), 하나회 척결(군사 정변에 대한 우려 해소), 금융실명제 도입 등 김영삼 정부 초기의 개혁정책들은 대중의 변혁적 의지를 약화시켰다. 지켜보자는 관망적 태도가 강해졌다. 더욱이 소련 사회주의의 해체와 동구권의 몰락 등 시대 상황의 변화는 이념 지향적 변혁운동을 무력화하기에 충분했다. 그러한 처지와 상황에서 82학번 세대의 30대 운동가들은 마음의 부채감을 놓지 못하고 변혁운동의 현장을 떠날 수밖에 없었다.

나로 인해 발 디딘 현장 동지들의 눈빛에
심장이 멎는 그 고통 어찌 말로 다할까

나는 묻고 싶었어
조직의 민주주의는 간데없고, 집중만이 강조되는
오직 친위세력에 의해 굴러가는 조직의 관료화가
'변혁조직의 혁신'이냐고
나는 보았어
상부에 대해서는 기회주의적이고
하부에 대해서는 권위적인 관료주의가
부르주아 정치행태와 너무도 닮았음을

이동일 시집 〈생각의 끝은 늘 길에 닿아 있다〉 – '民이의 고백' 중에서

운동을 떠났던 더 큰 이유는 어쩌면 조직 내부의 문제일지도 모르겠다. 정도의 차이는 있겠으나 조직 운동에서 받은 상처들이 직접적인 원인이기도 했으니까. 그것은 아마도 우리가 따르고 있던 이데올로기(이념) 속에 내재된 사상에서 출발하고 있는지 모른다. 마르크스 레닌주의의 프롤레타리아 당파성–개량주의와의 투쟁이라는 대의는 자기 조직 이외의 모든 정파를 내부의 적으로 돌리는 우를 범하게 했다. 다른 한편 주체사상에서의 주체는 수령관을 통해 무력화되고 복무와 충성만이 강제되었던 것은 아닐까.

다시 꾸는 꿈

그렇게 우리는 돌아갈 곳을 잃었다. 다시 무언가를 시작하기엔 길이 보이지 않았다. 아, 길을 잃었구나. 누군가는 어쩔 수 없이(?) 그 자리를 지켰고 누군가는 새로운 길을 찾아 나섰다. 또 누군가는 먹고 살기 위해 직업을 택했고 돈벌이를 했다. 그렇게 결혼을 하고, 아이가 생기고, 일상의 삶을 살아가던 때 IMF라는 국가 부도 상태에 처한다. 사회에서 제 나름대로 잘 나가던 386세대는 IMF 사태의 직격탄을 맞았다.

1997년 대통령 선거에서 김대중이 당선되어 국민의 정부가 출범하면서 재야의 명망가들이 민주당에 입당했다. 그들은 자유주의 진보(리버럴)의 틀 안에 개혁 성향의 그룹으로 존재했다. 2002년 노사모 열풍으로 당선된 노무현 참여정부에는 386 운동권이 대거 진입했다. 그로서 재야라는 구심체, 대중투쟁을 통한 민주 변혁운동은 쇠락을 거듭했다.

1997년 대통령 선거 당시 권영길 후보를 앞세운 '진보정당 건설 국민승리 21'을 전신으로 2000년 민주노동당이 창당된다. 여기에 NL그룹이 동참하면서 평등파(PD그룹)와 자주파(NL그룹)가 공존하게 된다. 그러나 2011년 지도부 선거과정에서 자주파의 패권적 행태로 촉발된 사태는 평등파가 자주파를 종북주의로 공격하는 상황으로까지 치달았다. 결국 두 그룹은 갈라서게 된다. 이후 박근혜 정부 당시 통합진보당은 해산되었다. PD 그룹은 진보신당-정의당으로, NL 그룹은 여러 사건을 겪으며 민중당-진보당으로 그 맥을 이어오고 있다.

그 과정에서 수많은 변절과 배신을 목도했다. 김문수, 이재오, 장기표, 주대환을 비롯해 〈강철서신〉의 저자 김영환 등, 나아가 86 정치인들의 기득권화된 민낯을 보게 된다. 정치권 주변을 맴돌고 있는 86 운동권들, 노동조합 등 대중조직에서 여전히 이념적 노선을 앞세워 기득권적 지위를 차지하려는 진영들, 운동성이 거세된 직업적 시민운동가들. 그것이 현재 우리의 모습이기도 하다.

2016년 겨울, 그리고 2017년 봄 '촛불혁명'이라고까지 일컫는 또 한 번의 위대한 순간을 맞이한다. 하지만 제도권 안으로 좁혀진 '개혁'이라는 미망은 배신의 역사를 되풀이하고 있다. 재야라는 울타리, 민중이라는 광야가 사라진 곳에서 봄은 오지 않는다. 가진 것 없고 살 날이 걱정되지만 그럼에도 당당했던 그 기백은 어디에서 나왔던가.

그것은 인간에 대한 측은지심(惻隱之心)이었고 부끄러움을 아는 수오지심(羞惡之心)이었으며 겸손함을 잃지 않는 사양지심(辭讓之心)이었다. 그 마음가짐일 때 시비지심(是非之心)이 바르게 섰다. 그랬기에 분노했다. 양심은 불의를 외면할 수 없었다. 우리는 운동을 이념으로 시작하지 않았다. '어떻게 살 것인가'의 물음에서 시대의 전사로 대답했고 행동했을 뿐이다.

그러했기에 조직과 현장을 떠난 많은 이들은 부채감을 떨칠 수 없었다. 스스로 낮은 곳을 향한 삶을 택하기도 하고, 자발적 유배를 선택하기도 했다. 먹고 살기 위해 업을 가져도 비자본주의적 태도를 지키려 안간힘을 썼다. 그 속에서 인간으로서 갖는 선한 영향력들을 발휘하며 살아온 것이 사실이다. 한 번은 역사의 현장에서, 또 한 번은 삶의 현장에서, 그리고 이제 성찰과 반성을 통한 생의 마지막에 서 있다.

군자(君子) 화이부동(和而不同)하고 소인(小人) 동이불화(同而不和)라는 〈논어〉의 한 구절이 오늘의 현실에 절절히 다가오는 이유다. 남북으로, 영호남으로, 도시와 농촌으로, 계급과 계층으로 갈라치기하고 쪼개진 현실에서 '희망'과 '대안'은 과연 무엇일까. 그 길을 종교와 이념에서 과연 찾을 수 있을까? 그것은 오로지 이 땅에 발붙이고 사는 자들, 우리 안에서 답을 구해야 한다.

사회적 약자에 손을 내밀자. 돌봄과 나눔을 통해 공동체를 복원하자. 환대와 연대를 통해 혐오와 분열을 극복하자. 모든 차별에 반대하며 사랑과 우정을 키워가자. '인간의 길'. 사람 냄새 나는 휴머니즘만이 우리를 다시 꿈꾸게 할 수 있다. 인간과 자연의 공존(共存), 인간과 인간의 공생(共生), 나라와 나라의 공영(共榮)이라는 공동 가치로 인류 모두가 사는 길을 찾아야 한다.

아직 우리는 청춘이고 싶다. 할 일이 남은 것 같다. 꼰대 아닌 시대의 어른으로 아름답게 퇴장하고 싶다. 그럴 수 있기 위해 몸 살림, 마음 살림, 이웃 살림의 실천으로 사는 날까지 사람답게 살 수 있기를 소망한다.

※ 추신 : 책을 펴내며 우리 시대를 한 번 정리하는 글을 주문받았다. 그것도 운동사로. 개인이 속했던 조직이나 사상, 현재의 처지와 생각에 따라 우리의 40년은 총천연색일 것이다. 그래서 이 글은 개인의 한계를 넘어설 수 없다. 그저 시대의 흐름과 맥락을 공유하며 남은 생 우리는 무엇을 해야 하나 함께 고민해 보는 계기가 되었으면 하는 바람이다.

CHAPTER 01

우리의 기억

성균관대학교 자연과학캠퍼스 학생운동 기록

강재봉 농업경제학과

권순필 금속공학과

장진희 조경학과

군부독재타도하고
광주학살책임지고 미국은 사죄하
민통련
재타도하고 민주정부 수립하자!
충남 민주운동 협의회
민통련
민통련
민통련
8시간
노동쟁취
신민당

우리의 기억
성균관대학교 자연과학캠퍼스 학생운동 기록

입학, 비포장도로의 진흙길 등교

우리는 1982년 성균관대학교(이하 성대) 입학지원서를 명륜동 캠퍼스에 접수한 후, 학교 운동장에서 합격자 발표가 있던 날 성대생이 된 것을 행복해 했다. 그러나 얼마 지나지 않아 자연과학도는 수원에 있는 율전에서 공부해야 한다는 사실을 뒤늦게 알게 됐다. 율전역에서 학교로 가는 길에 우리를 반겨주는 것은 비포장도로의 진흙탕 길뿐이었다. 참으로 난망하기 이를 데 없었다. 그렇게 1학년을 시작했다. 그 당시 학생회관 3층에 늘어선 서클룸을 찾는 친구들이 많았다. 바로 그 서클룸이 우리들을 학생운동에 참여할 수 있도록 창구 역할을 했다. 서클룸은 우리를 학회보다 서클활동을 적극적으로 하게 만들었다. 율전의 자연캠에 다니던 우리 중에서는 명륜동캠퍼스(이하 명륜동)를 오가며 서클활동을 했던 친구들도 제법 있었다. 그러다 1학년 2학기부터 서클이 율전과 명륜동 양쪽 캠퍼스로 분리되는 경향이 있었다. 그럼에도 서클 분리가 온전히 안 됐거나 명륜동에만 있는 경우가 있어서 양쪽 캠퍼스를 오가며 활동을 했다.

우리들의 첫 시위_82년 10월

명륜동이나 타 대학 캠퍼스는 1학기부터 시위 소식이 들렸다. 율전은 그에 비해 좀 늦은 10월 5일 첫 시위(조원민 79, 홍순주 79, 황용훈 80)가 있었다. 학생회관 지붕 위에 올라간 선배와 순식간에 짜인 스크럼, 시위대 위로 떨어지던 유인물 그리고 달려드는 사복경찰의 모습이 지금도 눈에 선하다. 오래지 않아 선배들은 잡혀가고 스크럼도 깨졌다. 학생시위 불모의 땅에서 그 날 처음으로 울린 독재타도의 함성은 우리 가슴에 큰 울림이 됐다. 그로부터 한 달 후인 11월 17일, 두 번째 학내시위(안성대 80, 유인선 80)가 있었다. 2주 전인 11월 3일, '학생의 날'에는 종로 등 서울 일대에서 열린 연합가두시위에 동원되어 참여하기도 했다. 그렇게 우리의 1학년은 마무리됐다. 겨울방학에는 세미나를 열어 2학년 학생운동 관련 학습과 실천을 위한 준비를 하며 보냈다.

치열한 투석전_83년 5·18시위

83년도 3월 이후 신입생들이 들어오면서 서클룸은 활기를 띠었고 학생회관은 늘 북적거렸다. 그 해 5월 18일! 율전에서 잊을 수 없는 시위가 있었다. 시위 주동만 7명(엄주범 80, 박경희 80, 전경희 80, 김봉태 81, 배기홍 81, 황명래 81, 김동완 81)이나 됐다. 주동이 여럿이다 보니 학교에 상주하고 있던 사복경찰만으로는 시위가 제압되지 않았다. 시위는 넓은 공간에 걸쳐 긴 선전전으로 확대됐다. 점심시간에 모인 많은 학생들을 대상으로 구호와 선동을 하면서 스크럼을 짰다. 학내를 여러 번 돌고 돌다 율전역까지 진출했다. 그러고 나서는 다시 하교하는 학생들을 대상으로 우리의 주장을 펼치며 선전전을 전개한 후 다시 학내로 들어왔다. 그렇게 세 시간 넘는 싸움을 하는 사이 경찰병력이 보충되어 결국 제압됐다. 오랜 시간 스크럼을 짜서 시위를 하다 보니 1, 2학년들이 사정 기관에 많이 노출돼 버렸다. 게다가 후폭풍으로 5월 말과 6월 초 80, 81학번 10여 명이 강제징집(이하 강집)되는 손실도 보게 된다. 엄혹한 비합법 시대에 3시간 넘는 싸움을 했다는 것에 대해 대단한 성과로 운동권 내에서는 평가됐다.

강제징집, 이제야 풀린 40년 전의 미스터리_83년 말

83년 말, 동기들인 82학번에서도 처음으로 4명(김도형, 정화운, 위두환, 조제현)이 강집을 당했다. 81학번 여자선배와 『자본주의 구조와 발전』(이하 자구발) 책으로 세미나를 하다 발각되어 바로 군대로 끌려간 것이다. 그땐 '자구발'을 보다 걸렸으니 그러려니 했다. 그런데 40년이 지난 지금에서야 그 의문이 풀렸다. 왜 하필 그 친구들이었는지 그들 중 두 명은 밀정 김순호가 몸담았던 심산연구회 회원이었기 때문이 아니었나 싶다. 그들 말고도 강집을 피해 도망다니던 81·82학번 동료들이 수두룩했는데 그들만 콕 집어서 잡아간 것이다. 강집 등으로 선배들이 학교를 떠나게 되어 모든 지도선이 새롭게 편제되어 운영됐다. 운동을 위한 전열이 재정비됐다. 민주화를 위해 군부독재와의 싸움은 계속되어야 했다. 11월 2일, 2학기 첫 싸움(진세욱 80, 이순임 80, 한덕권 80)이 전개된다. 그리고 11월 15일, 등교시간에 맞춰 율전역에서 시작한 싸움(이남현 81)을 마지막으로 83년 투쟁은 마무리됐다. 이듬해 84년 봄, 85년 2월 총선을 앞두고 군사정권은 민심을 달래기 위해 기만적인 유화 제스처를 취했고 그로 인해 우리는 '학원자율화 시대'를 마주하게 된다.

84년 유화국면_성민추와 서클연합회

강집으로 조직의 손실이 커져 학생운동조직은 변화를 겪는다. 84년이 되자 심산연구회는 그나마 남아 있던 81학번 두 명마저 강집을 당해 조직이 와해됐다. 언더에 있던 일부는 서클로 진입하는 등 자연캠 운동조직에 큰 변화가 일어났다. 학원자율화에 대응하기 위해 외부에서 교회활동을 하던 81학번(허욱, 토목81)이 긴급 수혈되고 새로운 얼굴(김선걸, 조은주)들이 합법 활동에 동참했다. 84년 봄, 성대민주화추진위원회(이하 성민추)가 구성되며 서클연합회는 점차 활성화됐다. 명륜동은 학도호국단을 장악해 오픈공간에서 유용하게 대처했지만 율전은 호국단에 부장 두 명 정도 투입하는 것이 전부였다.

84년은 허욱 위원장의 탁월한 리더십으로 성민추 활동이 융성했다. 서클연합회도 오픈

공간을 유용하게 활용해 운동영역을 확장했고 더불어 인적 자원도 풍부했다. 이때는 옥상에서 유인물을 뿌리고, 스크럼을 짜고, 구호를 외치며 전투경찰 등 공권력에 깨지며 데모하던 비합시기, 83년 때와는 차원이 달랐다. 대중 집회를 처음으로 접한 혼돈기라고도 볼 수 있다. 학생회관 앞 민주광장에서 집회를 하고, 교내 곳곳에 대자보를 붙이고, 학생회관 식당에서 철야농성을 벌이며 별짓을 다해도 사정기관에 잡혀가지 않았다. 학교 안에 상주하던 사복경찰도 없었다. 짭새들도 그저 교문 밖에서나 어슬렁거릴 뿐이었다.

대중 공간 확보와 학생운동의 변화_84년 조직력의 팽창

학도호국단[1]을 장악했다. 명륜동에서 81학번 윤태일에 이어 82동기인 고진화(사회학과)가 총학생회(이하 총학) 회장에 당선됐다. 명륜동과 러닝메이트를 하며 율전에서도 최초로 오픈공간을 장악했다. 공대생이 4천 명이 넘는 율전에서는 쉬이 상상할 수 없었던 일이었다. 그러나 강집 최고 피해자였던 81학번은 그 인원이 부족했고, 82학번은 확장된 합법공간에서 어떻게 싸울 것인가를 두고 전술적 혼동을 겪게 된다. 다행히도 후배들인 83, 84학번들이 학생운동을 양적, 질적으로 크게 확장시켜 성과를 이뤄냈다. 83학번 이후 후배들이 학생운동의 대중성을 십분 활용했기에 가능했던 일이다. 그들은 우리가 경험하지 못했던 일들을 그렇게 이어갔다.

85년 5월, 광주 비디오테이프를 구하라!

명륜동과 율전, 공동 총학생회가 출범했다. 5월을 맞이해 율전에서는 광주항쟁 비디오

1) 평시 안보의식 고취, 전시 징병을 위해 운영한 학생조직. 교련과 더불어 학교병영화의 일환으로 볼 수 있다. 출처: 나무위키

명륜동 금잔디광장에서_오수진(명륜동), 권순필(율전) 공동 총학생회장 모습
이승령(율전), 이희숙(명륜동) 총여학생회장

를 상영하기로 하고 교내 곳곳에 대자보로 홍보했다. 학생회관 대강당에 학생과 교수들이 구름처럼 모여들었다. 그렇게 많은 인원이 모인 것은 그때가 처음이었다. 강당이 꽉 차고 복도도 사람들로 넘쳐났다. 갑자기 어떤 교수가 총학생회장인 권순필에게 다가와 애원을 했다. 제발 비디오를 상영하지 말아 달라고 자신이 독일에 있을 때 본 장면이 너무 끔찍해서 상영하면 큰일난다고.

대강당에 사람들을 모아놓은 그날 우리는 비디오테이프를 구하지 못했다. '이를 어찌할꼬! 영상을 보여줄 수 없다고 하면 저 많은 사람들이 뭐라 할까.' 가슴이 철렁했다. 총학생회 지도부는 어쩔 수 없이 거짓말을 해야 했다. 비디오테이프를 가져오던 학우가 적들에게 막혀 학교로 못 들어오고 있으니 나가서 포위망을 뚫고 그 학우를 구하자며. 그 결과 우리는 당일 짱돌을 들고 엄청난 전투를 벌여야 했다. 훗날 비디오테이프를 구해서 총무부장 백영옥의 앙칼진 내레이션으로 상영했으나 그 교수가 보았다는 끔찍한 장면은 나오지 않았다. 다만 야만적 폭력을 목도하며 무거운 침묵이 흘렀다.

최고학번이 된 85년, 전투력은 하늘을 찔렀다

85년 봄, 시위를 계획하던 어느 날 후배가 조심스럽게 고백을 했다. 꽃병을 만들었다며 다음 싸움에 써달라고.....아이고! 그 무렵은 유화국면으로 전환되기 전이라 싸움의 강도를 조절하지 못하고 있었다. 강하게 싸우지 못하는 것이 83학번들에게는 불만이었던 모양이다. 우리 82학번은 기민하게 대처했다. 선배들의 반대를 무릅쓰고 후배들을 달래가며 화염병 몇 박스를 접수했다. 무단으로 사용하지 않고 선배들과 의논했기에 적극 인정한 것이다. 빈병을 수집하고 휘발유를 사는 등의 과정이 노출되지 않도록 꼼꼼하게 확인한 후 화염병 사용을 공식화했다.

세월이 한참 흐른 뒤인 2016년, 박근혜 탄핵 촛불집회를 보며 이런 생각을 한 적이 있다. '왜 우리는 85년도에 총학생회를 장악하고도 촛불집회 같은 대규모 대중 집회를 주도하지 못했을까?' 어찌 보면 어리석은 질문이다. 그 시절엔 싸우는 것 말고는 다른 생각을 미처 하지 못했다. 상황에 따른 전략, 전술의 실효성이 어느 정도였는지(?)는 몰라도 전투력만큼은 당대 운동권 중 최고였다고 생각한다. 짱돌과 화염병을 던지며 교문을 돌파하고 다시 대중 집회를 하다가도 '단무지(단순, 무식, 지랄의 준말)'를 부르짖으며 꽃병을 몰래 제작했던 율전 83, 84들의 전투력은 으뜸이었다. 수원, 용인 연대집회에서 타 학교 학우들이 혀를 내두르기에 충분했으니. 우리 후배들이 체육관 공사장에서 가져온 'ㄱ'자 철근을 날라 전경들의 방패를 다 뚫어 버린 적도 있다. "이건 사람이 다칠 수 있으니 철근은 던지지 말라"고 제재하며 간신히 그들을 말렸던 기억이 생생하다.

수원·용인지역 연대활동 개시

85년 당시 수원, 용인지역은 서울농대, 한신대, 아주대, 경기대 등이 지역 연합체를 꾸리고 있었다. 이 시기에 율전은 명륜동과 서울에 있는 학교들과만 연대와 연합을 했다. 아쉽게도 경기도 소재의 학교들과는 아무런 끈이 없었다. 총학을 장악하고 난 후부터는 상황이 달라졌다. 수원, 용인 총학과의 연대활동을 시작할 수 있었다. 율전은 수원, 용인에서 메이저 역할을 했다. 서울 농대, 한신대, 아주대, 경기대, 경희대, 외대가 총학을 장악하자 전국학생운동연합(이하 전학련) 중부지구가 결성되면서 연합투쟁이 본격화됐다.

율전에는 굴비 팀이 있었다

우리는 서로 자기가 먼저 시위주동으로 나갈 거라며 순번을 정해놓고 기다렸다. 줄줄이 엮여서 잡혀갈 준비를 한다는 의미로 스스로를 굴비 팀이라고 칭하며 재미있어 했다. 82학번 굴비 팀은 최기섭과 정덕영을 시작으로 8월 강우식이 삼민투 발대식, 9월 26일 이성희와 라홍균 등이 교내시위를 주동했다. 11월 13일에는 장진희, 김건성과 후배 김명희(83) 등이 수원노동부 점거투쟁을 했다. 이 밖에도 11월 라홍균이 교내 철야농성, 11월 29일 권순필, 박홍순이 교내투쟁을 이어가면서 85년 한 해의 싸움을 마무리했다. 물론 그해 굴비 팀 모두가 시위 주동으로 나서지는 못했다. 그래서 겨울방학이 끝나고 봄으로 접어들었던 3월 초 교정에서 고득성, 도세영, 김근영, 백영옥이 '군부독재타도 직선제쟁취'를 외치며 82학번의 마무리 싸움을 벌였다.

85년 하반기 싸움은 각별히 연합투쟁과 함께 진행했다. 중부지구에 싸움을 끌고 나갈 82학번들이 거의 없었기 때문에 연합집회의 주동과 인원동원은 대부분 율전의 몫이었다. 각 캠퍼스를 오가며 연합집회를 조직해 정권을 상대로 한 투쟁을 하거나 수원노동부 같은 곳을 점거하는 활동을 전개했다. 이는 지역운동을 뿌리내리는 데 중요한 역할을 한 것으로 평가한다. 그 시기 많은 학우들이 학내는 물론 연합집회의 알리바이까지 외우느라 개고생을 했다. 경찰서 등 사정기관에 붙잡혀 가면 형사들이 진술서를 한 무더기 들이밀며 그걸 베끼라고 했다.

"야, 너 기억 안 나지? 이거 베껴!"

그들도 진술이 틀리면 안 되니까 그랬던 것이다. 진작 그런 줄 알았으면 그때 기억을 더듬느라 그렇게 생고생 안 해도 됐었는데 말이다.

이쯤해서 자연캠의 운동사를 마무리해야겠다. 우리 굴비 팀과 수배자들 대부분은 군포에서 숨어 지냈다. 그곳은 후배 정세영의 누님인, 광옥 누님 집이었다. 청주도시산업선교회 정진동 목사님의 맏딸이었던 누님의 집은 고작 열세 평 주공아파트였다. 그 좁은 공간에서 먹성 좋은 20대 수배자들을 한결같은 마음으로 일일이 돌봐줬다. 그런 누님을 우리들은 60이 넘은 이 나이에도 잊을 수가 없다. 우리 율전 학생운동사에서 큰 역할을 한 은인, 광옥 누님!

정광옥 누님과 함께

돌이켜 보면 청년기를 참 암울하게 보냈다. 지금 생각하니 소모적인 싸움도 많았다. 그럼에도 우리는 시대의 부름에 부응했다. 군사독재에 맞서 무릎 꿇지 않기 위해선 학생운동을 싸움으로 정리해야 한다는 절대 명제가 있었다. 무엇보다 민주화에 대한 열망이 뜨거웠다. 젊은 날 그런 희망의 에너지가 우리를 투쟁전선에 뛰어들 수 있게 해줬다.

나를 던졌던 학생운동을 우리는 그렇게 마무리했다.

CHAPTER 01

03

내가 기억하는 1984년

민정당 중앙당사 점거 농성 사건

이동일

한국철학과

내가 기억하는 1984년

민정당 중앙당사 점거 농성 사건

1984년 학원 자율화_ 유화 국면

80년대를 학생 운동사로 구분해본다면 1984년은 이전(1980년~1983년)과 이후(1985년~1987년)를 나누는 경계(사이)의 시기라 할 수 있다. 1979년 박정희의 죽음으로 촉발된 유신체제의 해체와 민주화 요구, 전두환 신군부의 등장과 광주 민주항쟁, 5공화국의 출범과 폭압 통치가 지속되면서 대학은 학원 사찰이라는 감시망에 갇혀 있었다.

1982년에 입학한 우리는 4·19와 5·18, 11·3 학생의 날 시위에 맞춰 사복경찰과 전투경찰에 맞선 시위를 경험했다. 선배들이 강제 징집으로 끌려가고, 건물 옥상 어딘가에서 흔적도 없이 잡혀가는 그들의 뒷모습을 봤다. 많은 친구들이 새로운 세상에 대한 공부에 목말라 했다. 역사에 대해, 인간에 대해 묻지 않을 수 없었다. 그리고 투쟁의 결기를 다졌다.

그런데 1984년 봄, 돌연 대학에서 사복경찰들이 철수했다. 이른바 학원 자율화 조치였다. 1985년 2월 총선을 앞두고 민심을 달래기 위한 조치 중 하나였던 것이다. 본래의 학교 모습을 되찾자 총학생회 재건부터 합법적 공간을 확보하기 위한 노력이 전개되었고, 좀 더 대중적인 투쟁이 늘어났다. 문제는 정세분석과 그에 따른 전략과 전술에 관한 논쟁이 수면 위로 올라왔다는 것이다. 학림-무림 논쟁으로부터 촉발된 학생운동의 역할에 대하여 선도투쟁론과 대중투쟁론을 거쳐 사회구성체 논쟁을 포함한 전략 전술 논쟁이 시작되었다.

선도투쟁론 입장에 선 학생운동 진영이 1984년 11월 3일 민투학련(전국 민주화투쟁 학생연합)을 결성했고, 1985년 전학련(전국학생총연합회) 삼민투(민족통일 민주쟁취 민중해방 투쟁위원회)로 이어오며 학생운동을 주도했다. 1984년 민정당 중앙당사 점거농성 사건은 민투학련, 1985년 미문화원 점거농성 사건과 민정당 중앙정치연수원 점거농성 사건은 삼민투의 이름으로 진행된다.

1984년 11월 14일 전야

유화 국면의 틈을 비집고 청계피복 노동조합의 합법화투쟁을 비롯해 노동계에서도 전열을 정비하기 시작했다. 70년대 학번이 구로를 비롯한 노동현장에 존재 이전(학생에서 노동자로)을 했고, 그 선배들의 영향으로 노동자-학생(이하 노학)연대라는 개념이 자리 잡아가던 시기였다.

그해 9월에 전두환의 방일이 있었다. 미국의 이해에 기반을 둔 한미일 삼각방위동맹을 경계하는 활동과 투쟁이 이어졌다. 전두환 귀국시 카퍼레이드 행진에 맞춘 연좌 농성 계획이 추진되었으나 인파에 눌려 실행되지 못했다. 10월에는 노동계와 연계한 노학 연대투쟁이 연일 가두에서 벌어졌다.

긴장의 도가 점점 높아가던 때에 3학년들 중간 지도선에 하나의 팸플릿이 회람되었다. 전반적인 정세와 그에 따른 투쟁 방침이 담겼다. 얼마 지나지 않아 그룹별 인원 선발이 이어졌다. 나는 학회를 떠나 있었기 때문에 학회를 전담하던 친구가 1, 2학년 후배들과 점거 농성에 참가하기로 했으나 가두시위에서 검거되는 바람에 구류를 확정받았다.

인솔자가 없는 상태에서 학회 인원을 뺄 것인지, 참가할 것인지를 두고 논란이 있었다. 친구를 대신해 내가 들어가기로 결정했다. 11월 14일 아침. 후배들을 만나 딱 한 마디만 했다.

"오늘은 퇴로가 없다."

점거 농성임을 알렸지만 나조차 그날의 점거 농성 투쟁이 어떻게 전개될지 전혀 가늠할 수 없었다.

12시간의 농성, 현장 스케치

신갈에서 용산 터미널을 거쳐 혜화로 오는 길에 늘 보이던 건물, 민정당 중앙당사다. 안국동에 위치해 혜화동에 있는 성균관대학교와는 아주 가까운 거리다. 늘 전투경찰이 경비를 서는 곳이었다. 우리가 도착한 곳은 정문이 아닌 후문, 오후 4시 30분. 상가 건물 주변 이곳저곳에 삼삼오오 모이기 시작한 이들이 어디선가 들리는 외마디 구호 소리에 맞춰 후문 계단을 향해 달리기 시작했다.

후문을 경계하던 전투경찰이 당황해하며 시위대를 향해 사과탄을 던졌다. 나와 후배들은 매캐한 최루액을 뚫고 좁은 계단을 오르는 선두를 쫓아 무작정 뛰어올랐다. 서너 명은 진입시 잡혔다는 이야기를 들었지만 우리는 다행히 어느 사무실 안으로 진입했다. 당시에는 그곳이 몇 층인지조차 알 수 없었다. 그곳이 9층이었다는 사실은 농성이 시작되고 나서 알았다.

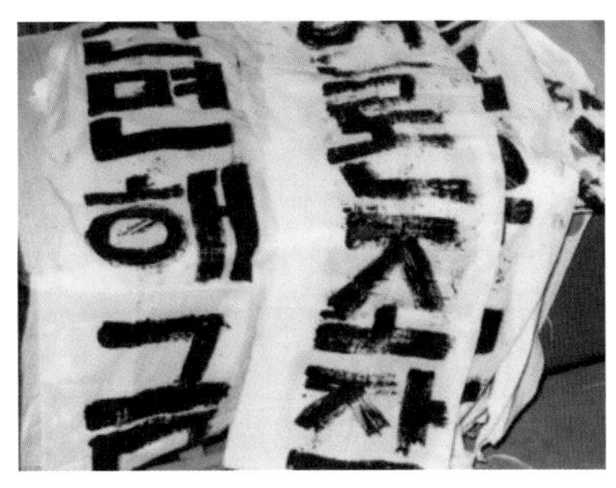

민정당사 점거농성 당시 학생들이 만든 현수막

진압당한 후 경찰들에게 끌려가는 학생들

서둘러 출입문을 막고, 바리케이드를 쌓았다. 81학번(4학년) 주동자들은 창가에 현수막을 내걸고 점거 농성을 알렸다. 82학번(3학년)과 83학번(2학년) 일부는 바리케이드를 지켰고, 대다수 인솔자와 1, 2학년들은 농성 대오를 유지했다. 그때야 알았다. 성대, 서울대, 연대, 고대 4개 대학으로 이루어진 농성 대오였는데 서울대만 들어오지 않은 것이다.

서울대가 빠진 것은 아마도 내부의 노선투쟁이 주효하게 작용했기 때문일 것이다. 점거농성의 규모는 컸으나 이를 상징할 수 있는 대표적 인물이 없었던 듯하다. 나무위키에서 민정당 중앙당사 점거농성 사건을 검색하면 최형두, 송영길, 김영춘이 사건의 주동자로 나온다. 이들은 각 대학 총학생회장으로 민투학련의 공동 의장단이었을 뿐 함께 현장에 있던 인물이 아니다.

또한 현장을 조직하고 지휘하는 농성 지도부도 보이지 않았다. 최소한 연합 점거 농성의 배경과 의의, 연대와 결의는 다져야 하는데 그 일을 농성 대오가 자체적으로 만들어 갈 수밖에 없는 형편이었다. 농성에 참여한 학생들은 다수가 1, 2학년이었다. 각자의 판단과 결의보다는 무작정 선배를 따라온 눈치였다. 상황이 이렇다 보니 3학년이었던 내가 정세와 투쟁 방향을 1, 2학년이 공유할 수 있도록 발언자로 나서게 되었다.

점거 농성의 요구는 두 가지로 압축된다. 하나는 '노동 악법 개정'이고 또 하나는 '전면해금 실시'였다. 노동 탄압을 저지하고 제도개선 투쟁으로 노동자들과의 연대를 공고히 하는 것, 야당과의 연대를 통한 국회의원 총선 승리를 위해 전면해금 실시를 압박하는 것이었다. 무엇보다 일상적인 시위가 아니라 점거라는 극단적 행위를 통해 이를 여론화하고, 정치화하려는 목표가 분명했다. 그것도 소수의 인원이 아니라 다수의 위력으로 말이다. 민정당 대표 권익현 면담을 요구했지만 거부당했다.

'얼마나 버틸 수 있을까.'

여론 때문에 쉽게 진압할 수 없을 것이란 기대와 날이 밝기 전에 진압될 것이란 공포가 공존했다. 저녁을 넘기고, 밤이 되고, 새벽으로 가는 시간. 대오를 유지하고 토론을 이어가던 그때, 바리케이드 쪽에서 벽 부수는 소리가 들렸다. 일제히 고함이 터지고 대치가 이어지는 가운데 농성 대오 바로 옆 창문 유리창이 와장창 깨졌다. 날아오는 유리 파편을 피해 머리를 숙였다. 쏜살같이 창문마다 밧줄을 타고 안으로 들어온 도시 게릴라 진압대는 머리 박아! 라는 고함과 함께 곤봉을 마구 휘둘렀다.

아주 짧은 시간 정적이 흘렀고, 손을 머리에 깍지 낀 채 한 명씩 계단으로 줄을 지어 내려오는 포로 신세가 되었다. 계단마다 줄지어 선 전투경찰은 내려오는 모두의 정강이를 발로 걷어찼다. 그렇게 전투경찰 버스에 태워져 어느 경찰서 유치장으로 끌려갔다.

대공 분실, 구치소, 기소유예

유치장에 도착하자마자 신원확인을 했다. 대기 중에 몇 명의 이름이 불렸다.

"이동일!"

내 이름을 부르는 소리가 들렸다. 어디론가 따로 불려간 곳은 짐작하건데 대공 분실. 와이셔츠에 사선으로 권총을 찬 떡대 좋은 조사관이 무표정한 얼굴로 말했다.

"너 같은 빨갱이 새끼 하나 죽어도 삼팔선에 걸어놓고 입북하다 죽었다고 하면 그만이야."

첫 마디부터 기를 죽였다.

눈 앞에서 시위 경력, 부모 재산과 범죄 이력, 친인척 인적 사항과 직업 등 자료들이 속속 올라왔다.

"너는 못살지도 않고, 아버지가 목사님이었다면서."

그리고는 대하는 태도가 조금 달라졌다. 속으로 웃음을 참지 못했다. 이어진 조사는 누구에게 연락을 받았고, 누구를 데려왔는지 등 이른바 조직선을 그리는 작업이었다.

학회와 조직 선을 지켜야 했기에 1학년 때 연이 닿았던 고전연구회 선배(당시 주동으로 참여했던 일인)를 윗선으로 하고, 같이 들어갔던 2학년 여자 후배 하나만 적었다. 그 여자 후배는 끝까지 나를 불지 않았다는데. 농성장에서 보니 서클과 이곳저곳에서 활동하는 단과대 후배들이 십여 명 되었다. 아마 그들도 내가 그랬던 것처럼 현장에 있던 나를 윗선으로 적었던 모양이다. 자기 선배들을 지켜야 했으니. 나중에 확인된 이야기다.

성대에서는 주동을 맡은 4학년 3명 외에 바리케이드 앞에서 잡힌 2, 3학년 친구들 3명과 함께 나도 구치소로 넘겨졌다. 총 열 아홉 명이 구속되고, 백 팔십 명이 구류를 살았다고 한다. 나는 다수의 시위 경력이 문제가 된 것 같았다. 바리케이드 앞에서 잡히지 않은 덕택에 기소유예로 풀려났다.

그 한 달여 동안 오히려 고생한 것은 학교에 남아 있던 동료와 후배들이다. 작은 단과대에서 십여 명의 1, 2학년 구성원이 농성에 참가했고 3학년 1명은 구속되었으니, 일반 친구들도 자퇴 투쟁까지 거론하며 단과대 전체 분위기가 많이 달라졌던 모양이다.

구치소에서의 한 달은 〈장길산〉과 대하소설들을 읽으며 보낸 휴식의 시간이었다. 운동을 계속할 것인가 말 것인가의 고민을 더 이상 하지 않아도 되는 선택과 결정의 순간이었다고나 할까. 기소유예로 나오자마자 연락이 온 곳은 안기부였다. 용돈을 쥐어주며, 졸업 후 안기부 취업을 알선하겠다면서 총학생장 출마를 부추겼다. 그런 프락치 공작이 어디 나에게만 있었겠는가?

40년의 시간을 뒤로하고

40년의 시간이 흘렀다. 그 당시의 선택과 결정이 이후의 삶을 밀고 온 것이 아닌가 싶다. 1986년 국가보안법 위반 사건(성대 민주회복투쟁위원회 사건)과 1989년 노동쟁의 조정법 위반 사건(제3자개입금지 위반)으로 2번의 감옥살이를 더 했지만 그건 피할 수 없는 일상으로 받아들였던 첫 경험이기도 했으니까.

당시 1학년 후배들에게는 많이 미안했다. 그저 선배를 따라 들어갔던 일이 그들의 인생에서 어떤 작용을 했을까 싶어서다. 하지만 그 점거 농성에 참여하지 않았던 후배가 1985년 미문화원 점거 농성에 참여하게 됐던 일이나, 내가 그렇듯 그들도 자신의 선택과 결정이었다는 것을, 돌이켜 보면 우리 모두는 한 시대를 통과해 온 동행자였음을 순간순간 깨닫는다.

CHAPTER 01

04

1985년 미국문화원 도서관에 들어가다!

구자춘
행정학과

1985년 미국문화원 도서관에 들어가다!

오래 전 그날, 40년 전의 일을 소환해 본다. 1985년 5월 23일 (오전) 11시 50분경, 나는 을지로입구 미국문화원 2층 도서실에 있었다. 10여 명의 각 대학 동지들과 함께 빈자리에 앉아 초조한 마음을 진정하고 누군가를 기다리고 있었다. 12시가 되자 도서관 문을 밀치고 수십 명의 동지가 우르르 밀려들어왔다.

그렇게 미문화원 점거투쟁은 시작되었다.

이미 도서관에 들어와 있던 각 대학 대표와 인원을 확인해보니 5개 대학교 73명이나 되었다. 모두 들어온 것을 확인하자마자, 도서관에 있던 일반 사람들은 다 내보냈다. 문 안쪽에다 의자 등을 쌓아 바리케이드를 친 다음 출입구까지 봉쇄를 마쳤다. 당시 성균관대학교 참여자는 21명이었다. 이강백, 조성환, 나 3명이 주동이고 나머지 18명은 3학년 후배들이었다. 각 서클에서 가장 확실하고 투쟁성이 좋은 후배들을 보내달라고 부탁해 놓았던 터라 모두 믿을 만한 후배들임에는 틀림없었다.

점거 계획 단계에서는 인원을 총 100여 명 정도로 합의했다. 서울대는 13명, 고대는 11명으로 기대에 못 미친 수준이었고, 연대가 20명, 서강대는 8명으로 그나마 약속을 지켰다. 이렇게 예상과 달라진 이유는 점거 계획이 하루 연기되었던 탓이라고 생각한다. 원래 점거일은 22일이었다. 그런데 막상 현장에 도착해 보니 평소와 달리 경비 병력이 증강되어 정보가 샌 것으로 판단해 철수했기 때문이다. 이후 각 대표와 만나 상황분석을 해보니 우려했던 상황은 아니었고, 맞은편 롯데호텔에서 여는 어떤 큰 회의와 맞물려서 그렇게 되었다는 걸 알게 되었다. 대학별로 후배들을 하루 동안 단속하면서 다음날인 23일에 다시 점거에 나섰다. 이 과정에서 마음이 바뀐 후배들이 생겨 최종 미문화원 점거학생 수가 예상보다 줄어든 것이라 짐작한다.

마침내 가슴에 품고 간 '광주학살 책임져라'라는 플래카드를 도서관의 유리창에 걸었다. '우리는 왜 미문화원에 들어가야만 했나?'라는 유인물을 창문 틈으로 뿌림과 동시에 역사적인 '서울 미국문화원 72시간 점거 투쟁'의 막이 올랐다. 당시 우리는 점거 투쟁을 시작하면 전두환 정권에 의해 곧바로 끌려 나오리라 예상했다. 그런데 우리가 미처 생각하지 못한 것이 있었다. 미국문화원이 치외법권 지역이라는 점을 간과한 것이다. 결국 원하지 않은 장시간 점거 농성 투쟁을 벌이게 되었다.

당시 점거농성을 하게 된 배경에는 다음과 같은 정세판단과 투쟁목표가 작용했다. 1984년에 교황 바오로 2세의 방한에 맞춰 전두환 정권은 군부독재라는 실상을 감추기 위해 학원 자율화를 발표했다. 대학교 내에 상주하던 경찰을 철수하는 조처를 내렸다. 시위를 벌여도 주동자를 잡아 조사만 하고 훈방하는 식의 국면이 1985년 초까지 계속된 것이다.

그래서 학생 운동권에서는 전두환 정권에 심각한 타격을 주는 투쟁을 통해 이러한 국면을 타파하고자 했다. 5월 광주항쟁 이슈 투쟁 때, 광주를 진압한 군부대의 이동에는 미국도 책임이 있었다. 광주학살에 대한 전두환 정권과 미국의 책임을 같이 거론해 반독재 반미 투쟁을 벌이자는 것이었다. 운동권 내에서도 놀랄 만큼 큰 투쟁을 준비하고 있다는 분위기여서 모두가 주목하고 있던 5월이었다.

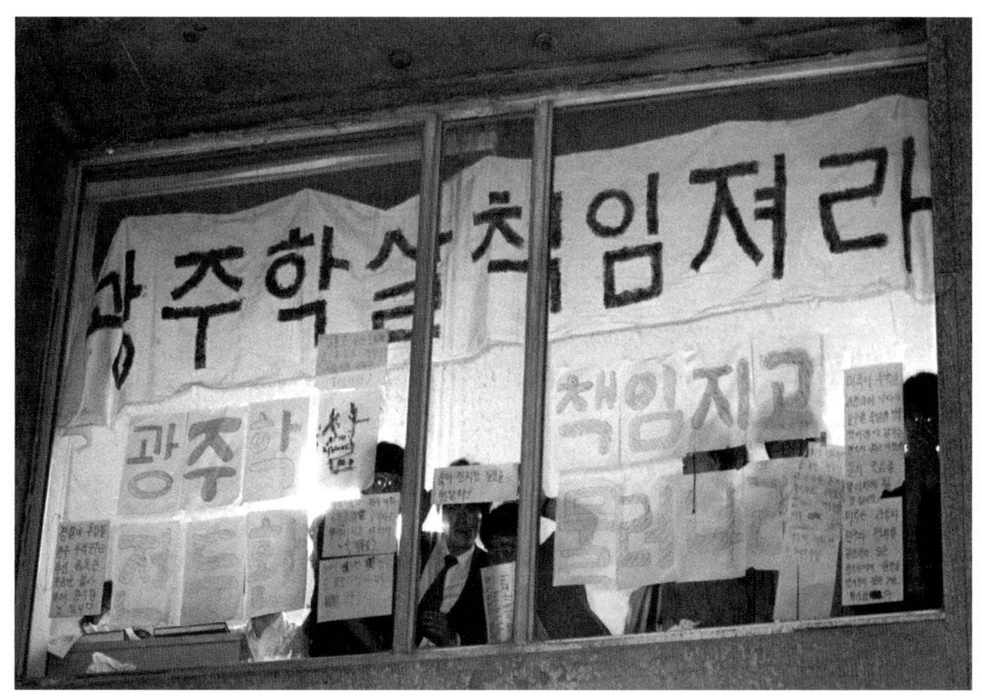

이쯤에서 내가 미문화원점거 투쟁에 참여 과정을 기술해 보려 한다. 대학의 낭만과 행시를 꿈꿨던 평범한 새내기 대학생이 어떻게 미문화원 점거 투사로 거듭날 수 있었을까. 사실 그 시절 운동권 친구들 대부분은 비슷한 사유와 경험을 공유하고 있다. 그래서 이 글을 통해 '미문화원 점거투쟁' 뿐만 아니라 수많은 친구들이 역사주체로 나서기 위해 어떻게 군사독재에 맞섰는지 또 고민과 장벽을 어떻게 돌파해 나갔는지 아울러 말하고 싶다. 당시 운동권세대를 이해하는 데 조금이나마 도움이 될 것이라 여긴다.

나는 1982년 행정학과에 입학했다. 이후 자연스럽게(?) 독서 모임에 참여하게 되었다. 나중에 알고 보니 '도산연구회'라는 언더 서클이었다. 바로 위 선배로는 기경도, 서필봉, 신희정 등이 있고, 동기로는 오수진, 고진화, 최정학, 권금숙 등이 있었다. 함께 독서 토론을 벌이고 가투도 나가고 MT도 다니면서 나름대로 열심히 활동했다. 그러던 중 1학년을 마칠 무렵 목표로 삼았던 행정고시를 보느냐 아니면 학생운동을 계속하느냐를 두고 심각한 고민에 빠졌다.

그 시기 고진화가 내 자취방에 한 달 가까이 계속 찾아왔다. 그러고서는 "지금 같은 시국에 행정고시 봐서 혼자 잘 먹고 잘 살면 무슨 의미가 있냐?"면서 끈질기게 설득했다. 마음 한구석에는 일신의 영달을 위해 살기보다 사회정의와 민주주의 쟁취를 위해 내 청춘을 바치는 것도 해볼 만한 가치가 있다고 생각하던 차였다. 결국 고시를 보려고 준비해 두었던 책을 모두 버리고 운동에 투신하겠다는 결단을 내렸다.

결심이 서자, 학내활동보다는 노동운동 쪽에 더 관심을 가지게 되었다. 2학년 가을 무렵에 야학을 준비하는 팀에 합류했다. 성수동 지역에서 공장 활동을 하면서 노동자 야학을 준비하기 위해 자취방도 성수동으로 옮겼다. 처음에는 내 자취방에서 대여섯 명의 남녀노동자를 대상으로 6개월 과정의 야학을 시작했다. 졸업까지 간 사람은 2명뿐이었다. 일하는 사람들과 함께 공부한다는 것이 쉬운 일이 아님을 배웠다.

그 후 화양사거리에 있는 송정제일교회에 들어가 청년부 사업으로 노동자 야학을 다시 시작했다. 3학년 말까지 이렇게 지내다 보니 집안에서도 나의 근황을 알게 되었다. 휴학하고 군대에 가라는 압박이 심할 수밖에 없었다. 기어이 휴학계를 내야 했고, 입대 신체검사 결과 현역 판정을 받게 된다. 군대를 다녀와 운동을 계속해야 하나 아니면 감옥에 들어가야 하나 고민이 있었지만 그 시간은 그리 길지 않았다.

사회변혁 운동을 하기로 결심한 이상 군대에 가는 것은 좀 아니라는 생각을 했다. 얼마 후 나의 이런 생각을 고진화에게 털어놓았다. 이때 고진화가 내게 5월 점거 투쟁을 제안한 것이다. 미문화원 점거는 아무래도 센 투쟁이고 수감기간도 짧지 않을 거란 생각이 들었지만 큰 망설임 없이 받아들였다. 장기구속을 예상해 신변을 정리하면서도 친구와 지인들에게는 보안문제 때문에 차마 속마음을 드러내지 못했다. 그저 가벼운 인사만 건넬 뿐이었다.

그 후 나는 '전국 학생총연합 광주학살원흉처단투쟁위원회'의 성대 위원장으로 참가한다. 서울대, 고려대, 연세대 대표들과 주로 연세대 서클룸에서 만났다. 점거대상 물색과 각자 동원할 수 있는 인원 파악, 타 대학 참여 확대 등을 주제로 점거계획을 세워나갔다. 점거대상은 미국을 상징하는 미대사관, 미대사관저, 미국문화원 세 곳으로 정했다. 각자 조사를 끝낸 후 검토해 본 결과 미대사관은 무장한 경비 병력이 철통같아 입구에서 본관출입문까지 진입이 어렵다는 점 때문에 제외했다.

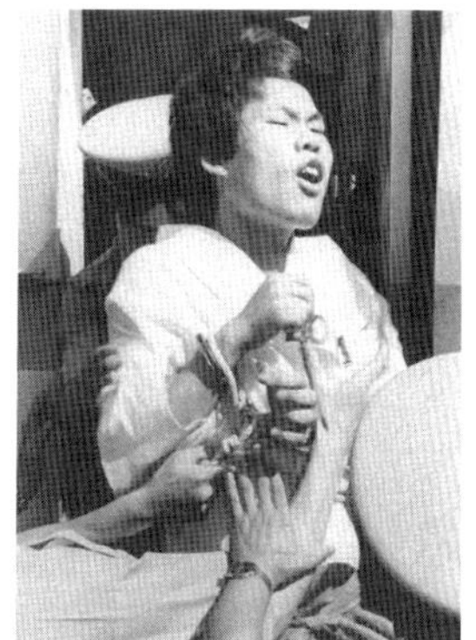

미대사관저 또한 높은 담장과 철제문을 뚫고 진입할 수 없었기 때문에 제외했다. 그런데 미문화원은 2층이 도서관이라 누구나 출입이 가능하다는 장점이 있었다. 이곳을 점거대상으로 최종 결정했다. 서강대와 이화여대를 추가로 참여시키자는 의견도 있었으나 보안을 장담할 수 없다는 의견이 우세해 서강대만 추가하기로 결정했다.

며칠에 걸쳐 경비 병력 숫자와 교대시간 등을 현장에 나가 조사했다. 1층 출입문을 지키는 몇몇의 전경과 경비 전경뿐이어서 생각보다 점거하기가 수월할 것 같았다. 5월 22일 12시를 기해 점거하기로 하고 집결했으나, 앞서 얘기한 사정으로 철수하고 23일 다시 점거에 나섰다. 만일의 경우를 대비해 지도부 10명은 미리 도서관에 들어갔다. 이는 최악의 경우를 대비한 것이었다. 밖의 동지들이 못 들어올 경우, 미리 들어간 10명만이라도 점거 투쟁을 하기 위함이었다.

미국문화원 도서관 점거는 단기에 끝날 것이라 판단했다. 그러나 보기 좋게 예상이 빗나갔고 뜻밖의 무기한 농성 투쟁을 하게 되었다. 무엇보다 도서관의 유리창이 모두 통유리여서 열 수가 없었기에 외부와 소통하는 데 어려움이 많았다. 가까스로 우리들의 주장을 종이에 써서 유리창을 통해 외부에 알리면서 한편으론 미대사와의 면담을 요구했다. 아쉽게도 정치참사관 던롭만이 테이블로 나와 회담 아닌 회담을 하게 되었다. 우리는 미국의 광주학살 지원에 대한 책임을 물었고, 그는 미국에게 그런 책임이 없다는 내용의 말만 서로 주고받는 자리였다.

미국은 어떻게든 평화적인 방법으로 해결하려 하는 태도를 취했다. 자진 해산을 계속 종용하는 한편 북측의 선전 방송을 녹취해 온 자료를 우리에게 들려주기도 했다. 그 당시 학생운동권 내에서는 북한에 대해 금기시하는 분위기가 있었다. 미국에 대해서도 분명하게 반미라고 주장하지는 못하는 수준이었다. 그러나 미국도 전두환 정권도 이 땅의 민중들도 겉으로 내색하지는 않았지만 미문화원 점거투쟁이 반미라고 인식한 것은 명백했다고 믿는다.

어느 정도 시간이 지나자 미문화원측에서 단전과 단수를 했다. 동지들이 긴장한 탓도 있었지만 체력이 고갈되어 힘들어하는 모습이 역력했다. 후배들에게도 문화원을 점거한다고 가급적 양장과 양복을 입도록 했는데 복장 때문에 불편함과 체력소모가 더 컸다. 더욱이 주변의 의심을 사지 않도록 학교의 서클룸처럼 불편한 곳에 모여 전날 하루를 보내고 왔으니 어찌 힘들지 않았겠나. 나 또한 며칠 동안 제대로 자고 먹지를 못했다. 그 때문에 몸이 무거워져서 시간이 날 때는 한쪽 구석에 잠시 누워 있기도 했다. 이튿날이 되자 자리에 눕는 여자 후배들이 자주 보이기 시작했다. 갈수록 모두의 건강 상태가 눈에 띄게 안 좋아졌다. 그 젊은 날, 함께 투쟁가를 부르며 서로에게 힘이 되어주고자 했던 모습을 생각하면 눈시울이 뜨거워진다.

지도부는 점거 투쟁을 어떻게 풀어나갈지 많이 고민했다. 자진 해산을 하자니 모양새가 좋지 않았다. 끌려 나가는 모습을 보여줘야 하는데 좀처럼 그럴 기미가 보이지 않았다. 그때 남북적십자회담이 5월 27일부터 서울에서 열린다는 소식을 알게 되었다. 이 뉴스를 자진 해산의 명분으로 삼기로 했다.

5월 27일 오후 12시, 우리는 미문화원 도서관 점거농성을 풀고 자진해서 나왔다. 우리가 할 수 있는 최대한의 준비를 갖춰 만 72시간 동안의 점거농성을 끝낸 것이다. 나오면서 잠시 시위를 했지만 모두 경찰에 연행되었고 투쟁의 막도 내렸다. 이 사건 이후 전두환 정권은 학생 운동권에 대한 대대적인 압수수색과 구속 탄압을 하며 광분해 날뛰었으니, 우리의 투쟁은 성공한 셈이다.

우리는 젊은 날에 이렇게 고되고 힘든 시간과 맞닥뜨리며 살았다. 어디 아프지 않은 채 단단하게 성장할 수 있겠는가..... 온몸으로 시대의 아픔에 응답했고, 그 성장통이 새날을 여는 희망의 마중물이 되었다. 민주화에 대한 열망은 용광로처럼 뜨거웠으며 젊음의 기상은 높기만 했다. 이 사건으로 나는 3년 형을 선고받고 목포교도소에 수감되었다.

1987년, 6월 민주화항쟁 덕분에 출소했다.

CHAPTER 01

05

우리의 화양연화(花樣年華)

최혜자
역사교육학과

우리의 화양연화(花樣年華)

제목으로 오버하기

화양연화(花樣年華)라는 제목을 쓰고 싶었다. 아마 '화양연화' 하면 배우 장만옥의 고혹적인 모습을 떠올리겠지만, 대체로 아름다운 젊은 날을 이야기할 때 많이 쓴다. 지금은 화양연화가 다양하게 변주되기도 한다. 왕자웨이(王家衛)의 영화 속에서 화양연화는 불안정하지만 아름다운 시절의 그리움이고, BTS의 화양연화는 아름다움보다는 불확실하고 위태로운 시절이다. 우리의 20대는 어땠을까? 우리 각자는 어떻게 기억하고 있을까? 그 경험과 기억을 가지고 사는 삶이 혹여 무겁지 않았을까? 이 글은 이런 질문을 빙글빙글 돌고자 한다.

사실, 인간의 삶은 어느 한순간도 화양연화가 아닐 때가 없지만 지나고 나서야 마침내 '화양연화'가 된다. 인간의 속성상 그 타임에 화양연화라는 것을 알지 못하기 일쑤이다. 빛나는 그 자리에서는 그 빛을 알지 못한다는 것이다. 우리도 그러하지 않았을까?

마치 꽃같이 빛난다는 화양연화. 우리들의 젊은 날을 꽃으로 표현하기는 어색하지만 그래도 꽃은 꽃이다. 꽃으로 표현한다고 해도 장미나 백합처럼 얼짱 꽃은 아니겠지만 태양을 향해 솟아오르는 해바라기쯤 되지 않을까 싶다. 어쨌든 화양연화로 우리의 젊은 날에 말을 걸어, 우리 세대를 이야기하고자 한다.

우리 세대를 부르는 말, 베이비 붐 세대

대학 입학 연도가 1982년도 전후인 우리는 1963년생 토끼띠를 중심으로, 1961년에서 1964년 사이에 태어났다. 그때가 언제인가? 편의상 1963년생을 중심으로 이야기하자면, 해방을 맞은 지 18년 즈음이다. 2차 세계대전의 급작스러운 종전으로 가장 좁은 땅에서 가장 많은 무기를 사용한 6·25 전쟁이 끝난 지 10년 즈음 된 때이다. 전쟁을 겪었음에도 7년 만에 우익 부패 정권을 무너뜨린 지 3년 즈음 된 때이다. 겨우 피어나던 민주주의를 밟은 5·16쿠데타가 있은 지 2년, 박정희가 대통령이 되던 그 무심한 해에 우리는 태어났다. 그토록 아슬아슬하던 때 우리는 해맑게 태어나고 말았다. 그래서 우리는 베이비 붐 세대이다.

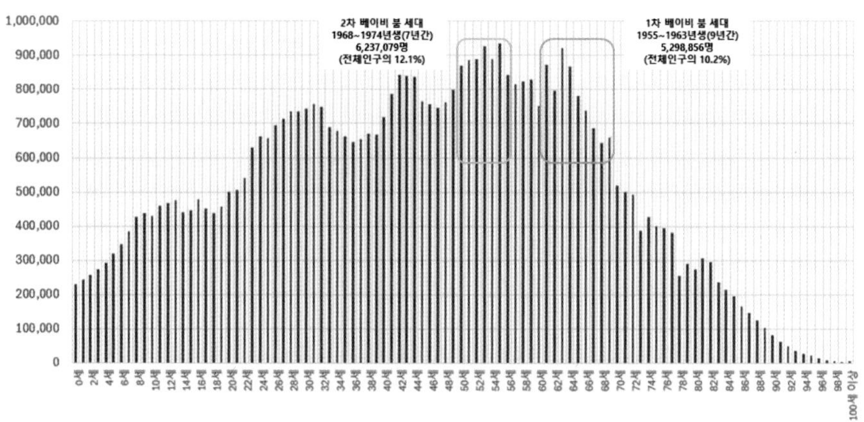

연령별 베이비붐 세대 현황 (출처 : 통계청 인구 통계 재구성. (2023년 12월 현재 생존인구로서 실제 출생 기준과 차이가 있음)

보통 서구사회에서는 2차 세계대전 종전 이후 태어난 1946년생을 시작으로 10년에서 15년까지를 베이비 붐 세대라고 한다. 그 세대가 딱 고등학생과 대학생이 되었던 1968년에 일어난 68혁명[1]은 서구사회를 '계몽사회'에서 '모더니즘 사회'로 이동시키기도 했다.

우리 사회는 전쟁을 겪으면서 베이비 붐 현상이 두 차례나 전개되었고, 우리는 1차 베이

1) 68혁명은 1968년 프랑스를 시발로 전 유럽과 북미대륙에 일어난 청년, 학생운동으로, 파리에서 일어난 초기에는 베트남전 반대를 내건 시위였으나 경찰의 가혹한 진압으로 인해 마침내 드골 대통령의 하야를 끌어낸 대규모 시위이다. 시위의 슬로건은 나라마다 다소 차이가 있는데 프랑스에서는 근대적 권위주의, 학력주의에 대한 저항으로 이어졌으며 독일에서는 나치 정권하 기성세대를 질타하는 청년 시위로 이어져 사회혁신의 기초가 되었다. 또한 북미대륙에서는 반전, 여성, 흑인운동과 결합했다. 이 68혁명은 대부분 나라에서 전통적 가치가 해체되고 개인에 기초한 현대적 가치가 전면화되었다는 측면에서 '문화혁명'이라고 부른다.

비 붐 세대의 뒷세대에 해당한다. 사실 우리의 형제·자매가 모두 베이비 붐 세대에 해당하므로 우리는 주변 또래들 사이에서 각축하며 살아왔다. 지역에 따라 다르지만 집이든 학교든 아이들이 미어터지고(?), 아이들을 통솔하려는 부모님과 선생님은 일제와 전쟁시 노출된 폭력의 경험을 아무렇지도 않게 행사(!)하기도 했다. 우리는 대체로 그렇게 얻어터지면서 자랐고, 남녀 모두 '교련'이라는 군사 교육을 받으면서 작열하는 햇볕 아래 사열을 연습했다.

우리 세대를 부르는 말, 운동권 세대

우리는 가난한 나라 대한민국에서 운 좋게 대학을 들어간 사람들이다. 더구나 우리보다 2년 앞선 박정희 아들, 박지만의 입학을 앞두고 본고사에서 학력고사로 급작스레 전환된 입시 시스템에서 살아남아 대학에 입학했다.

우리가 입학한 1982년 무렵은 같은 연령대에서 25% 내외가 대학에 입학하던 시대였다. 1980년대 평균 대학 진학률이 27.2%이지만, 4년제 대학 진학률은 여성 13.9%, 남성 19.0%에 그친다. 1980년대의 초입인 1982년에 서울에 있는 대학에 입학한 비율은 그것보다 더욱 낮은 비율일 것이다. 우리는 그렇게 운이 참 좋은 그룹이다.

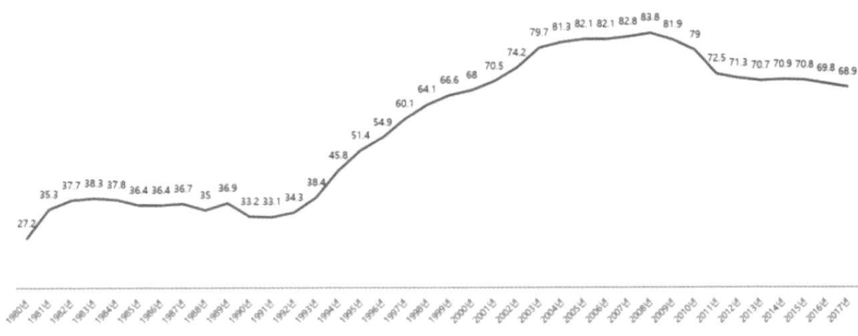

1980년 이후 대학교 진학률 (출처 : 한국교육개발원 교육통계분석자료집, 2019)

그러나 우리들의 운은 한편으로 딜레마가 되었다. 유시민이 항소 이유서에서 항변하듯이 철저하게 '유신 키즈'로 자랐음에도 우리는 민주주의와 민족주의, 경제적 불평등에 대해 눈을 뜨고 말았다(!). 그리고 우리 각자는 무엇을 해야 하는지 고민을 했다. 더구나 사회적 환경도 그러한 고민으로 우리를 밀어 넣었다. 바로 '전두환 군사정권'과 '광주 민주화 투쟁'.

우리의 20대에 가장 많이 사용한 말은 이 두 단어가 아닐까 싶다. 대학에 가면 미팅도 하고 연애도 하고 싶었지만, 그것은 일종의 '죄악' 혹은 '리버럴'로 취급되어 왕성한 연애력(?)을 과시할 수 있는 기회를 스스로 차단했다. 그리고 자기를 던지는 방식으로 분단과 군부독재, 사회 불평등에 맞서 싸우게 되었다. 그렇게 우리는 운동권 세대로 불리게 되었다. 그 무겁던 고민의 시절은 다른 친구가 맡아 쓰기로 했으니 여기서 멈춘다.

우리 세대를 부르는 말, 민주화 세대

우리는 학창 시절의 치기나 낭만으로 운동을 할 수는 없었다. 특히 우리 학교의 분위기상 노동 현장에 투신(!)하는 것이 뭔가 더 중요하게 취급되었다. 그래서 많은 친구가 노동 현장으로 들어가는 분위기가 되었다. 그렇게 수도권 공업단지로 더 나아가 영남권 대단위 공업단지로 들어가 신분을 감추고 노동자의 한 사람으로 '노동해방'이라는 엄청난 기치를 들었다.

민주화운동과 노동운동은 6·29선언, 87년 노동자 대투쟁을 촉발시키고 나라는 3당 합당, 88년 대통령선거, 문민정부 등의 격변으로 치달았던 기억은 지금도 너무나 선명하다. 그 치열했던 시간은 정서적으로 단지 몇 년의 기간으로 기억되지 않을 정도이다. 그리고 민주적 제도는 한꺼번에 완성되는 것이 아니라 끊임없는 투쟁을 통해 지켜나가고 확장해야 한다는 것을 알게 된 것은 나중의 일이었다.

우리 중 일부는 노동운동의 다른 한편에 새로운 영역을 인식하기도 했다. 그것을 크게 두 가지로 생각해 보면 하나는 계급운동이나 정치투쟁의 토대가 되는 시민 사회운동이고 다른 하나는 일상에서 변화를 만드는 운동이다. 우리 친구들이 이러한 영역으로 활동을 확장한 것은 새로운 시대를 열어가는 힘일 것이다.

일상의 변화를 만드는 초기 실천들 (출처 : 어린이 도서연구회와 교보문고 홈페이지)

특히 여성들의 놀이방 운동, 작은 도서관 운동, 공동육아 운동, 아동도서 운동은 그 의미를 새겨볼 만하다. 사실 노동 현장에서 여성 운동가의 활동은 쉽지 않았다. 성차별은 물론 출산, 육아가 여전히 여성의 몫인 상황에서 같은 상황의 남성 친구보다 극복해야 할 장애는 차고 넘쳤다. 그런 상황에서도 우리 세대 여성들은 상황에 밀리지 않고 세계 어디를 봐도 유례를 찾을 수 없는 놀이방(나중에 아동센터로 제도화됨), 작은 도서관, 공동육아로 아동의 미래에 대한 문제의식과 실천을 확장해 나갔다. 그것이 욕망에 기초한 입시 제도를 바꾸지는 못했지만[2], 우리의 문화적 태도를 바꾸어내는 데 기여했음은 좀 더 시간이 흐른 후에 규명되리라 생각한다.

---

2) 386세대가 입시와 부동산을 통해 자기 욕망을 강화했다는 비판이 있음은 주지의 사실이다.

우리 세대를 부르는 말, 신자유주의(IMF) 세대

우리 친구 중에 노동 현장을 오랫동안 지킨 이도 있지만 1990년대 중반 이후부터는 대개 삶의 전선에서 '먹고 사는 문제'를 고민하게 되었다. 학생 출신의 노동자 운동가에서 당사자 운동으로 전환한 시기이기도 하다. 그러나 다른 사람보다 늦은 30대 중반에 경제활동을 시작한 우리는 쉽지 않은 현실에 부딪혔다. 그리고 IMF.[3]

정도의 차이는 있지만 우리들은 냉혹한 현실에서 '먹고삶이즘'을 치열하게 고민하게 되었다. 아마 뭐든지 생계를 해결할 수 있는 일이면 뛰어들었을 것이다. 혹은 생계를 위해 그동안 갈고 닦은 '성질머리'를 죽이며 일을 해야만 했을 것이다. 정치적으로 단련되었지만 일상의 삶을 만나 부서지고 단련되기를 거듭하면서 정체성을 고민했을 것이다. 이 글을 쓰는 나 역시 그러했기에 친구들의 굳은 어깨를 토닥토닥해주고 싶은 마음이다.

"우리 참 용감하고 애 많이 썼다. 그렇지?"

우리 세대를 부르는 말, 신중년 세대

이제 우리 나이는 60세가 넘었다. 성대를 나왔으니 공자님 말씀을 빌자면 이순(耳順)의 나이다. 그렇지만 어차피 40세에 불혹(不惑)도 못 하고, 50세에 지천명(知天命)도 어려웠으니 너무 신경 쓰지는 말자. 공자님도 우리 시대를 살았다면 별다르지 않았을 것이다.

이제 사회는 우리 세대를 신중년 세대라고 부른다. 국립국어원 우리말샘에서 '신중년'은 '자기 자신을 가꾸고 인생을 행복하게 살기 위해 노력하며 젊게 생활하는 중년을 이르는 말'

3) 1987년부터 IMF가 일어나기 전인 10년은 민주주의가 성장했고, 소득 격차가 가장 적었으며, 중산층이 두터워지던 시절이다. 이 시기 나라의 변화를 체감하면서 우리는 다양한 현장에서 안간힘을 쓰고 있었다. 그러나 IMF는 그 모든 노력을 한순간에 예상치 못한 장으로 이동시켰고(안타깝기도 하고 어쩔 수 없기도 하지만) 김대중, 노무현 정부를 통해 신자유주의 금융자본은 우리 사회를 완벽하게 장악했다. 그래서 고위층의 부패도 땅 투기에서 주가조작으로 이동하기 시작한다.

로 정의하고 이를 '세대'로 묶어 '같은 시대에 살면서 공통의 의식을 가지는 비슷한 연령층의 사람 전체'를 규정하고 있다. 아직 표준국어대사전에 등재되어 있지는 않지만 전통적인 노년과 달리 몸과 마음이 여전히 젊은, 새로운 세대인 것이다.

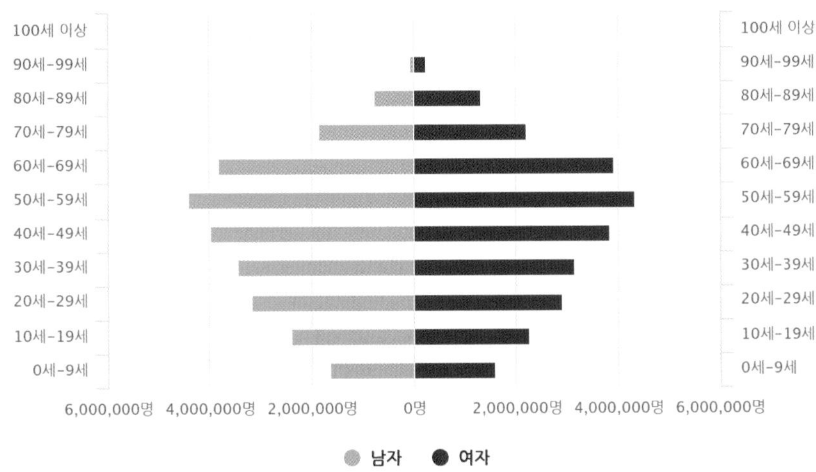

우리사회 인구 통계(2024년 6월 현재) (출처 : 주민등록 세대별 인구통계, 행정안전부 홈페이지, 2024.7.20. 검색)

현재의 신중년 세대는 바로 우리와 같은 베이비 붐 세대로서 앞으로도 20년 동안 인구의 상당한 비율을 차지할 연령층이다. 흔히 신중년 세대는 민주화와 경제성장의 주역으로서 민주주의와 괄목할 만한 경제성장을 이끌었고 IMF 관리의 경제적 어려움을 극복했다고 설명한다. 또한 부모 봉양의 마지막 세대이자 핵가족화의 변화를 맞은 첫 세대라고 설명한다(조태선, 배나래, 2016, 417쪽).

한편 신중년이라는 베이비 붐 세대는 한국사회의 경제·사회적 성장을 동시에 경험한 세대로서 경제적 안정과 시간적 여유가 상대적으로 높은 측면도 존재하지만, 공적 연금 등의 경제적 노후 준비율이 40%를 넘지 않아 절반의 신중년 세대는 노후 준비가 부족한 상태라고 한다(백선아, 2018, 15쪽). 일반적인 세대 담론이 가진 한계가 있지만 우리의 삶은 이러한 이야기에서 크게 벗어나 있지는 않을 것이다. 당면한 애환이기도 하고.

이제 우리가 스스로 자기 삶을 이야기하자

각자의 서사가 있겠지만 우리는 후진국의 어린이로 태어나 개발도상국의 청년으로 살다가 선진국의 신중년을 맞고 있다. 선진국의 시민이지만 격동의 한국 사회에서 사실 '안온한 삶'은 여전히 쉽지 않다. 그래도 우리는 마음 깊숙한 곳에 자부심이 있다.

"우리는 직면한 현실에서 최선을 다했고 사회를 변화시켰다."

그것이 화투판의 '굳은 자'가 아니더라도 그러한 경험과 근육을 만들어 냈다는 자부심이 있다.

우리를 닮은 화양(花樣) (출처 : 게티코리아 무료 콘텐츠)

그리고 우리는 여전히 젊다. 의지를 갖고 자기 삶을 돌보고 욕망을 조절할 수 있을 정도로 젊다. 노년의 나이에도 여전히 젊은 이 시간은 인류 역사상 어떠한 시대에도 없었던 시간이고 우리 앞 세대는 갖지 못한 시간이다. 이 얼마나 선택받은 일인가? 이제 우리는 이 행운(?)을 어떻게 다루어야 할지 결정할 시간에 들어섰다. 비록 각각의 사연은 있지만 단군 이래 가장 큰 행운을 누리는 첫 세대로서 말이다.

우리는 아직 행운의 사용법을 알지 못한다. 선례가 없기 때문이다. 그러나 이것을 작은 일로 여기지 말아야 한다. 이 시간이 지난 후 화양연화라고 하지 말고 지금의 축복에 감사해야 한다. 많은 사람이 조언한다. 자기 자신으로 사는 삶을 만들어 보라고. 이제는 더 이상 세대란 굴레에 갇히지 말고 자기 삶으로 살아가라고.

나 역시 그러한 연습이 되어 있지 않지만 우리는 그러한 연습을 해도 충분한 시간까지 주어진 세대이다. 물론 여전히 우리 사회는 시끄럽고 복잡하며 뉴스 보기가 껄끄러울 정도로 오늘의 정서를 해치고 있다. 그래도 이 나이까지 산 지혜로 우리에게 주어진 행운의 시간을 잘 사용하는 것이 새로운 과제이다. 자기 앞가림도 못하지만 나를 포함해 감히 친구들에게 권한다.

"이제 삶을 음미하자. 자신의 정체성으로, 사회의 주인으로."

CHAPTER 02

뜨거웠던 40년 여정

CHAPTER 02

01

이만하니 다행입니다. 잘 쓰이겠습니다

강재봉

농업경제학과

이만하니 다행입니다. 잘 쓰이겠습니다

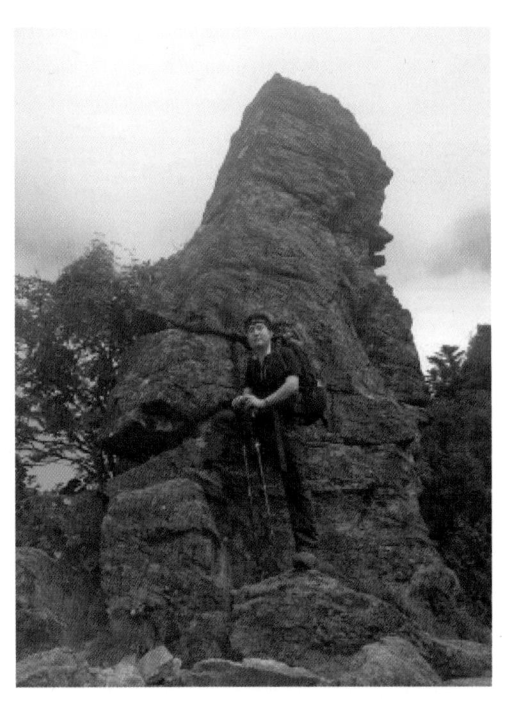

아이구, 내 이렇게 지난 삶의 역정(驛程)을 쓸 줄은 몰랐다. 지난해 송년회 땐 것 같다. 우리가 살아 온 이야기를 문집에 담아 보자는 병일(신문방송)의 이야기가 잠시 있었다. 그냥 스쳐가는 이야기려니 생각했는데 올 초 어느 날인가 그 이야기가 다시 소환된 것이다. 사뭇 진지하게 친구들과 논의를 이어가는 모습을 보고 어안이 벙벙했다.

'이 나이에 무슨 문집을......' 하며 그때 참 뜬금없다 생각했다. 내가 정리해야 할 만큼 무슨 특별한 일을 한 적이 없었기에 글을 쓰고 또 문집을 내는 작업은 여간 난감한 일이 아니었다. 적당히 버티면 넘어갈 줄 알았는데, 카톡과 전화로 은근한 압박과 절박한 호소를 수시로 받다보니 두 손 두 발 다 들었다. 급기야 나의 지난 세월을 돌아보게 되었다.

우리 4남매는 모두 성균관대(이하 성대)를 나왔다 (75, 78, 80, 82학번). 또 나의 5촌 삼촌도 성대 79였다. 80년~81년, 2년 동안 학생운동을 열심히 했던 삼촌과 같은 방을 쓰다 보니 많은 영향을 받았다. 식구들이 다 성대생이니 80년대, 학교에서 있었던 시위와 이슈에 대해 자연스럽게 이야기를 듣고 관심도 갖게 되었다. 덕분에 〈민중과 지식인〉, 〈전

환시대의 논리〉 같은 책을 고등학생 때부터 읽을 수 있었다. 이 책들의 상당 부분은 이해하기 좀 버거웠지만, 학교에서 배운 것과는 많이 달라서 꽤 충격을 받았다. 이 같은 과정이 내가 대학에 입학해 동아리와 학회활동을 하는 데 길잡이 역할을 했다. 시대상황이나 집안분위기 모두 내가 서클활동을 통해 학습하고 데모하는 것을 자연스럽게 여기던 시절이었다.

문과로 지망한 농경제학과는 수원 율전에 있었다. 2학년 때부터 전공수업은 율전에서, 선택수업은 명륜동에서 들었다. 이렇게 명륜동과 수원을 오가며 학업과 서클활동을 이어 나갔다. 덕분에 오더를 받지 않은 상태에서도 금잔디 광장을 중심으로 일어나는 시위에 자연스럽게 합류한 경험이 여러 번 있었다. 학생운동을 하는 것은 나에게 주어진 소임이라 생각했다. 젊은 날, 민주화에 대한 열망이 컸던 만큼 열심히 했다.

그럼에도 대부분의 운동권 친구들이 경험한 구치소나 교도소 구경은 못한 채 졸업했고, 군 입대를 하게 되었다. 제대 후 첫 직장으로 등에출판사를 다녔으며 그 이후에는 사업과 직장생활을 번갈아 하면서 평범한 시민으로 지금껏 살고 있다. 돌이켜 생각하니 한 가

지 아쉬운 게 있다. 우리 운동사의 분기점을 이룬 87년 대투쟁의 시기에 군대에 있어서 동기, 선후배들과 함께 민주화운동의 승리를 경험해 보지 못한 점이다. 그때의 소외감이 나에게는 두고두고 아쉬운 대목이다.

오래전 고질적인 요통으로 생활이 많이 불편했던 적이 있다. 그런데 의사의 권유로 걷기부터 시작해 등산을 한 뒤로 정말 많이 좋아졌다. 2010년부터 월 2회 정도 산을 오르고 있다. 지방의 멋진 산들은 자주 못 가지만 서울 주변 산을 오르며 산이 주는 효능감을 뼛속까지 느끼며 늘 감사하고 있다. 특히, 탈반동아리 동문들과 매월 셋째 주 토요일에 오르는 산행은 150회를 넘어섰다. 이젠 빼놓을 수 없는 내 생활의 주요 부분이 되었다.

2017년 성대민주동문회(이하 성민동)에 중국어공부 모임이 생겼다. 그때 시작한 중국어공부는 새로운 즐거움을 안겨주었다. 처음에는 간자체가 아랍문자와 비슷하게 보였다. 이제 말은 잘 못해도 글자는 읽을 수 있게 되었다. 덕분에 2018년 방송통신대학교 중국어과 2학년으로 편입해 졸업까지 하게 되었다.

지금은 도미노피자에서 알바를 하고 있다. 벌써 2년이 되어간다. 주로 사무실에 앉아서 지내다 이렇게 하루 10시간씩 몸 쓰는 일을 하다 보니 힘은 들지만 쓸데없는 살들이 빠지면서 의외의 기쁨이 생겼다. 이를 행운(?)이라고 해야 하나. 젊은 친구들과 일하면서 폐 끼치지 않으려고 열심히 하고 있다. 하지만 눈은 침침하고 오븐소리에 귀는 잘 안 들리며 기억

력도 가물가물하다. 이런 나의 모습에 '아, 이제 나이를 먹은 겐가……' 생각할 때마다 마음이 찡해진다.

부침은 있었지만 무탈하게 살아온 것 같다. 크고 작은 병치레하지 않고 건강하게 지내고 있음에 스스로 대견해 한다. 요즘은 아침마다 아내와 함께 108배를 하면서 욕심을 내려놓고 나를 잘 살피며 살아가려 애쓰고 있다.

정토회에서 익힌 수행, '깨어있기'가 쉽지만은 않지만 삶이 다 그런 거라 받아들이며 살려고 한다. 성민동 봉사모임인 에코성균의 단장도 맡아 매월 1회씩 활동을 이어오고 있다. 어느 새 3회를 넘겼다. 할 만하고 할수록 괜찮은 일 같다. 별 의미를 두고 시작한 것은 아닌데 회를 거듭하면서 그 분위기에 익숙해지고 조금씩 의미도 구체화되는 것 같다.

다 옆에서 거들어주고 함께 하는 친구들 덕이다. 오랜 시간 동안 함께 고민하며 유쾌한 시간을 보낸 율풍회 친구들과의 인연에 감사한다.

지금 이대로 '이만하니 다행입니다. 잘 쓰이겠습니다.'라는 명심문을 되뇌며 앞으로도 살아가련다.

CHAPTER 02

02

느리지만 치열한 삶

고현주
의상학과

느리지만 치열한 삶

고마운 선물, 아들!

부천 생활을 접고 돌아온 서울의 겨울은 꽤 추웠다. 수화기를 붙잡고 '서른 즈음에' 노래를 들으며 친구와 펑펑 울었던, 애꿎은 담배만 늘어갔던 30대 초반, 나는 사회에서 아무것도 할 줄 모르는 대졸 경력단절 여성이었다.

서울에 와서 노래방도 처음 가봤고, 땡땡이 쳐서 한강 유람선도 타보고, 카페도 가고, 맞선도 보고, 와우! 그리고 결혼을 해 세상에서 가장 예쁜 아들을 낳았다. 아이와 함께 옹알이를 배우고, 아이 입에서 나오는 '애플' 영단어 한마디에 감동했다. 인생이 이렇게 그냥 흘러갈 줄 알았다. 1998년 IMF, 누구나 어려웠던 그 시절 나 역시 가진 걸 모두 잃었다. 보증금 300에 월세 20만원 방 두 칸짜리 집은 나의 무력함을 실감나게 해주는 곳이었다. 그렇게도 예뻤던 울 아들의 얼굴조차 눈에 들어오지 않았던 한 달 가량의 시간을 실어증에 걸린 사람처럼 살았다. 말문이 막히고 웃음이 사라졌다.

씩씩하고 밝은 아들의 재잘거림에
아들의 얼굴이 다시 보이고
'살아야지, 어떻게든 살아야지.'
아들의 웃음은
나를 일으켜 세우고
힘이 되어 주었다.
'고마운 선물, 아들.'
그래, 다시 시작해보자.

느리지만 치열한!

나이 마흔, 십년 만에 다시 부천으로 돌아왔다. 돌아온 부천은 여전히 분주했고 다들 각자의 영역에서 제 역할을 하고 있었다. 그리운 친구들을 다시 만날 수 있다는 것만으로 감사하고 고마운 나날이었다. 선배에게 뒤통수 맞아가며 처음으로 컴퓨터를 배우면서 새로운 관계망을 맺기 시작했다. 사회 생활이 늦어진 만큼 변화하고 있는 세상에 대해 나는 모르는 것투성이였다. 경험을 통해 성과를 내야 했고 또한 그것을 인정받아야 했다. 그동안 뒤처진 많은 것들을 따라가기 위해 몰입하고 또 몰입해가며 느리지만 치열한 삶을 살았다. 나를 믿고 나에게 맞는 역할을 주고 게다가 책임까지 맡겼던 벗과 후배, 지역 사람들에게 감사했다. 마흔에 발 딛은 길이 잘못된 선택이 아니었음을 나 자신에게 보여줘야 했다.

2005년 정부는 지역 노사(노동자-사용자, 이하 노사)가 주도하는 일자리모델을 구상하고 처음으로 정부예산을 투입했다. 부천은 영세기업 밀집지역이다. 일을 하다 보니, 훈련의 사각지대를 해소하기 위해 노사협약을 통한 훈련모델을 구상하고 지역노사공동훈련지원센터를 설립하는 과정에 참여하게 되었다. 전국 최초로 노사공동훈련법인을 설립한 후 경험과 성과를 쌓아가며 지역 전문가의 길을 걷게 되었다.

2011년 3월 '부천지역노사민정협의회' 사무국이 설립되면서 사무국에서 활동하게 되었다. 부천지역노사민정협의회는 1999년 노사정 자율 기반 하에 설립해 현재까지 지역 고용노동 거버넌스의 가능성을 인정받고 있는 사회적 대화 기구이다. 2014년 OECD, 지역 고용노동 거버넌스의 국내 최초 사례로 보고되기도 했다.

'전국 최초'라는 수식어가 많은 부천은 '느리지만 치열한, 사람 희망'이라는 모토로 하는 사람들이 움직이고 있는 곳이다. 사람을 키우고, 어려운 계층의 고용 문제, 노동복지의 문제를 해결하고자 도전하고 시행착오를 겪고 성과도 도출하는 곳. 그 중심에 지역 노사민정협의회가 있다. 2009년 전국 최초로 부천훈련정보망을 만들고, 2011년 비정규직 근로자 지원센터를 만들고, 2014년 전국 최초로 노사공동훈련법인을 만들었다. 2015년 무렵에는 노동자 쉼터를 만들기 시작해 2023년 열 곳으로 확대하기에 이르렀다. 여섯 차례의 노사정협약과 이행으로 여러 번의 대통령 표창을 수상했고 전국 모델로서 주목받았다. 이런 여정에서 나는 빛났고 예쁜 사람이었다.

특히 저임금 노동자의 인간다운 생활을 도모하기 위해 2012년 부천시 생활임금조례를 제정하고 '전국 최초 생활임금제도를 도입'했던 순간을 가장 아름다웠던 일로 기억한다. 당시 이슈 파이팅이 된 생활임금은 준비하는 단계부터 도움되고 참고할 만한 상위 법률이나 자료가 전무한 상태였다. 그러나 우린 시도했고 조례도 만들어 냈다. 경기도의 조례 거부, 부천시의회 안건 재상정, 경기도 판정보류, 조례 통과라는 지난한 과정이었지만 우린 해냈고, 의지만 있으면 길을 찾을 수 있다는 강한 자신감까지 얻을 수 있었다.

부천에서 다시 시작한 20년은 나에게 친구들과 조우하게 해주었고, 때론 힘들고 고달팠지만 수많은 성과를 가져다주었다. 이곳에서 나는 인정받을 수 있었고 성장할 수 있었다. 월세에서 전세로, 마침내 내 집도 마련하게 되었고 무엇보다 미래로 나아갈 수 있는 힘을 얻게 되었다. 어디에 내놔도 부끄럽지 않은 것, 그것이 나의 자부심이자 내 인생의 아름다운 한 페이지다! 부천에서 다시 시작한 삶은 나에게 곧 화양연화!

보이지 않는 의미 발견!

지난 20년간의 삶을 어떻게 몇 줄로 설명할 수 있겠는가. 한마디로 참 치열했다. 두 번의 수술과 회복을 반복하며 몸으로 아픔을 겪고, 엄마를 보내고 동생을 먼저 보내야만 했던 개인사를 겪으며 모질게 견디고 지금껏 살아냈다. 예순 전후로 '좀 쉬면서 내 몸을 추슬러야지, 그래야 인생 이모작을 할 수 있는 힘을 비축할 수 있으니까.'라고 마음먹게 되었다. 그러던 가운데 마침내 2023년 6월 직장을 정리하고 퇴직했다.

늘 씩씩한 척하지만 막상 퇴직을 하고 나니 미래에 대한 불안감이 크게 다가왔다. 퇴직 이후를 달리 준비해 놓은 것도 없었고, 아직 살아야 할 날들이 많기에 더더욱 불안한 마음이 올라왔다. 결국 그 불안감이 미처 마무리하지 못한 박사과정에 도전할 수 있도록 해주었다. 현재 함께 공부하고 있는 학생들 중에서 내 나이가 넘버원이다. 덕분에 모든 일에서 열외다.

장미, 국화, 백합, 이름 모를 꽃......
태어나서 그렇게 많은 꽃을
받아보기는 처음이었다.
2023년 6월
부천을 정리하고
한기대 박사과정에 입문했다.

우리 나이가 그리되었다. 토요일마다 수업을 듣는데, 참 똑똑한 친구들이 많아서 긴장 하게 된다. 과제를 하려고 영단어도 찾고, 밤도 새우면서 스트레스 받는 시간이 늘어가지만 그래도 감사하고 행복하다.

이생에 마지막 소망이 있다면 무엇일까? 요즘 그것을 생각한다. 그 소망이 무엇이든 간에 세상에 이롭고 쓰임이 있는 것이길 바란다. 작디작아 아직은 명확하지 않다. 보이지 않아도 좋으니 작은 의미들이 있는 것이면 좋겠다. 다시 걷는 이 길의 끝이 어딘지 알 수 없지만 한 걸음, 한 걸음씩 걸어가려 한다. 천천히 가다 보면 쉴 수 있는 곳이 어디엔가 있겠거니. 그곳에 봇짐 내려놓고 쉬었다 가련다.

"작은 것들은 아름답지는 않아도, 단 한 종류의 큰 꽃 백 송이보다 내게는 더 큰 의미가 있다. 미적 관심과 구별되는 과학적 관심을 보여주는 특별한 증거는 숨어있는 보잘 것 없는 것들에게 마음을 쓰는 일이다." –Lulu Miller–

CHAPTER 02

03

붓글씨와 나

구자춘

행정학과

붓글씨와 나

집안 분위기의 영향도 있고 해서 붓글씨와의 인연은 중고등학교 시절부터 시작되었다. 한글 궁체를 쓰는 정도의 초보적 수준이었지만, 내 마음 깊은 곳에 붓글씨가 자리 잡았던 것 같다. 대학생이 되고 학생운동을 하면서부터 붓글씨와는 한동안 멀어졌다.

그래도 일말의 끈이 남아 있었던지 미국문화원점거[1] 투쟁 때 '광주학살 책임져라'라는 현수막을 준비하겠다고 자청(自請)하기도 했다. 이 투쟁으로 3년형을 선고받고 목포교도소에서 수감생활을 하게 되었다. 무료한 시간이 많았다. 그곳에서 다시 붓글씨를 쓰게 되었다. 벼루와 붓, 화선지 등은 문방구를 운영하던 누님에게 부탁해 감방으로 들여올 수 있었다.

사진출처 : 민주화운동기념사업회

1) 1985년 5월 23일부터 26일까지 삼민투위(三民鬪委. 민족통일, 민주쟁취, 민중해방위원회. 약칭 삼민투) 주도하에 성균관대학교, 서울대학교, 연세대학교, 고려대학교, 서강대학교 등 서울지역 5개 대학교 학생 73명이 연대해 서울 을지로에 위치해 있던 서울미국문화원을 점거 후 농성한 사건.

궁체 교본을 보고 한글을 연습했다. 간혹 화선지에다 민중과 민주화 내용의 글을 큼지막하게 써두면 검방(거실 검사)하러 들어온 교도관들이 가져가곤 했다. 교본을 선생으로 삼아 배운다는 게 쉬운 일이 아님을 그때 알았다. 그래도 1년 남짓 붓과 씨름했으니 조금이나마 내공이 쌓이지 않았을까 싶다. 안타깝게도 그때 익혔던 붓글씨 방법은 올바른 법이 아니었다. 이 사실을 시간이 한참 흐른 뒤 알게 되었다. 더 큰 노력을 하고서야 비로소 잘못된 붓글씨 방법을 극복할 수 있었다.

교도소에서 2년 2개월 복역을 하고 1987년 7월 가석방되었다. 출소 후 얼마 지나지 않아 노동운동을 하러 울산으로 갔다. 그러다 다시 수감생활을 하게 되고……세월은 무심히 흘러갔다. 그런 와중에도 마음 한구석엔 붓글씨에 대한 미련이 늘 남아 있었다. 언젠가 여력이 되면 붓을 잡아야겠다는 생각과 함께.

마흔을 훌쩍 넘겼던 2006년 어느 날! 신영복[2]선생님의 붓글씨 모임이 있다는 글을 인터넷에서 우연히 보았다. 반가운 마음에 망설임 없이 문을 두드렸는데 흔쾌히 오라는 회신을 받았다. 그렇게 처음 서여회[3]에 입회하게 되어 22호 붓으로 가로 세로 줄긋기부터 시작했다. 역입(逆入), 역출(逆出), 중봉(中鋒), 현완현비(懸腕懸臂) 등 처음 들어보는 필법을 신영복 선생님께 지도 받을 수 있었다.

신영복 선생님은 대전교도소 수감 중, 교도소 당국에서 초빙한 정향 조병호 선생님을 만난 인연으로 만 5년을 사사받았다. 그 학맥은 추사 김정희까지 이어져 붓글씨의 큰 맥을 이루고 있다. 특히 선생님의 한글체 '처음처럼'은 서민을 대표하는 술인 소주 이름으로 사용되어 대중에게 널리 알려졌다. 그 글꼴은 이전까지 볼 수 없었던 새로운 한글 서체였다. 이 쇠귀 서체는 흔히 '우이체' '신영복체' '어깨동무체' '협동체' 등으로 불리며 유명세를 탔다.

---

2) 대한민국 진보 학계를 대표하는 경제학자이자 문학가. 1963년 서울대학교 경제학과 졸업 후, 숙명여대 강사를 거쳐 육사에서 경제학 교관 재직. 젊은 시절 통일혁명당 사건으로 20년간 징역살이를 했다. 수감생활 당시 가족에게 보낸 편지를 엮어 낸 『감옥으로부터의 사색』으로 이름을 알림. 쇠귀라고도 불린다. 어릴 적 할아버지 슬하에서 붓글씨를 시작했고, 대전교도소 수감 당시 교정당국이 초빙했던 만당 성주표(晩堂 成周杓) 선생님, 정향 조병호(靜香 趙炳鎬) 선생님에게 붓글씨를 배웠음. 또한 한학자인 노촌 이구영(老村 李九榮) 선생님과 같은 방에서 지내며 동양고전을 익혔다. 민중의 정서를 담은 글씨체를 모색하던 중 어머님의 모필에서 영향을 받아 연대체, 민체, 어깨동무체라고 불리는 '신영복체'가 탄생했다. 독창적이고 민중적인 서화, 강연, 저서 등을 통해 대중과 소통하려 노력했다. 피부암으로 투병하다 2016년 1월 15일 향년 76세의 나이로 별세했다.

3) 신영복 선생님의 뜻과 정신을 계승하고 보다 인간적인 사회를 만들기 위해 노력하는 시민 단체인 사)더불어숲 산하 붓글씨 모임 서여회(書如會)는 2002년 시작 이래 20년 넘게 신영복 선생님의 말씀과 우이(쇠귀)체 한글서예를 계승해 오고 있으며, 매년 정기 전시회를 통해 시민들과 만나고 있다.

처음처럼

처음으로 하늘을 만나는 어린 새처럼 처음으로 대지를 밟는
새싹처럼 우리는 하루가 저무는 추운 겨울 저녁에도 마치
아침처럼, 새봄처럼, 처음처럼 언제나 새날을 시작하고
있습니다. 산다는 것은 수많은 처음을 만들어 가는 끊임없는
시작입니다.

그런 선생님으로부터 직접 붓글씨를 배울 수 있다는 건 나에게 큰 행운이었다. 매주 토요일, 공부 모임을 어지간해서는 빠지지 않고 마음을 다해 배웠다. 한문 서체는 전서, 예서, 해서, 행초서를 배웠고, 한글은 3년 차부터 배웠다. 한문 서체를 먼저 배운 이유는 한글에 한문 서체의 필법이 고스란히 들어있기 때문이다. 처음에는 쉬이 따라 쓸 수 있을 듯 보인다. 그러나 막상 먹물을 먹여 흐물흐물한 붓을 들면 내 마음처럼 붓이 나아가주질 않는다. 붓글씨를 배울 때 쉬운 길은 없었다. 오로지 길라잡이가 되어주는 훌륭한 선생님과 끊임없는 연습이 있어야 했다. 선생님과는 2016년 1월 세상을 떠나실 때까지, 10년 가까운 시간을 스승과 제자로 함께했다. 참으로 과분한 은혜를 입었다.

'더불어숲 서여회(書如會)'는 선생님 서체의 맥을 잇는 서예가들의 모임이다. 해마다 회원들과 선생님께 배웠던 것을 주제로 각자 한두 편씩 써서 작은 전시회를 열고 있다. 붓을 잡고 함께 걸어온 짧지 않은 시간 속에 아롱지는 추억과 사연들이 층층이 쌓여 있다. 눈 위의 발자국처럼 많은 사람이 서여회를 스쳐갔다. 저마다의 빛깔과 향기를 담아 '단련의 미'를 붓글씨에 녹이며 우리는 왜 붓을 잡는지 여전히 고민한다.

신영복 선생님의 서예에 대한 사상과 자세를 보여주는 글 한 편을 소개한다. 1977년 4월 15일에 가족에게 쓴 편지로, 〈감옥으로부터의 사색〉에 실려 있다.

> 일껏 붓을 가누어 조신해 그은 획이 그만 비뚤어 버린 때 저는 우선 그 부근의 다른 획의 위치나 모양을 바꾸어서 그 실패를 구하려 합니다.
>
> 이것은 물론 지우거나 개칠(改漆)하지 못하기 때문이기도 하지만 실상 획의 성패란 획 그 자체에 있지 않고 획과 획의 관계 속에 있다고 이해하기 때문입니다. 하나의 획이 다른 획을 만나지 않고 어찌 제 혼자

서 자(字)가 될 수 있겠습니까. 획도 흡사 사람과 같아서 독존(獨存)하지 못하는 반쪽인 듯합니다. 마찬가지로 한 자가 잘못된 때에는 그다음 자 또는 그 다음다음 자로써 그 결함을 보상하려고 합니다.

또한 행(行)의 잘못은 다른 행의 배려로써, 한 연(聯)의 실수는 다른 연의 구성으로써 감싸려 합니다. 그리해 어쩌면 잘못과 실수의 누적으로 이루어진, 실패와 보상과 결함과 사과의 노력들이 점철된 그러기에 더 애착이 가는 한 폭의 글을 얻게 됩니다. 이렇게 얻은 한 폭의 글은 획, 자, 행, 연들이 대소, 강약, 태세(太細), 지속(遲速), 농담(濃淡) 등의 여러 가지 형태로 서로가 서로를 의지하고 양보하며 실수와 결함을 감싸주며 간신히 이룩한 성취입니다. 그중 한 자, 한 획이라도 그 생김생김이 그렇지 않았더라면 와르르 얼개가 전부 무너질 뻔한, 심지어 낙관(落款)까지도 전체 속에 융화되어 균형에 한몫 참여하고 있을 정도의 그 피가 통할 듯 농밀한 상호연계와 통일 속에는 이윽고 묵과 여백, 흑과 백이 이루는 대립과 조화. 그 대립과 조화와 그것의 통일이 창출해 내는 드높은 질(質)이 가능할 것입니다.

이에 비해 규격화된 자, 자, 자의 단순한 양적 집합이 우리에게 주는 느낌은 줄 것도 받을 것도 없는 남남끼리의 그저 냉랭한 군서(群棲)일 뿐 거기 어디 악수하고 싶은 얼굴 하나 있겠습니까? 유리창을 깨뜨린 잘못이 유리 한 장으로 보상될 수 있다는 생각은, 사람의 수고가, 인정이 배제된 일정액의 화폐로 대상(代償)될 수 있다는 생각만큼이나 쓸쓸한 것이 아니겠습니까. 획과 획 간에, 자와 자 간에 붓을 세우듯이, 저는 묵을 갈 적마다 인(人)과 인(人) 간(間)의 그 뜨거운 연계 위에 서고자 합니다.

서예는 오랜 역사와 전통을 가지고 있다. 그 전통을 잇는 것도 물론 중요하다. 그러나 시의성을 가지고 나의 것으로 새롭게 해석하며 되살려야 한다고 생각한다. 무릇 모든 예술 활동은 그 개인에 봉사하고, 그 사회에 봉사하고 나아가 그 역사 창조에 참여해야 한다.

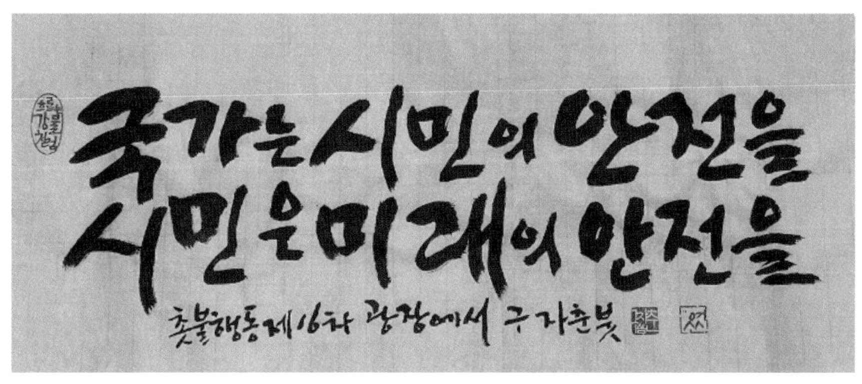

서예는 다른 예술 장르와 차별성이 있다. 특별함이랄까?

서예의 경우 전통이 완고하게 고수되는 면도 있지만 작가와 작품의 통일성이 진하게 나타나고, 때론 강하게 요구된다. '사람과 작품의 통일'이 서예의 고귀한 전통이기 때문이다. 달리 말하면 훌륭한 글씨를 쓰기 위해서는 훌륭한 사람이 되지 않을 수 없다는 이야기다. 훌륭한 사람이란 시대를 외면하지 않고 자신의 품으로 끌어안는 이가 아니겠는가. 이완용이 아무리 글씨를 잘 썼다 해도 누가 그의 필체를 내 공간에 걸어두고 싶겠는가?

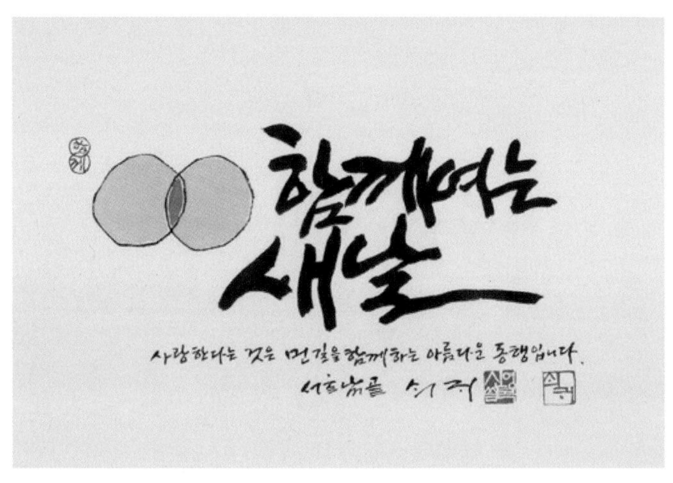

신영복 선생님께 글씨를 배운 지 어느덧 20년이 되어 간다.

촛불광장에서 오명윤 동문(동양철학과 84)에게 써준 글씨

가능하면 시대의 고민을 함께 나눌 수 있는 글들을 쓰고자 노력했다. 매년 하는 전시회 출품작들도 그렇지만 촛불 집회가 열릴 때는 필우(筆友)들과 함께 광장에서 사람들이 원하는 글귀를 써주기도 했다.

글씨를 쓰면서 늘 고민되는 게 있다. 내용도 내용이지만 보는 사람도 쉽게 따라 쓸 수 있는 친근감을 염두에 두곤 한다. 쓰고 싶은 글씨가 있건만 계속 마음속에서만 맴돌고 좀처럼 종이 위로 나오질 못하고 있다. 여러

모로 부족하지만 붓을 놓지 않고 남들에게 내어 보일 수 있는 용기를 내는 것은 이런 고민을 나누며 도움을 주고받을 수 있다는 믿음이 있기 때문이다. 모든 일은 더불어 이뤄나가는 것 아닌가.

나의 작품 몇 가지를 소개하는 것으로 글을 마무리한다.

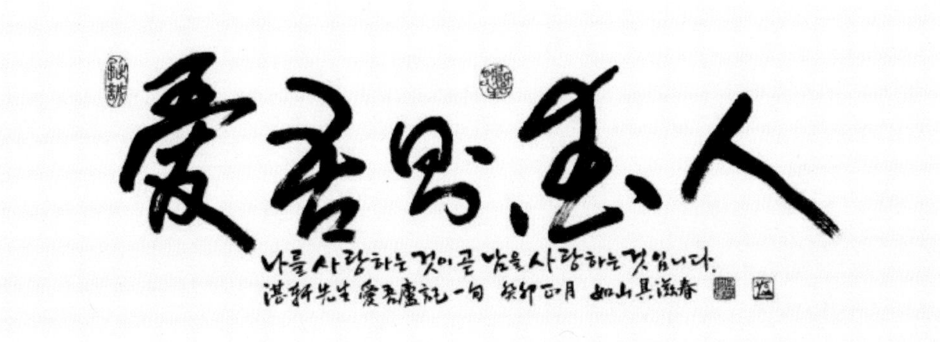

2023년 2월 서여회 창립 20주년 기념 전시회 출품작
애오즉애인(愛吾則愛人), 나를 사랑하는 것이 곧 남을 사랑하는 것이다.
담헌 홍대용 선생님 <애오려기> 중에서

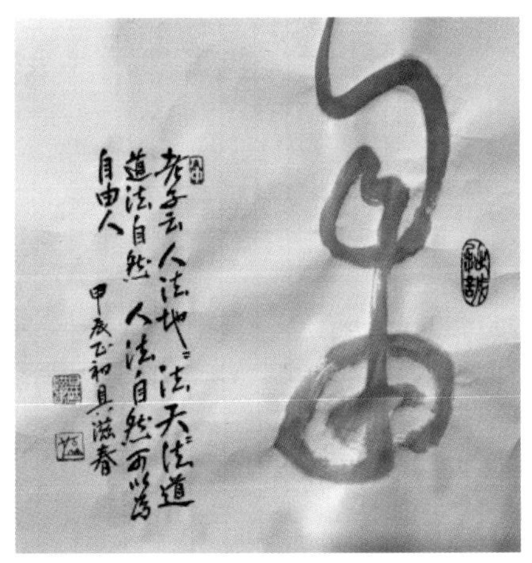

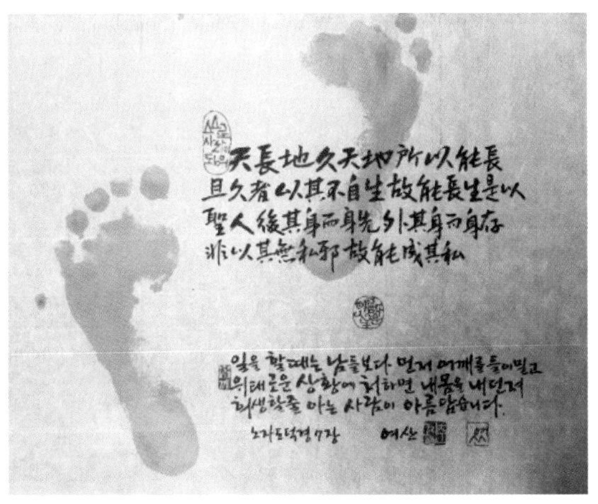

노자 <도덕경>을 공부하면서 쓴 작품.
2024년 6월 대만 전시회 출품작

CHAPTER 02

04

우리는 희망을 꿈꾸며 살아간다

권순필

금속공학과

우리는 희망을 꿈꾸며 살아간다

논바닥 캠퍼스에서 쌓은 애증

성균관대학교(이하 성대)가 율전에 있다는 사실을 알고 입학원서를 낸 사람은 10%도 안 되었다. 합격자 발표를 보고서야 수원에 자연과학캠퍼스가 있다는 사실을 알았다. 다들 황당해했던 기억이 난다. 율전역에서 캠퍼스 가는 길은 그냥 논바닥이었다. 종로에서 성대생을 알아보는 방법은 신발에 진흙 묻었나, 안 묻었나, 그것만 보면 되었다. 81학번은 명륜동에서 1년 교양수업을 듣고 율전에서 전공을 수강했으나, 82학번은 처음부터 율전에서 강의를 들었다.

그런 까닭에 율전의 운동은 82학번부터 시작된다고 생각했다. 80학번들, 고생이 많았을 것이다. 81학번은 명륜동에서 서클생활을 시작했다. 2학년이 되면 율전으로 분리되어야 하는데 어디 인간관계가 그런가? 어정쩡하게 양쪽 캠퍼스에 걸친 채 운동하는 나이브한 후배들도 있었을 테니.

율전에서 운동했던 친구들이 지금까지도 돈독한 친목을 유지할 수 있는 이유는 인원이 적기 때문이다. 82학번 전체인원은 명륜동 단과대 인원 정도였다. 1학년 때부터 다 아는 처지여서 사실 보안이고 뭐고 없었다. 가족 같은 분위기, 딱 그거였다. 율풍회에는 그때 부대끼며 싸워온 긴 세월이 진한 애증으로 남아있다.

그때 친구들은 강제징집(이하 강집)을 가거나 가족 때문에 또는 개인적 사정으로 운동을 그만둘 수밖에 없었다. 몇 안 되는 친구들이 불꽃을 살려 율전의 기록을 써나갔다. 그때 친구

들의 강집은 김순호[1]라는 운동권 변절자로부터 비롯되었을 거라 추측한다. 김순호는 모교 서클 심산의 멤버였다. 심산이 다 털렸을 때, 그 서클에 몸담고 있던 친구 4명이 한꺼번에 강집된 것이다. 그때는 친구들이 왜 잡혀갔을까 의아했다. 더 많이 찍혀서 강집을 피해 도망 쳤던 친구들도 무사했는데 말이다. 40년이 지나서야 의문이 풀린 것 같다. 그때 강집가서 고생한 친구들이 떠오른다.

텅 빈 도로를 뒤로하고 시가전으로

학원자율화라는 어색한 시기가 있었다. 율전은 교문에서 대치를 하고 있을 때 하교하던 친구들이 구경하며 응원도 해줬다. 그런데 어느 날 갑자기 교문을 막던 전경들이 없어졌다!

1) 김순호는 2022년 8월 행정안전부 내에 경찰국이 신설될 때 초대 경찰국장으로 임명되면서 논란의 중심이 됐다. 모교인 성균관대학 동문을 비롯해 자신이 속했던 인천·부천 민주노동자회(인노회) 동지들로부터 '밀정 노릇을 했다'고 지탄받고 있다.

율전에 와본 친구들은 알겠지만 교문을 나와 오른쪽으로 가면 전철이고, 왼쪽으로 가면 아무도 없는 텅 빈 도로가 나온다. 생각해보라, 시위대는 돌을 던지고 싸워야 하는데 막는 놈이 없어진 것이다. 교문을 돌파하지 않고 교내로 돌아가는 우리 모습이 얼마나 낯설었는지 모른다. 뭐지? 급기야 우리는 전경이 모여 있는 텅 빈 도로로 투석전을 벌이러 가곤 했다. 이 허망한 싸움은 시위대를 지치게 했다.

어느 날 텅 빈 도로를 지키고 있는 전경을 뒤로하고, 전철을 이용해 수원역까지 진출했다. 수원시내에서 시가전을 벌였다. 이날 싸움은 조직 오더를 거부한 나의 결행이었다. 경찰들이 난리가 났다. 예상치 못한 시가전이 벌어졌으니 말이다. 그날의 항명으로 선배들에게 제일 말 안 듣는 놈은 권순필이 되었다.

총학생회장, 그리고 수배생활

총학생회가 부활되었다. 명륜이 총학생회장을, 율전이 부총학생회장을 맡기로 했다며 81들이 전해왔다. 공동총학을 요청했는데 81들이 성사시키지 못했다. 그래서 명륜 82와 율전 82가 만났다. 여기서 공동의장제가 관철되고 예산도 인원수로 정해졌다.

양 캠퍼스는 후보를 냈다. 학점조항이나 대중성 등을 고려한 역할분담이었다. 율전에서 후보로 내정된 친구가 겨울방학 때 못하겠다고 선언하고 사라졌다. 역할분담을 재조정하며 학점조항에 부합하지 못해서 투위로 가기로 했던 내가 총대를 메게 되었다. 본의 아니게 내가 하고 싶어서 공동의장을 관철시킨 모양새가 되어버렸다.

그런데 10년 전 내가 민동회장 할 때 만났던 후배들 얘기를 들으니, 이때 만든 러닝메이트제 때문에 운동권이 총학을 장악하지 못했다고 했다. 공대에서 계속 지고 있었다며......내가 이제는 후배들에게 미안스러워 해야 하는 입장이라니.

각 학교마다 대중성을 고려해 스마트한 후보들을 내세웠다. 성대에 와서 후보벽보를 본 타학교 학생들의 소감은 '잘 싸우게 생겼다'였다고......수진이나 나나 스마트하고 대중성 있

형가리 누님과 함께

는 스타일은 아니었다. 그때 장을병 총장님이 성대는 쌍두마차라 머리가 아프다고 엄살떨던 기억이 새록새록하다.

미 문화원 사건이 터지고 수배자 명단이 발표되었다. 수진이는 수배자 명단에서 빠졌다. 왜 그랬을까? 순필이는 삼민투를 겸임해서 수배자가 되었다는 황당한 저들의 정보력이 드러났다. 어쨌든 수배생활이 시작된 것이다. 승복을 입고 다닐까? 별생각을 다 해봤다. 그러나 검문에서 잡힌 친구들은 거의 없을 것이다. 그 와중에 나는 풍족한 수배생활을 이어나갔다. 총학생회 자금을 유용한 중대 범죄를 저질러서리……

힘겨운 수배생활을 소중한 추억으로 남게 해 준 은인이 계시다. 산업선교회 목사님의 아들이 후배인데, 그 후배의 누님 댁을 수배자들이 떼로 점거한 것이다. 누님은 그 엄혹한 시절에 수배자들을 먹이고 재우고 보살펴주셨다. 먹성 좋은 청춘들 여럿을 열서너 평 주공아파트에서 돌봐주신 그 누님은 지금 헝가리에 계신다. 무엇보다 건강이 염려된다. 이 지면을 통해 누님과 매형께 깊은 감사를 전하고 싶다.

희망을 꿈꾸며 살아간다

그해 겨울은 모질게도 추웠다. 운동을 나갔는데 발이 저릿저릿했다. 소지에게 물어보니 동상이란다. 유단포에 뜨거운 물을 받아 발을 지졌다. 엄청 아팠던 기억이 난다. 그 덕분인지 동상은 사라졌다.

새벽에 지프차를 타고 대관령을 넘는데 정상에서 일출을 봤다. 내 생애 처음 본 일출! 온몸을 묶인 수인이 되어 해가 솟아오르는 모습을 보니 한없이 눈물이 흘렀다.

우리에게 아픔과 희망을 동시에 준 젊은 날의 시간들. 그 기억을 파먹으면서 우리는 여전히 희망을 꿈꾸며 살아간다. 우리 손주들이 더 나은 희망을 파먹으며 살아가길 바라며……

CHAPTER 02

05

어떤 하루

권혜랑

화학공학과

어떤 하루

고양이 세 마리와 함께 살고 있다.

그 중 첫째는 이름이 '쫑'이다. 함께 산 지 12년 쯤 되었다. 나이 환산법으로 따지면 80세가 넘은 고령이다. 아래 위 송곳니 4개를 제외하고 모두 발치했다. 우리 집에서 제일 어른인 셈이다. 어릴 때보다 활동 폭이 줄어들긴 했지만 작은 목소리와 눈짓만으로 가족들을 부려먹는 어릴 적 습성과 특유의 소심함은 여전하다. 나이는 먹었지만 본래의 모습을 간직하며 잘 지내고 있다.

요즘은 고양이를 키우는 가정이 꽤 늘어났지만 '쫑'이가 우리 집에 올 무렵은 반려동물이 대부분 개였다. 나는 원래 개든 고양이든 동물은 집에서 같이 못 산다는 주의였다. 그런데 어쩌다 큰 아들한테 휘둘려 대답 한 번 잘못했다가 돌연 새끼 고양이와 함께 살게 된 것이다.

길에서 밥 챙겨줄 때 이름이 '쫑'이라 했다. 갑자기 이름을 바꾸면 못 알아들을 것 같기도 하고 오래 살라고 막 지은 이름 같기도 해서 그대로 '쫑'이라 불렀다. '쫑'이라는 이름으로 외모를 상상해선 안 된다. '쫑'이는 뭘 하든 다 용서되는 그런 외모다. 첫인상도 그랬고 지금도 그렇다. '쫑'이가 처음 집으로 왔던 날 눈이 마주친 순간 나는 뭐라 설명할 수 없는 묘한 난감함을 느꼈다. 그 느낌이 어쩌면 지금 내가 동물들과 함께 하도록 만든 동력일지도 모르겠다.

우연한 기회로 유기동물 쉼터에서 만난 사람들과 작은 동물 단체(동물의 권리를 위한 행동, ALPA)를 꾸리게 되었다.

지난 주말, 유기동물 쉼터에 다녀왔다. 그곳은 우리 단체에서 직간접으로 지원하는 사설 쉼터 중 한 곳이다. 현재 120여 마리의 개를 보호하고 있다. 체구가 커서 동네 동물병

원 출입이 불가능한 대형견들이 대부분이고 나이도 좀 많은 편이다.

쉼터와의 인연은 3년쯤 되었다. 이곳의 가장 중요한 활동은 매월 모든 개들에게 심장사상충[1] 예방약을 먹이는 일이다. 오전 10시쯤, 쉼터에 도착하면 대여섯 시간 정도 다양한 종의 개들과 함께 시간을 보낸다.

점심때가 되면 특식을 준비하고 챙겨간 약을 먹인다. 그러고 나면 오전 일과가 끝난다. 이 쉼터는 개들이 따로 견사에 들어가 지내는 구조가 아니다. 큼직하게 구분을 지어 각각 마당을 만들고 거기에 울타리를 친 형태다. 그 안에서 10~20여 마리의 개들이 함께 어울려 생활한다. 이 친구들은 마당에서 놀기도 하고 싸우기도 하며 살아간다.

오후가 되면 배도 부르고 기분도 좋아진 녀석들 대부분은 낮잠을 잔다. 여기 저기 편한대로 누워 만족스런 표정으로 잠에 빠진 모습은 말 그대로 장관이다. 평화라는 게 이런 모습이지 않을까 싶을 정도로 고요한 시공간이 개들의 낮잠과 함께 펼쳐진다. 그렇다고 모든 개들이 잠을 자는 것은 아니다. 친구들끼리 몰려다니다가 사람을 졸졸 따라다니며 놀기도 한다. 우리는 개들의 털이 너무 길다 싶으면 잘라 주기도 하고, 목욕을 시키기도 한다. 견사를 깨끗하게 정비해 주는 일도 우리의 몫이다. 그러다 보면 시간이 금방 간다.

---

1) 심장사상충(心臟絲狀蟲)은 학명으로 Dirofilaria immitis라고 하며, 모기를 매개로 전염되는 회충이다. 작은 실처럼 생긴 기생충이기 때문에 사상충이라고 불린다. 고양이의 심장사상충 감염은 대부분 무증상으로, 폐동맥에 기생하는 심장사상충으로 인해 간 독성이 발생하거나, 전신 염증이 발생하는 등 고양이의 체력을 갉아먹는다. 심장사상충으로 인해 건강이 알게 모르게 나빠진 고양이가 다른 병과 합병증을 일으킨다거나 하면 폐렴, 용혈, 간성 쇼크, 신부전 쇼크, 심정지로 급사하기도 한다.

쉼터에 개들이 들어오는 사연은 다양하다. 한때 예쁨 받았던 기억을 뒤로하고 길거리를 배회하던 개, 자루에 담긴 채 몽둥이로 맞다가 가까스로 구조된 개, 강아지 훈련소나 호텔에 맡기고는 찾아가지 않아 버려진 개, 농장이나 번식장에서 겨우 목숨 줄 잇고 살다가 오는 개도 있다. 때로 구조견이 임신 상태라 쉼터가 고향인 강아지도 있고, 늙고 병드니 병원비 부담에 유기된 노견도 있다. 모두들 쉼터가 숨터인 듯 잘 지내고 있다. 보호자 혹은 다른 사람을 물어서 안락사 대상이었던 개 역시 쉼터에서 안녕하다.

개들이 겪었던 불행은 모두 사람과 관련 있다. 개와 인간의 유대관계는 먼 옛날, 수렵 채집 시대부터 시작되었다는 연구가 있다.

쉼터 강아지들이 좋은 보호자 곁으로 입양되는 건 정말 어려운 일이다. 특히 이곳에 있는 개들은 입양가능성이 제로에 가깝다. 주거형태가 대부분 아파트라서 대형견은 부담스러워하는 것도 사실이지만 늙어서 혹은 비싼 개가 아니어서 일 수도 있다. 어리고 품종 좋은 강아지가 입양이 잘되는 건 사실이니까. 그래서 쉼터는 오갈 데 없는 개들에게 마지막 집이자 안식처다.

이런 이야기를 하면 사람들은 쉼터 강아지들을 불쌍히 여긴다. 그래서 그런가? 어떤 사람들은 우리 단체가 의미 있는 일을 한다거나, 좋은 일을 한다는 말을 건네기도 한다. 그런데 그렇지 않다. 사람이 벌인 일이고, 그걸 알게 되었으니 할 수 있는 걸 조금씩 하는 것뿐이다. 어쩌면 사람은 동물에 대해 불쌍하다고 하는, 시혜의 감정을 가질 자격이 없을지도 모른다. 개들은 불쌍한 존재로 쉼터에서 살고 있는 것이 아니다. 저마다 사연이 있지만 쉼터는 새로운 삶이 시작되는 곳이고 그래야만 한다. 그렇게 될 수 있도록 돕는 건 결국 사람이 할 일이다. 그러나 현실은 녹록치가 않다.

대개 쉼터는 여러모로 사정이 어렵다. 개 짖는 소음으로 민원 들어올 것을 우려해 주거지와 멀리 떨어져 있어야 한다. 산 속에 있는 경우가 많다. 여러 친구들을 돌보다 보면 필요한 네트워크 형성도 어려운 점이 있다.

우리는 쉼터를 찾아 직접 활동하는 것 외에도 후원, 자원봉사, 입양, 구조 지원, 행정 지원 등 간접 지원도 조금씩 해나가고 있다. 예를 들어 중성화가 되어 있지 않은 쉼터는 지자체와 수의사회 간에 연계를 한다거나, 후원금과 각종 물품이 쉼터에서 교류될 수 있도록 조

아마존 등 열대우림에서 농경지와 방목지를 위한 토지개간으로 수많은 종이 빠른 속도로 멸종되고 있다.
(사진출처 : 위키미디어코먼스)

력하는 일 등이다. 그러나 작은 단체다 보니 할 수 있는 일이 그리 많지 않다.

더욱 많은 사람들이 어떤 방식이든 조금씩 관심을 가지며 살아가면 좋겠다는 작지만 큰 바람이 있다. 사실 오늘날의 동물관련 문제는 어느 나쁜 개인이 벌인 일이라기보다는 생태계의 높은 자리를 차지해 이익을 독식해 온 인류에게서 그 책임을 찾아야 한다. 자본주의 사회를 노동자가 떠받치고 있었다면 노동자들 아래에서는 수많은 동물들이 희생되어야 했으므로.

동물들에게 신세를 지지 않고 살아가는 사람은 없다. 그러니 동물들의 고통을 줄이는 일 역시 사람이 해야 한다. 각자의 자리에서 할 수 있는 걸 찾아 함께 해 나가면 좋겠다는 생각이다.

농림축산검역본부에서 발표한 자료에 따르면 2023년 실험동물 수는 458만 1798마리로 2022년 대비 약 8.3%, 41만 3882마리 감소했다고 한다. 그러나 최고 고통등급인 E등

급 실험은 역사상 최고치를 기록했다. 실험동물 수가 줄어든 것은 코로나가 끝나면서 찾아온 바이오시장의 불황과 직접 연관이 있을 것으로 관측된다고 한다. 바이오산업이 불황을 겪으며 자연스럽게 실험동물 수도 줄었다는 것이다. 이처럼 실험에 희생되는 동물은 바이오산업이라는 단어로 대체된다.

100세 시대를 당연한 말처럼 쓴다. 난치병, 불치병에 대한 의학 발전에 기여하기 위해 동물실험은 빠질 수 없다. 실효성이 지적되지만, 해오던 대로의 관습으로 굳어져 연구 방법 개선의 길은 멀기만 하다. 대체실험법의 발전과 활용이 활발해지길 바라지만 아직은 사회적 관심이 적다. 우리 단체 설립 목적이 동물실험과 무관할 수 없기에 관련 내용들을 관심 있게 보고 있지만, 걱정이 늘 앞선다.

나는 채식주의자이다. '쫑'이가 우리 집에 오기 훨씬 전 어느 날, 느닷없이 채식주의자가 되었다. 살다 보면 별 일이 많다지만 고기를 좋아하던 나에게 이런 일이 일어났다.

부모님 생신으로 오랜만에 일가친척이 모여 축하하던 봄날, 좀 생뚱맞지만 식당 거울 속에 비친 내 모습을 본 순간 채식주의자가 되어버렸다. 한강 작가가 쓴 〈채식주의자〉의 주인공은 꿈을 꾸고 채식주의자가 되었는데 어쩌면 비슷한 맥락이 아닐까 싶다. 그날의 당황스러움을 몇 마디 말로 설명하긴 어렵지만 그 느낌은 지금도 생생하다. 어떻게 보면 그 봄날은 나의 또 다른 이야기가 화창하게 시작된 날이기도 하다.

어느 학자가 말하길 현생인류가 혹독한 자연계에서 살아남아, 오늘에 이를 수 있었던 것은 인간만이 이야기 만드는 능력을 가졌기 때문이라고 한다. 끝없이 창조되는 이야기의 힘으로, 사람들을 이끌어 함께 공동체를 만들고 유지하고 어려움을 이겨 나가기를 반복하며 역사는 매일 새롭게 쓰인다.

현대 사회는 기후뿐 아니라 경제, 전쟁, 기아 등 모든 면에서 위기라고 한다. 그 학자의 말대로 새로운 시대를 위한 새로운 이야기가 필요한 시점인 것 같다. 새롭게 쓰일 이야기에는 들릴 듯 말 듯한 작은 목소리도 담기길 바란다. 멍멍이 야옹이와 함께.

CHAPTER 02

06

정치가 세상을 바꿀 수 있을까?

김경협

행정학과

정치가 세상을 바꿀 수 있을까?

'정치인'이 돼 버린 사연

전두환 군사독재정권이 맹위를 떨치던 80년 초반, 학생운동에 투신했던 대부분 친구들에게 정치는 불신의 대상이었고 정치권에 별 기대도 하지 않았다. 정치가 세상을 바꿀 수 있다는 믿음도 희망도 없었다. 대중의 조직된 힘에 의한 혁명이나 항쟁만이 군사정권을 끝내고 민주화와 민생을 살릴 수 있다고 믿었다.

학생운동을 주도해야 할 1985년 초, 82학번 4학년 개학을 앞둔 시점이었다. 미국이 전두환 군사정권에 대한 지원을 끊어야 민주화와 민생 실현이 가능하다는 주장(민족자주론)과 민생을 중심으로 대중이 조직되어야 민주화도 가능하다는 주장(민중생존권론) 사이에 논란이 있었다(이후 NL-PD 논쟁으로 비화). 그 무렵 민족, 민생, 민주화를 함께 제기하는 삼민투를 구성하고 각각의 역할분담이 이루어졌다.

85년 2월, 전두환의 4월 방미를 앞두고 미국의 군사정권에 대한 지원 중단과 광주학살의 진상규명을 요구하는 민족자주투위가 구성됐다. 나는 자원해 3~4월 투쟁을 주도하는 개학 첫 팀에 들어가 위원장을 맡았다. 개학과 동시에 대학간 연대 투쟁, 전략전술 준비에 들어갔고 한미은행, 미 문화원 등을 타깃으로 하는 서울시내 연합시위가 시작됐다.

종로2가 경양식집에서 서울 4개 대학(성균관대, 서울대, 연대, 고대) 연합시위 계획을 짜던 중 경찰에 체포돼 종로서에 끌려갔다. 조사받기 전 탈출에 성공했으나 이후 나는 85년 첫 번째 수배자 신세가 됐다. 형사들이 집으로 찾아오는 바람에 집에는 못 들어가고 친구들 자취방이나 야간경비 알바 장소를 전전하며 숙식을 해결해야 했다.

그해 4월 9일, 용산역 근처에서 시위를 주도(고공)하던 중 체포돼 구속됐고, 당시 투위에서 함께했던 친구들은 모두 집유로 석방됐다. 그러나 나는 '반성하지 않는다'는 괘씸죄까지 더해져 서대문, 안양, 청주 교도소로 이감되어 87년 6·29 이후 특사로 석방될 때까지 2년 3개월을 복역해야 했다. 청주교도소에서 복역하던 중, 학생운동 구속자들 간에 특이한 논쟁이 벌어졌다. 논쟁의 핵심은 징역형을 확정받은 학생들이 교도소 내 '노역'을 나갈지 여부였다. (당시 학생들은 대부분 독방에 수감돼 있었는데 징역형을 받아도 노역을 시키지 않았다.)

'출소 후 민생 노동 현장으로 진출하려면 기술이라도 배우기 위해 노역을 나가자'는 주장과 '출소 후 출판, 문화, 시민운동, 정치권 등 다양한 분야로 진출할 수 있기에 노역 대신 공부를 더 하자'는 주장이 팽팽히 대립했다. 전자의 주장에는 정치권에 대한 불신과 '민생 노동현장의 조직된 대중의 힘으로 세상의 변화가 가능하다'는 믿음이 깔려 있었고 후자는 반드시 노동현징을 고집하기보다 정치권을 포함한 각계각층과 연대가 필요하다는 당위성을 중시했던 것 같다.

정치권에 대한 불신이 컸던 나는 당연히 노역파였다. 교도소 측에서는 '학생들 모두가 노역에 동의하면 가능하다'고 했다. 노역 찬반투표를 했는데 44명의 학생 수감자 중 22표씩 동수가 나왔다. 결정을 못하고 있는데 청주교도소에서 부산미문화원 방화사건으로 7년째 복역 중이던 선배가 '노역은 포기하고 공부를 더하는 것이 좋겠다'고 해 노역의 꿈(?)은 접어야 했다.

형기 만료 두 달이 채 남지 않은 상황에서 나는 6·29 특사로 출소했다. 교도소에서 나오자마자 가까운 선배, 친구들이 미리 자리 잡고 있던 부천의 노동현장을 선택했다. 학생출신 대부분이 공구 이름도 잘 모르고 노동현장 일이 익숙하지 않아서 초반에 고생을 많이 하던 시절이었는데, 나는 기계 공고에서 배운 기술과 자격증 덕분에 쉽게 적응할 수 있었다. 중견기업에서 학생운동 전력이 노출돼 해고를 당하기도 했으나 비교적 규모가 작은 중소기업에서는 무탈하게 삶의 터전을 마련했다. 그렇게 현장에서 일하며 노조를 설립하고 노조간부의 길을 걷기 시작했다.

전국 최초 지역단위 산별노조였던 '부천지역금속노조'에 분회로 가입했는데, 분회 설립총회 장소를 빌려준 한국노총 부천지부(부천노총)와의 연대 활동도 함께 했다. 지금 민주노총의 전신인 전노협이 발족했을 때 많은 전노협 소속 간부들이 '어용노총 탈퇴하고 전노협에서 함께하자'고 유혹했지만 나는 '한국노총을 바꾸지 못하면서 어떻게 세상을 바꿀 수 있겠냐?'며 한국노총의 개혁, 연대활동도 중요하다고 고집했다.

92년 YS문민정부가 출범하면서 대다수 선배, 동료들이 노동현장을 떠나기 시작했다. 민주화가 됐으니 노동현장에서의 역할도 사라졌고 좀 더 안정적인 생활터전을 찾았던 것 같다. 나는 막상 갈 곳도 없었기에 그대로 노동현장에 남아 민주화 이후 노동운동 방향을 고민하기 시작했다. 계급이기주의가 아니라 시민과 함께하는 노동운동이 중요하다고 생각했다. 부천에 있는 기업은 중소기업이 대부분이다. 그들의 어려움을 고려한 일자리, 직업훈련, 노동복지 등 지역사회와 함께 할 수 있는 노동운동을 궁구했다. 98년 전국 최초로 지역수준의 사회적 합의기구인 부천지역노사정위원회를 설립했다. (이후 부천노사정위원회는 사회적 합의기구의 모델로 인정받아 전국 지자체의 벤치마킹 대상이 됐음.)

지방자치제가 본격적으로 실시된 이후에는 노동계의 정치적 진출도 중요하다고 생각했다. 정치에 관심이 있던 노동계 출신들의 진출을 지원하기도 했다. 나에게도 주요 정당에서 두 차례 출마 권유를 했으나, 정치가 세상을 바꿀 수 있을지에 대한 회의감이 여전해서 모두 거절하고 노동운동을 고집했다.

2002년 대선 때 노무현 후보의 등장으로 정치권에 변화의 바람이 불기 시작했다. 나는 한국노총 부천의장 신분으로 민주당 사고지구당이 된 부천 원미갑 지역구의 대선 유세를 맡았다. 이때까지만 해도 직접 정치에 뛰어들 거라곤 생각하지 못했고 그저 도우미 역할이라 여겼다. 2003년 참여정부 출범 후 노무현 정부가 흔들리지 않도록 지원하기 위해 태어나서 처음으로 정당 당원으로 가입했다. 그러다 대책 없이 열린우리당 총선 경선에 나섰으나 낙방, 역시 나는 정치체질이 아니라고 생각했다.

쌍둥이 아들이 커가면서 대학진학 시기가 다가오던 2004년 말, 3선의 부천노총 의장 임기가 끝났다. 아이들 학비도 걱정되고 먹고 사는 길을 찾아야 했다. 2005년 상반기는 화물연대, 철도 파업뿐만 아니라 한국노총 충주지부 의장 사망사건 등 전국적으로 노사정 관계가 파국으로 치닫고 있었다. 그러던 중 청와대에서 제안이 왔다. 노사정 관계를 비롯해 대형 사회적 갈등 조정을 담당할 비서관을 찾고 있는데 그 일을 맡을 의향이 있냐고......

고민 끝에 새로운 경험이다 싶어 수락했고 생각지도 않았던 청와대 국정경험을 하게 됐다. 그때 청와대 비서진 내부에서는 직접적인 정치 출마에 거리를 두려는 분위기가 강했다. 노무현 대통령은 "정치가 싫다고 피하면 정치가 바뀌겠나? 출마해서 계란으로 바위치기라도 해야 흔적이 남고 조금씩이라도 바뀌지 않겠냐?"며 출마를 종용하기도 했다.

2008년 MB정부가 출범한 지 두 달이 채 안 돼 치러진 총선을 앞두고 고민이 컸다. 부천 원미갑 지역구 정당지지율을 보니 한나라당 47%, 민주당 15%. 해보나 마나 이기기 힘든 구도였다. 거기에다 재선에 도전하는 한나라당 현역의원이 상대여서 출마에 대한 고민이 많을 수밖에 없었다. 정치 대선배인 원혜영 의원을 찾아가 고민을 털어놨는데 답변은 의외로 간단했다.

"정치를 하려면 출마하고 안 하려면 출마 안하는 거지, 정치인이 당선 가능하다고 출마하고 어렵다고 출마 안 할 수 있나? 어렵더라도 출마해야 기회가 올 수 있지."

일단 당내 경선이라도 신청해 놓고 공천되면 출마, 경선 탈락이면 마음 편하게 불출마로 가닥을 잡고 경선을 접수했다. 4명의 후보 중 경선 1위를 해버려 본선에 나가지 않을 수 없게 됐다. 본선 결과는 예상대로 미역국, 역시 난 정치할 팔자가 아닌가보다 하며 아내에게 '정치 접겠다'고 말했다. 아내는 예상 밖의 대답을 했다.

"남자가 한번 마음먹었으면 끝장을 봐야 하는 거 아냐?"

정치인 아내들은 대부분 도시락 싸들고 다니며 정치하지 말라고 말린다던데 어떻게 된 건지 의아했다.

"선거 치르느라 빚은 졌고 4년간 수입 없이 어떻게 버티려고?" 되묻자 살고 있던 집을 팔아서 준비하면 된다고……

"집은 유일한 재산인데 팔고 나면 노후에 집도 절도 없이 어떻게 사나?"고 하자 아내는,

"집 없으면 산에 들어가 땅굴 속에서 나물 먹고 살면 되지!"라고……허걱!

기어이 살고 있던 집을 팔아 전세로 옮기고 선거 때 진 빚도 갚았다. 4년간의 준비자금도 마련해 2012년 19대 총선에서 국회로 입성, 내가 싫어하던 '정치인'이 되고 말았다.

국회의원 활동을 통해 세상바꾸기에 도전

국회 첫 상임위는 환경노동위원회이었다. 노동계를 떠난 지 8년이 지난 터라 현장감은 떨어졌으나 18년간의 노동현장 경험을 살려 환노위를 선택했다. 생활임금제법, 상병수당법, 하청 납품단가 후려치기 금지법, 신기술 신제품 공공조달시장 우대법, 교원 공무원 노동3권 보장법 등 나름대로 의미 있는 법안 발의와 성과도 있었다. 그러나 경영계와 노동계의 입장 차이가 그대로 여야 간에도 반영돼 정작 중요한 법안들은 겉돌기 일쑤였다.

그럼에도 노동현장에 있을 때 여의도광장이나 국회 앞에서 줄기차게 집회 시위를 해도 꿈쩍 않던 국회를, 한 사람의 의원이 어떻게 움직여낼 수 있는지 확인할 수 있었다. 19대 국회 후반기에는 뉴타운 문제로 몸살을 앓던 지역구 문제를 해결하기 위해(당시 찬반 갈등 와중에 지역구 주민 2명 사망) 국토교통위원회를 선택했다. 대개 의원들이 자신의 지역구에 도로나 전철 건설 등 지역구 개발을 위해 국토위를 선택하는데, 나는 뉴타운 출구전략을 마련하거나 환경 파괴하는 도심고속도로 건설을 막기 위해 국토위를 선택했다. 악착같이 물고 늘어지며 정부의 일방적인 추진계획을 저지하기도 했다. 지역 여론주도층이나 주

민들의 관심과 지지는 큰 힘이 됐다. 이때 만큼은 정치가 세상을 바꿀 수 있다는 믿음이 생겨났고 보람도 느꼈다. 이러한 지지와 신뢰 덕분에 이후 재선과 3선까지, 9년 연속 국정감사 우수의원으로 선정되는 영예도 가능하지 않았을까? 착각?

20대 국회에서는 뜻하지 않게 외교통일위원회로 배정됐다. 금강산 관광 중단에 이어 박근혜 정부 들어 개성공단까지 폐쇄되기에 이르렀다. 남북 간 대화와 교류는 완전히 단절돼 북의 핵과 미사일 개발로 한반도가 일촉즉발 위기로 치달았다. 여기에 한일 위안부 합의와 지소미아, 사드 문제까지 더해져 남북 관계뿐만 아니라 총체적 국가위기 상황이었다. 야당이라도 나서서 이를 바로 잡아야 했으나 외통위 지원자는 거의 없었다.

〈개성공단재개촉구결의안〉을 대표 발의한 죄(?)와 내 이름 때문에 남북경협의 역사적 사명까지 짊어지며 모두가 기피하는 외통위 간사를 맡게 됐다. 이 분야의 전문성도 부족했고 희망분야도 아니었기에 망설였으나, 누군가는 감당해야 할 일이었기에 기꺼이 수용하고 최선을 다하려 했다. 평창올림픽 이후 훈풍이 불었다. 4·27판문점선언이 발표됐을 때는 마치 꿈만 같았다. 한반도의 평화체제, 남북 간의 교류 협력이 없으면 한국 경제의 성장과 발전도 한계가 있다고 생각한다. 흔히들 '보수는 성장, 진보는 분배'라고 주장한다. 얼핏보면 일리가 있어 보이지만 이 주장은 조중동식 프레임이라고 생각한다. 엄격히 따져보면 '보수는 독점을 통한 성장, 진보는 분배를 통한 성장'이라 표현해야 정확하지 않을까?

나는 2년간 임금-노동TF 연구결과를 토대로 2015년 초, 국회 본회의 대정부질의에서 '소득주도 성장'의 필요성을 최초로 공식 제안했다. 여러 의원들은 이게 무슨 내용인지 궁금

해 했고, 당시 초선이었던 문재인 의원은 대정부질의를 준비한 로데이터를 달라고 요청하기도 했다. 내가 책으로 발간하며 주장했던 '소득주도 성장'과 '남북경협주도 성장'은 19대 대선에서 문재인 후보 공약의 기틀이 됐다.

20대 국회 전반기 외통위 간사에 이어 21대 국회까지 두 차례 더 외통위원과 정보위원장을 역임하는 동안 한반도 종전선언과 평화협정을 위한 국제적 연대를 준비해 왔다.

〈개성공단재개촉구결의안〉(80여 의원 공동발의), 〈한반도종전선언촉구결의안〉(174명 의원 공동발의)을 대표 발의했고 프랑스 의회를 방문, 캉봉 외교 군사위원장 등을 만나 한반도 종전선언에 대한 지지를 이끌어 냈다. 2023년 2월 프랑스 의회는 〈한반도종전선언지지결의안〉을 만장일치로 통과시켰다. 알고 보니 한국전쟁 이후 국가 의회 차원에서 통과된 세계 최초의 〈한반도 종전선언 지지결의안〉이었다. 미 연방의회에서도 역사상 최초로 〈한반도 종전선언 촉구 결의안〉과 종전과 평화협정을 촉구하는 〈한반도 평화법〉이 발의돼 2024년 5월 현재까지 44명의 연방의원이 지지 서명에 참여했다. 국회 평화외교포럼의 의원외교와 미주지역 재미동포 공공외교단체(KAPAC)가 이루어 낸 결실이다.

〈유럽의회 한반도 특위〉에서도 종전선언에 대한 논의가 진행 중이다. 한반도 평화체제에 8천만 민족의 운명과 대한민국의 미래가 달려 있다. 성장의 한계에 봉착해 있는 한국 경제는 한반도 평화와 남북 교류 협력 없이 발전하기 어려운 상황에 직면해 있다. 한반도 평화 체제는 남북한 정부의 의지에 달려 있지만, 결정적 키는 미국이 쥐고 있는 것이 현실이다. 그래서 미국 내 민주 평화 세력을 비롯한 국제적 연대도 매우 중요하다. 정부가 움직이지 않으면 의회라도 움직여야 한다. 그동안 민주정부에서 진척되던 남북대화가 세 차례나 수포로 돌아갔던 뼈아픈 경험을 기억하고 있다. 지금이라도 준비하지 않으면 다시 민주정부가 집권하더라도 그 아픈 경험과 회한은 되풀이될 것이다.

한 명의 국회의원이 할 수 있는 일의 한계는 분명히 있다. 그러나 단 한 명의 의원이라도 다부지게 총대 메고 악착같이 준비해 나간다면 아무리 난제라도 해결의 실마리를 찾을 수 있다.

깨어있는 시민(대중)의 조직된 힘과 더불어 정치도 세상을 바꿀 수 있다. 잘만 하면......

CHAPTER 02

젊은 날 내 가슴에 새긴 심산

김난희
가정관리학과

젊은 날 내 가슴에 새긴 심산

운동, 그 고난의 길을 운명처럼 걸어왔다

내가 학생운동을 하게 된 것은 가족의 죽음과 관련이 있다. 초등학교 때 아버지의 사업실패로 하루아침에 풍비박산난 우리 집. 마당에 우물이 있던 기와집의 벽과 기둥, 가구, 가전제품에 빨간딱지가 붙고 망연자실한 어머니의 모습이 기억난다. 이후 우리는 건너편 산동네로 이사했고 부모님은 채권자들을 피해 집을 자주 비웠다. 고등학교를 갓 졸업한 5남매의 맏이인 언니는 부모님 대신 가장 역할을 해냈다. 어린 나를 엄마처럼 살뜰하게 보살펴줬다. 딸은 살림 밑천이라며 언니를 서울여상을 보낸 부모님이 선견지명이 있으셨던 걸까?

대학에 가고 싶었던 언니는 여상을 졸업하자마자 대기업에 취업해 살림을 꾸려나갔다. 동생들을 돌보며 빚쟁이들을 상대하는 것도 언니의 몫이었다. 스무 살 나이에 감당하기 어려운 일을 꿋꿋이 해내던 언니. 한 푼이라도 아끼려고 옷 한 벌로 퇴근 후 빨아 다음 날 입고 가는 악착같은 생활을 하면서도 나에게는 아이스크림도 사주고, 돈가스도 사주던 언니는 내게 엄마와 다름없는 존재였다. 그랬던 언니가 내가 열다섯 때 부모님께 나를 잘 키워달라는 편지와 통상을 남기고 내 곁을 떠났다. 내가 처음 목격했는데 충격이 어마어마했다. 하늘이 무너지는 느낌이었다.

언니의 죽음은 결혼을 앞둔 가족이 될 뻔한 상류층 집안의 갑질 때문이었다. 깊은 슬픔에 빠진 아버지도 1년 후 뇌출혈로 쓰러진 후 돌아가셨다. 어머니는 슬퍼할 겨를도 없이 남겨진 4남매를 키우기 위해 동분서주했다. 건설 현장에서 밥을 파는 함바를 운영했는데 방학 때는 나도 어머니를 도왔다. 무더운 여름과 차디찬 겨울 천막에서 밥을 짓고 설거지하는 일이 무척 힘들었지만 고생하는 어머니를 생각하며 묵묵히 일했다.

1학년 여름방학 때 심산연구회 친구들과

나는 공부를 좋아하지도, 잘하는 편도 아니어서 대학 입학은 꿈도 꾸지 못했는데 어머니께서 대학에 보내줬다. 어머니는 언니가 입학하길 원했던 불문학과보다는 교사를 할 수 있는 학과를 원했다. 나도 현실을 고려해 가정관리학과를 선택했다. 하지만 중학교 때부터 시위대를 따라다니던 나는 입학하자마자 심산연구회에 가입해서 어머니의 희망과는 거리가 먼 대학 생활을 했다.

언니의 죽음 이후 나의 마음속은 부자에 대한 분노로 가득했다. 때때로 복수를 하는 상상을 했다. 대학 입학 후 서클에서 세미나를 하고 선배들과 대화를 나누면서 사회구조에 대해 이해하기 시작했다. 부자에 대한 분노를 사회구조를 바꾸기 위한 운동으로 승화해야 한다는 것을 깨우쳐갔다. 하지만 이 운동이란 것이 고난의 길임을 깨닫는 것도 그리 오래 걸리지 않았다. 나는 1학년 때부터 수시로 구금당했고 어머니는 앞치마를 두르신 채 학교로 불려 나오기 일쑤였다. 고생만 하신 어머니에 대한 죄스러운 마음에 괴로웠다. 운동을 포기하고 싶었다.

1학년 2학기가 되자 회장이었던 서강석 선배의 강제징집, 동료의 강제징집으로 긴장을 늦출 수 없는 상황이 되었다. 겨울방학 때는 81학번 회장(김순호)의 강제징집에 대비해 내가 예비 회장으로 내정되었다. 부담을 크게 느꼈지만 두려워도 뒤로 물러서거나 도망칠 수 없는 상황이라 용기를 내야 했다. 81년 4월 김순호 회장의 강제징집으로 나는 회장직을 수행하기 시작했고, 서클연합(이하 서련) 창립을 위한 준비 과정에 참여하게 되었다.

개인 생활은 거의 없고 조직 속의 나만이 존재하던 시절이었다. 3학년 1학기 서련 문화부장, 총무부장을 거쳐 4학년 2학기 총학생회 사회부장까지 편안한 시기는 없었던 것 같다. 그렇다고 활동과정에서 즐거움이 없었던 건 아니다. 가장 기억에 남는 것은 84년 소리사랑 문대현, 남용우 친구, 후배들과 함께 빈 강의실을 찾아다니며 노래를 테이프에 녹음해 학우들에게 판매했던 일이다. 학우들의 호응이 엄청나서 용우, 대현은 내가 판매 고수라고 추켜세우며 신나했다. 각종 집회와 시위, 문화행사를 진행하고 수시로 사정당국의 감시망을 피해 다니는 생활을 하다가 86년 3월 전경련회관 점거시위를 끝으로 나의 학생운동은 막을 내렸다.

4학년 때 함께 활동했던 김현주, 최혜자 두 친구는 도피 생활도 같이했기에 24시간을 붙어 있었다. 몸을 누일 곳이 없어 겨울날 공원 벤치에서 오들오들 떨기도 했고, 형사들이 도피처를 급습하는 일도 여러 차례 당했으나 그 시간이 소중했던 기억으로 남는다. 김현주는 전경련회관점거투쟁의 공범으로 형이 확정되어 공주로, 나는 광주로 이송될 때까지 같이 지냈다. 전경련회관점거투쟁은 1986년 3월, 서울 6개 대학 16명이 참여했다. 성대에서는 김금녀, 김난희, 김안나, 김현주 4명이 투쟁에 참여했다.

도피 생활로 불면증에 시달렸는데 막상 수감이 되니 걱정 없이 잠을 잘 수 있어서 좋았다. 그러나 군부독재정권 하에서 어딘들 편할까? 단식도 수차례 했다. 86년 11월 옥중투쟁 중 국가권력으로부터 엄청난 폭력을 당했다. 두 팔과 다리를 뒤로 묶고, 입마개를 채우는 폭력을 수일간 당해 나는 일어서지 못할 정도의 상태가 되었다. 1987년 5월 말 형집행정지로 출소할 때까지 와병생활을 했다. 1988년이 되어서야 걸을 수 있었고 평생 병원 치료를 받는 신세가 되었다. 당시에는 삶의 의욕이 꺾일 정도로 절망했지만 이 또한 나의 운명으로 받아들여야 했다.

1988년 최동 선배의 제안으로 현장에 들어가기 위해 부천으로 향했다. 그러나 연말까지도 건강이 회복되지 않았다. 선배는 나에게 현장 생활은 어렵겠다며 서울로 돌아가 국회에서 일을 하라고 했다. 나는 우선 건강을 회복하고 진로를 결정하겠다고 말했다. 조직 속의 나로만 살아왔기에 무엇을 해야 할지 너무 혼란스럽고 혼자 남았다는 두려움도 컸다. 고민할 겨를도 없이 불행은 계속 밀려왔다. 내가 서울로 오자마자 최동 선배가 연행되어 구속되었다는 비보를 들었다. 선배가 출소한 후 죽음에 이르는 과정을 가까이에서 지켜보게 되었는데 참 힘들고 괴로운 시간이었다. 그래도 내가 가면 식사를 조금이라도 해 자주 찾았다. 1990년 8월, 선배가 불꽃이 되어 하늘나라로 떠난 후 나는 그를 지키지 못했다는 죄책감으로 괴로운 나날을 보내다가 주변 정리를 했다. 1991년 1월 한 달간 남도 여행을 했다. 내가 수감생활을 했던 광주에서 시작해서 남도를 마음이 가는대로 이리저리 다녔다. 마음 정리를 하려고 떠난 길이었는데 안정을 찾기는 쉽지 않았다.

나는 왜 지금도 거리에 서 있나?

1991년 5월 24일 밤, 동이 형이 꿈에 찾아왔다. 난 엄청 반가운데 형은 말없이 울기만 했다. 울지 말고 말을 하라고 아무리 소리쳐도 밤새 울기만 했다. 눈물로 소리치다 깨어보니 날이 밝았다. 불안하고 찜찜한 마음으로 하루를 보냈다. 저녁 뉴스를 보는 순간 꿈의 의미를 알게 되었다. 그 길로 서울백병원으로 달려갔다. 빈소에서 귀정 후배 곁을 지키며 멍하게 앉아 있었다.

그날 밤 귀정 어머니의 팔, 다리를 주무르며 밤을 지새웠다. 날이 밝아 출근하려고 일어서는데 어머니가 내 팔을 잡았다. 어머니 곁에 있어야겠다고 결심하고 직장과 집에 알렸다. 스물여섯의 귀정이, 꽃다운 나이의 귀한 딸을 잃은 어머니는 슬픔과 충격이 너무나 커 입을 열지도 눈물을 흘리지도 못했다. 스물여섯 딸을 잃은 경험이 있는 내 어머니는 염려의 말씀 대신 갈아입을 옷만 가져다 주셨다.

장례식을 마칠 때까지 영안실을 지켰고 한동안 귀정 후배 집에 머무르며 어머니와 지냈다. 이후 유가협, 각종 집회에 어머니를 모시고 다니는 것뿐 아니라 일상을 함께 했다. 어머니는 나를 딸이라고 부르신다. 그렇게 33년이 흘렀다. 심산연구회 창립자 최동, 회장 김귀정 두 분은 나와 함께 산다. 나에게 개인의 행복, 성취 이런 것은 사치이며 누구나 평등하고 자유롭게 사는 세상을 만드는 것이 두 분이 원하는 일이라고 생각했다. 귀정 어머니 곁을 지켜왔고 나름대로 치열하게 살아왔는데 그렇다고 죄책감이 줄어들거나 없어지진 않았다. 시간이 흘러도 어떤 일을 하든, 혼자일 때나 누군가와 함께 할 때나 내 괴로움은 줄지 않았다. 나도 아팠고 치료가 필요하다는 것을 삼십 년이 지나도록 몰랐다.

인생이란 저마다 자신의 십자가를 지고 살아가는 것이라 생각한다. 나의 십자가는 두 분 열사의 뜻을 이어가는 것이다. 선배와 후배 두 분을 열사로 모시고 나서 삶의 방향과 원칙을 새롭게 세웠다.

'나를 위한 삶이 아니라 공동체를 위한 삶을 살겠다.'
'더 낮은 곳에 있겠다.'

귀정 후배는 일기에서 '미래에 대한 불안 속에서도 나의 일신만을 위해 호의호식하며 살지 않을 것이다.'라고 말했다. 스물여섯 김귀정의 삶의 목표와 방향은 나의 삶의 지향이 되었다. 나는 두 분을 다시 만났을 때 부끄럽지 않은 사람이 되자는 약속을 지키려고 노력하면서 살아왔다. 나에게는 살아있는 사람의 칭찬과 칭송보다 두 분 열사를 다시 만났을 때 부끄러움 없는 모습이 중요하다.

다양한 영역에서의 소중한 활동

2000년대에 들어서서 내가 선택한 영역은 사회복지와 사회적경제 분야였다. 2011년 성공회대학교 사회복지대학원에서 석사학위를 취득하기도 했다. 사회적 목적을 경제로 해결하는 새로운 비즈니스에 관심을 가지고 약자를 위해 힘썼다. 아이들 키워가며 일과 공부를 병행하는 게 쉽진 않았지만 가족의 도움으로 해낼 수 있었다. 돌이켜보면 아이들은 늘 바쁜 엄마 때문에 보살핌을 받지 못했음에도 주어진 일을 잘 해냈고 바르게 성장했다. 마을에서 봉사할 때마다 아이들은 나와 함께 해주었다. '무엇이 되느냐보다 어떻게 사느냐가 중요하다'고 강조해 왔기에 아이들 또한 그러한 삶을 살아가리라 믿는다.

내가 또 중요하게 생각하는 활동은 마을 활동이다. 삶의 터전을 좋게 만드는 활동을 일상적으로 실천해야 한다고 생각하기 때문이다. 시흥에 살 때는 두레생협활동, YMCA활동, 친환경급식운동, 시흥시장 주민소환운동 등 다양한 활동을 열정적으로 수행했고, 보람도 컸다. 특히 2008년 시흥시장 주민소환운동은 특별한 경험이었다. 새벽부터 늦은 밤까지 단 하루도 쉬지 않고 거리에서 주민들을 만나며 서명을 받았던 값진 순간이었다. 시민들의 각성된 힘은 많은 것을 변화시킬 수 있다는 것을 확인했다.

2013년 서울로 돌아와서도 마을, 주민자치, 사회적경제 영역의 일을 계속 했다. 2017년부터는 사회주택과 관련한 활동을 하고 있다. '터무늬있는집'은 선배 세대가 십시일반 기금을 모아 청년들에게 주택을 마련하도록 돕고 일자리를 연결하는 사업이다. 사업초기 기획 단계부터 함께 했고 서울시 정책 사업으로 연계하는 역할을 도맡아서 했다. 청년뿐만 아니라 중·장년, 노인세대를 위한 사회주택이 많이 보급될 수 있도록 사회주택운동을 계속해 나갈 생각이다. 특히 보호종료자립청년들의 자립을 돕는 일에 더 역점을 두고 활동할 생각이다. 사회적 약자도 협동과 연대의 힘으로 서로 돌보며 최소한의 인간적 삶을 누릴 수 있도록 좋은 정책을 제안하고 좋은 모델 만드는 일을 지속할 것이다.

내가 중요하게 생각하는 또 하나의 활동은 정치참여와 일상적인 정당 활동이다. 전에는 운동권 사람들이 의회에 많이 들어가면 좋은 의정활동을 할 거라 믿어 많은 분을 도왔다. 최근 수년간 우리가 의회로 보낸 대리인들에 대한 기대는 동상이몽이었음을 깨달았다. 현재는 당원주권시대를 열기 위해 활동하고 있다. 주변에선 내가 정치 활동하는 것에 대해 무언가를 얻기 위한 목적이 있을 거라고 오해하기도 한다. 그러나 내가 원하는 것은 사적 이익이 아니라 풀뿌리민주주의, 국민주권확보이다. 이런 이유로 작년부터 더민주서울혁신회의 집행위원으로 열심히 참여하고 있다. 제3자적 시점으로 비판과 비난만 하기보다 직접 참여해 하나하나 바꾸어 나가는 것이 중요하다고 생각한다. 당내 체질을 개선하고 여의도 중심의 정치가 아닌 당원 중심의 대중정당으로 만들어 나가는 실천을 꾸준히 하고자 한다.

지금 이 순간 나는 행복하다

2022년 3월 이후 나는 다시 아스팔트 위에 서 있다. 세 차례의 여름을 거리에서 보내고 있다. 역사는 나선형으로 발전한다고 했던가! 현 정권은 군사독재정권 그 이전으로 퇴행했다. 회복 불가능한 수준이다.

2022년 초부터 많이 아팠다. 먹지 못하고 잠을 잘 수 없는 상태가 1년 이상 이어졌다. 몸무게는 반토막이 나고 2년이 지난 지금도 건강은 회복되지 않았다. 갑자기 최동, 김귀정 열사를 만나게 될지 모른다는 생각이 들었다. 남은 시간을 소중하게 사용해야 하기에 나에게 중요한 일을 우선순위로 정해 생활하기로 했다.

1순위는 광장에 나가 촛불을 드는 것. 처음에는 광장에 머무는 시간이 짧았는데 점점 시간이 길어졌고 가끔은 뒤풀이에 참석하기도 했다. 언제나 응원해 주는 고마운 친구들과 가족이 있어 점점 좋아지고 있다고 생각한다.

최진성, 나의 건강을 염려하는 진심이 나를 울렸다.

스스로에게 힘을 내보자고 격려했다. 언제나 말보다는 실천으로 모범을 보이는 최진성, 김태영 부부에게 감사하다.

2순위는 가족과 시간 보내기. 그동안 가족의 배려와 희생으로 여러 활동을 할 수 있었는

에코성균 친구들과 함께

데 그 고마움을 표현하지 못하고 살았다. 가족과 보내는 시간을 늘리고, 되도록 자주 고마운 마음을 표현하고 있다.

3순위는 봉사활동. 강재봉 친구가 에코성균을 창립해 봉사 기회를 만들어 주고 있음에 감사하다. 큰 도움이 되지 못하지만 참여하는 데 의미를 두고 함께하려 애쓰고 있다. 10·29 이태원참사 분향소 지킴이도 빠지지 않고 참여했다. 성민동 회원들과 함께해서 든든하다.

지난 20여 년간 마을, 사회적경제 영역에서 일을 하며 좋은 분들을 많이 만났다. 사회 곳곳에서 묵묵히 공동체를 위해 일하는 분들이 많다. 성공회대학교에서 만난 대학원 동기들도 전국에서 소금과 같은 역할을 하는 분들이다. 거창한 이념을 들먹이지 않아도 삶 자체로 향기가 나는 아름다운 사람들이다.

2000년부터 실천한 절제하는 삶은 욕구가 크지 않아 불만족도 별로 없다. 아침에 일어나 마시는 커피 한잔, 마을의 작은 개울과 들풀, 매일 새벽 5시 기도하러 성당에 가는 건실한 남편의 아침 편지.......소소한 것들에서 행복을 느낀다. 아이들의 미소, 순간순간 행복하다. 자녀에 대한 걱정도, 나라에 대한 걱정도 다 내려놓고, 지금 내가 할 수 있는 일을 하며 살아가련다.

마지막으로 대단한 인내심을 발휘해 나에게 글을 쓰게 한 김병일 회장에게 미안하고, 감사하다.

CHAPTER 02

08

수학 선생은 나의 천직

김방식

수학교육과

수학 선생은 나의 천직

'수학 선생은 나의 천직'이란 인생 제목을 주문받고 머릿속이 복잡해지기 시작했다. 어쩌면 이 기회가 수학교사로서 35년 동안 의미 있게 잘 살아 왔는지 되짚어 볼 수 있는 시간이 될 수 있겠다 하는 생각이 들었다.

이제 정년까지 2년 반이 남았다. 학업현장에서 수학 과목을 가르쳤던 '나' 는 지금껏 학생들의 친근한 벗이자 열혈 선생으로서 교육향상을 위해 나름대로 최선을 다했다. 허물도 많았겠지만 그 긴 시간 동안 나는 선생으로서 어떤 의미의 시간을 보냈는지 음미하면서 앞으로 남은 임기 동안 할 일들에 대해 생각해 본다.

나는 경북 문경에서도 깡촌인 동로면에서 태어났다. 6살 되던 해 점촌이란 읍내로 이사했다. 부친께서 당신이 배우지 못한 한을 풀기 위해 장남인 나를 공부시키기 위함이었다. 친화력과 상술이 좋았던 부친은 사업수완이 뛰어났다. 조그마한 가게를 운영했는데, 내가 중학교 3학년 때 암으로 갑자기 돌아가셨다.

가정형편이 어려워져 난 3년 동안 새벽 4시부터 일어나 신문배달을 했다. 힘든 상황이 계속되었지만 수학선생님이 되겠다는 어릴 적 꿈이 학업에 정진케 했고 나를 일으켜 세웠다. 고등학교 2학년 때인 1980년부터 지역 선배들과 교류하면서 사회문제에 조금씩 눈을 뜨게 되었다. 대학에 입학해서 주변 친구들이 나보다 사회문제에 대해 더 많은 정보를 갖고 있음을 알고 적잖게 놀랐다. 자의 반, 타의 반 동아리활동을 시작했다.

참 고단했다. 존재와의 씨름이 나를 힘들게 했다. 동아리 생활을 하면서 가난한 집안 부양도 해야 했기에. 수학교사의 꿈을 이루기 위해 노력할 것인지 아니면 포기할 것인지를 두고 갈등과 번뇌를 이어간 시절이었다.

대학교 3학년 때이다. 정문 돌파를 한다고 학교 벽을 부수는 싸움에 참여했다가 사진을 많이 찍혀 동대문경찰서(이하 동경)에서 소환장이 왔다. 급기야 모교에서 담당 은사님이 고향 집으로 찾아오면서 작은 동네가 한바탕 소란해졌다.

잠시 숨어서 버티다가 결국 동경에 가서 조사를 받고, 홀로 살며 어렵게 학비와 생활비를 만들어 주는 어머님의 간곡한 권고에 따라 군대를 가게 되었다. 그 당시 머릿속에는 허구한 날 운동권 활동을 피해 군으로 도망가는 내 모습이 가득했다. 친구들과 후배들에게 말할 수 없이 부끄럽고 미안했다.

1987년 7월 군을 만기 제대했다. 고향에서 향우회 선후배들과 교류하다가 국민운동본부와 공정선거 감시단의 일원으로 잠시 문경지역에서 활동을 했다. 1987년 6월 항쟁이 있던 시기이다. 그 당시 경험을 통해 교사운동의 필요성을 새롭게 인식하게 되었고, 1988년에 4학년으로 복학했다. 이듬해 대학을 졸업하자마자 사귀던 후배가 살고 있던 인천 부평의 M여고 수학 교사로 부임한다. 순탄하지 않은 교사생활의 첫발을 내디딘 것이다. 한두 해 근무하다 서울로 자리를 옮기려고 했는데 36년째 부평을 벗어나지 못하고 있다. 시대가 허락하지 않았기 때문이다.

1988년부터 교사의 권리쟁취, 학생인권 보장, 사학부조리 척결 등 교육 민주화 바람이 전국적으로 불기 시작했다. 학교마다 교사협의회가 만들어지고 1989년 5월 드디어 전국교직원노조(이하 전교조)가 탄생한다. 내가 근무하던 학교에서도 1989년 4월에 교사협의회가 결성되었다. 사학 부조리 중 하나인 친인척들의 학사 개입 등 여러 가지 문제가 있었는데, 두 달 동안 이어진 연좌, 철야농성 등으로 결국 승리했다.

1990년 1월 초 3당 야합을 통해 공안정국이 강화되었다. 학교의 민주화 바람을 차단하기 위한 탄압도 시작되었다. 우리 학교에서도 겨울 방학을 틈타 동료 선배 교사 2명을 해임했다. 이에 항의하는 4명의 교사를 바로 직권면직 처리했다. 3월 초 개학과 함께 학생과 교사들이 징계 철회를 요구하며 철야 농성에 들어갔다.

학교는 4월에 수업거부, 학생 선동 등의 혐의로 나를 고발했고, 4월 12일 출근길에 연행되어 구속되고 직권면직을 당했다. 이후 6월까지 힘겹게 싸움을 진행해 나갔으나 시대 흐름에 밀려 전국 최초로 학생들이 퇴학, 무기정학 징계를 당하고 자퇴까지 포함해 6명이 학교를 떠나게 된다.

그 시기 인천구치소에 수감되어 있던 나는 7월 11일 출소, 이후 전교조 인천지부 상근자로 2년 6개월 활동을 한다. 이때 이성수, 최정학, 이현철 등 대학 때 알았던 친구들을 다시 만나 잠시 교류하기도 했다.

결혼을 해야 하는데 준비된 돈이 부족했다. 어쩔 수 없이 부업으로 입시 및 편입학원에서 수학 강사로 활동했다. 그 때 복직 소송 싸움도 함께 진행했다. 1심 승소, 2심 패소, 3심 파기 환송, 4심 승소, 학교에서 재징계, 재심위 소청 제기 등의 과정을 거쳐 결국 97년 4월 직권면직 소송에서 최종 승소했다. 1997년 9월 드디어 7년 5개월 만에 원직 복직을 했고 지금까지 M여고 수학 교사로 근무하고 있다.

학교에 복직한 나는 아침 7시, 0교시 보충수업을 시작으로 밤 11시까지 입시상담과 자습 감독을 하며 학교생활을 했다. 참 힘들었다. 1999년 7월, 10년 만에 전교조가 합법화된다. 복직 후 3년이 지나서야 전교조 인천지부 직책을 내려놓고 평조합원으로 활동하며 학교에서 수학 및 담임교사로 전념하게 된다. 교사로서 사명감 때문에 아침 일찍 출근해 밤늦게까지 학생들의 성적향상과 진학을 위해 정말 바쁜 날을 보냈다.

그러다가 고3 담임으로 입시지도를 했다. 2003년 2월, 우리 반 학생이 인천지역 대표로 21세기 우수 인재에 뽑혔다. 청와대에서 인재상을 수상하게 되었는데 나도 덩달아 청와대

교도소 담장서 울려퍼진 '스승의 노래'

명신여고생 50명 수감중인 선생님께 먼 발치서 인사

농성교사들 '사랑의 꽃' 받고 뜨거운 눈물

스승의 날인 15일 68일째 학내 진통이 계속되고 있는 명신여고(인천시 북구 산곡동) 3학년 학생 50여명이 수감돼 있거나 농성중인 스승들을 차례로 방문, 위로했다. 이날 오전 학생들은 해직돼 인천교도소에 30여일째 수감중인 강신오(34)·고흥덕(32)·김방식(29) 교사를 찾았다.

학생들은 이날 오전 8시께부터 교도소 앞에 도착, 먼 발치서나마 선생님들의 모습을 바라보고 꽃 한송이를 달아드리며 스승의 노래를 불러 기쁘게 해 드리고 싶다는 요구를 교도소에 전달했다.

그러나 교도소쪽이 김은주(18)양 등 대표 5명만의 출입을 허용하자 스승의 노래를 부르며 정문 옆에서 스승의 날 행사를 약식으로 가졌다.

면회를 마치고 나온 학생대표가 선생님께서 "공부 잘하고 진솔한 학생이 되라"는 말을 하셨다고 하자 학생들은 눈물을 글썽이며 교도소 안에 수감중인 교사들이 들을 수 있도록 목청이 터지도록 스승의 노래를 불러 면회하기 위해 교도소로 들어가던 사람들을 숙연하게 만들었다.

교도소를 방문했던 학생들은 이어 학교에서 쫓겨나 인천 답동가톨릭회관에서 징계철회를 요구하며 56일째 철야농성중인 임병구(27)·연제열(30)·안경수(32)·최미희(30)·이원주(30) 교사를 찾아가 "선생님 사랑해요, 힘내세요"라며 준비한 편지와 꽃을 전달했다.

"스승의 은혜는 하늘 같아서 우러러볼수록 높아만 가네…참되거라 바르거라 가르쳐주신…"

학생들의 '스승의 은혜' 노래가 울려퍼지자 꽃을 받은 교사들의 뺨에는 어느새 눈물이 주르르 흐르고 있었다.

명신여고는 지난 1월 학교재단인 정월학원이 지난해 해체된 교사협의회 소속이었던 최미희·이원주 두 교사를 생활기록부사건과 관련, 해임하자 같은 교사협의회 소속이었던 강신오 교사 등이 보복징계라며 징계철회를 요구해 진통을 겪기 시작했다.

재단과 학교쪽은 항의농성하던 강 교사 등 6명을 근무태만·명령불복종 등의 이유로 잇따라 면직시키고 이들 교사를 포함, 교사 10명을 경찰에 고발해 교사 3명이 지난달 12일 구속되고 1명이 사전영장이 발부돼 수배를 받고있다. 또 농성을 주도해오던 학생 1명을 퇴학시키고 5명을 무기정학 조처하는 등 무더기 징계를 통해 사태해결을 시도하고 있으나 일부 학생들은 지난 7일부터 서울시 종로구 연지동 기독교회관 7층 인권선교위원회 사무실에서 철야농성을 벌이고 있어 문제가 외부로 계속확산되고 있다.

〈인천=김영환기자〉

2003년 2월 28일 <선데이 인천. 경기>

노벨상을 꿈꾸는 당찬 여대생 '21세기 우수인재' 뽑힌 김혜진양

"과학은 답이 똑 떨어지 잖아요. 그래서 이 과목을 유난히 좋아 했습니다."

이달 인천 명신여고를 졸업한 김혜진양(19)은 장래 화학공학 분야에서 노벨상 수상을 꿈꾸는 당찬 학생이다.

김양은 어려서 부터 두 동생들과 로봇을 갖고 노는데 푹 빠져 있었다. '여자가 무슨 로봇이냐'는 주위의 핀잔에도 김양은 로봇을 부수고 조립하는 일을 수없이 반복해 왔다.

교과성적도 우수했던 김양은 초·중학교를 다니면서 성적우수상을 한번도 놓치지 않았고, 봉사·모범 표창장도 수 없이 받았다. 그런 김양이 과학에 푹 빠지게 된 건 명신여고를 진학하면서 부터.

김양은 1학년때 교내 경시대회에서 수학부문 금상, 한국수학교육평가원이 주최한 한국수학인증시험에서 입상했다. 2학년때는 특허청과 삼성전자가 공동주최하고 한국학교발명협회가 주관하는 2002년 전국 창의력 올림피아드에서 친구들과 함께 출전해 금상(교육인적자원부장관상)을 수상했다. 김양 등은 이 대회에서 2개월간 준비한 물체운반장치 로봇을 만들어 출품했다. 입시압박에 시달리는 인문계 고교생들이 쟁쟁한 공업·과학고생들을 눌렀다는 것이 더욱 화제가 됐다.

김양은 지난 17일 교육인적자원부의 '21세기를 이끌 우수인재'에 뽑혀 청와대에서 인재상을 받았다.

김양은 올 대학입시에서 포항공과대학 화학공학과 수시모집에 합격했다. 김양은 우리나라가 상대적으로 취약한 기초과학분야의 화학공학과 교수를 목표로 정했다.

"그러기 위해서는 남들보다 더 열심히 노력해야 겠죠. 노벨상에도 한번 도전해 보고 싶습니다. 그렇지만 공부에만 매달릴 생각은 없어요. 우선은 남자친구 부터 사귀고 싶어요."

김양은 고3때 담임을 받았던 김방식 교사(40)의 정성어린 진로지도를 가장 고맙게 여기고 있다. 그래서 청와대 방문때 동반자도 주저 없이 김 교사로 정했을 정도다.

김 교사는 "혜진이는 워낙 두뇌가 명석하고 하고자 하는 의지가 강해 자신이 정한 목표 이상을 달성할 것"이라고 칭찬했다.

<글=백종환기자> k2@incheontimes.com

<사진=김성중기자> mungk303@incheontimes.com

에 초청 교사로 가는 기회를 얻었다.

수학 성적이 잘 나오지 않는 학생이 있으면 끊임없이 질문을 받아 주면서 가르쳤다. 지성이면 감천이라고 좋은 결과를 얻은 친구들이 많았다. 그 공으로 3년 연속 '수학실력향상 교사'로 인정되어 인천광역시 교육감 표창장을 받기도 했다.

아이샘 진단 수학, 수학주제 탐구 활동, 튜터링, 수학클리닉……수학과 관련해 학생들에게 도움될 수 있는 것이라면 탐구하고 활용하는 것을 주저하지 않는다. 고3 담임교사로, 늘 도전하는 수학 쌤으로, 그렇게 내가 기억되면 좋겠다.

수학 경시대회, 수학 축전 등 수학 관련 행사에도 성심껏 공들이고 있다. 지금도 학생들의 스펙과 대학 진학에 조금이나마 보탬이 될 수 있는 일이면 최선을 다한다.

지난 시절이 주마등처럼 스친다.

정년이 2년 반 남았다. 그러고 보니 아직 많이 남았다. 부끄럽지 않게 교사 생활을 마무리하고 인생 2막을 준비하고 싶다.

멋있는 수학 쌤으로, 만나면 유쾌하고 생각이 깊은 친구들과 버킷리스트를 해가며, 막걸

리 한 잔으로......오늘도 변화하는 저 세상 끝 어딘가를 꿈꾸고, 또 그것을 향해 노력하며 살아가고자 한다.

역지사지(易地思之)하며 흐르는 강물처럼.

CHAPTER 02

09

살짝 스트레스 즐기며 아직 해외생활 중

김병수
금속공학과

살짝 스트레스 즐기며 아직 해외생활 중

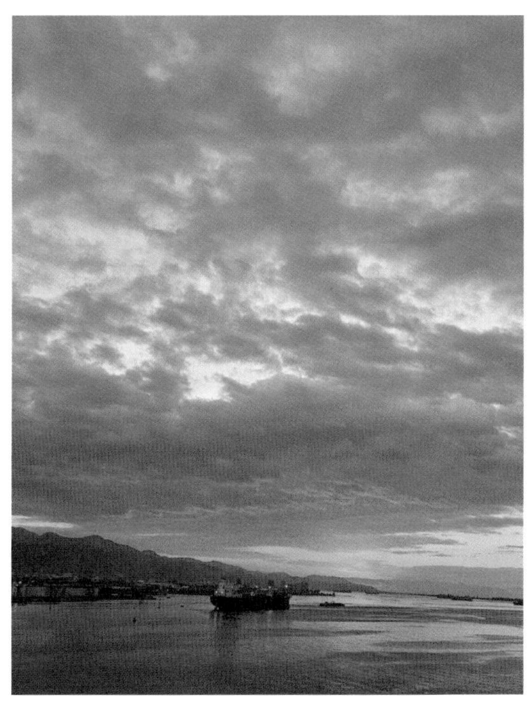

"해기사를 함 해볼까?"

참 오래 전 꿈이었다. 배를 타고 나가 세계 각국을 여행할 수 있다면……

고교시절, 해외에서 사는 내 모습을 상상해보곤 했다. 이국적인 세상과 매혹적인 환경을 떠올리면 온갖 상상력이 동원되었다. 막연한 동경이 생기는 것은 자연스러운 일이었다.

수십 년도 더 지난 일을 다시 소환하는 것은 당시 소망대로 내 삶이 진행되고 있는 것 같아서다. 마치 운명처럼. 난 지금 중국 안휘성 추저우에서 직장생활을 하고 있다. 32년 직장생활 중 해외에 체류할 일이 많았다. 1992년 대우그룹에 입사한 이래 반년 이상의 출장, 스페인 주재원 6년, 멕시코 주재원 1년 반……긴 시간을 해외에서 보내고 있다.

유년 시절을 떠올려본다. 아버지가 군인이다 보니 근무지가 계속 바뀌었다. 전후방을 오갈 수밖에 없는 상황이라 우리 형제들은 서울 외할머니 슬하에서 성장했다. 어머니는 아버지와 외할머니 집을 번갈아 다니시며 우리를 돌봤다. 군인 봉급이 적었던 시절이라 큰 누나 학비 마련을 위해 백염소를 여러 마리 키우며 염소젖을 가공해 팔기도 했다. 초등학교 들어가기 전까진 이른 새벽, 배달을 하며 집안일을 도왔다. 잠이 부족했던 난 어리다고 배달에서 제외된 동생을 엄청 부러워했다.

중학교 2학년 때 아버지는 그토록 원하던 장군 진급을 못한 채 전역을 했다. 그 시기와 맞물려 강남에는 개발 붐이 일었다. 부모님은 그곳에 땅을 사서 집을 지었다. 고등학생이 되자 가족이 모여 함께 살 수 있었다. 범생이었던 나는 아버지로부터 육군사관학교 진학 압력을 은근히 받았다. 논의 끝에 한국해양대학교(이하 해양대)로 진학 방향을 잡았다. 해기사의 매력에 끌렸기 때문이다. 당시는 해외여행이 언감생심이었다. 졸업 후 상선을 타고 바다를 주유하며 외국문화를 접할 수 있는 것 자체만으로도 나에겐 큰 이점이었다.

그러나 해양대 입학을 포기했다. 대학 서류전형 통과 후 신검을 받는 곳에서 욕설과 겁박이 난무하는 군대식 문화를 보고 회의감이 들었다. 고민 끝에 선생님의 권유로 동반 지원했던 성균관대학교 금속학과에 입학했다. 전혀 생각지도 않은 인생길로 들어선 것이다.

마음 붙일 곳이 필요했다. 허슬 같은 춤을 배우고 싶어 ㅇㅇ생활연구회에 가입했는데 서클룸에서 사행성 놀이 하는 것을 보고 곧장 탈퇴했다. 이후 고등학교 선배의 소개로 '휴머니스트'에 들어갔다. '휴머니스트'는 명륜동에 있었지만 하늘같았던 선배의 말이라 개의치 않고 서클활동을 했다. 멀리서 왔다고 반겨주는 동기와 선배들 덕분에 서울로 왔다 갔다 하는 불편함은 그리 문제가 되지 않았다. 즐겁고 행복한 시간을 서클에서 보냈다.

3학년이 되면서부터 서클 내에 긴장감이 돌기 시작했다. 3년 학사경고 누적으로 나는 제적처리가 되었다. 부모님 속을 태우며 학생운동을 해온 터라 면목이 없었다. 더 안타까웠던 것은 후배 83학번 2명도 연속 학사경고로 제적처리가 된 것이었다. 할 일 많은 후배들에게 학과공부를 할 수 있도록 배려 못한 책임이 컸고 비판도 뒤따랐다. 84년도는 학원민주화 투쟁시절이라 제적생은 학내에서 할 수 있는 역할이 없었다. 결국 자의 반 타의 반으로 군대를 갔다. 1987년 7월, 천신만고 끝에 만기 제대를 했다.

민주화에 대한 열망이 넘쳐났고 정권과의 갈등은 한치 앞을 내다볼 수 없을 만큼 극렬했던 시기였다. 내가 근무했던 부대는 1980년 5·18 광주항쟁 때 동원되었던 20기계화사단이었다. 전차정비병이었던 난 건국대 접수 및 소요진압을 위해 여차하면 투입돼야 해서 늘 대기

중이었다. 인마살상용 폭탄, 실탄을 장갑차에 실어 놓고 출동을 위한 만반의 준비를 하고 있었다. 또 매일같이 곤봉 들고 충정훈련(데모진압훈련)을 했다.

전역을 제때 못할 수도 있는 엄중한 상황이었다. 어느 날, 이대로 가면 5·18과 같은 학살이 일어날 수도 있을 것 같아 두려웠다. 고민 끝에 중대장에게 울분을 토했다. 그 때문인지는 몰라도 나는 상부 지시로 출동에서 제외됐다. 뒤이어 노태우의 6·29 선언이 있었고 비상도 해제되어 7월 말에 고대하던 만기전역을 할 수 있었다.

전역 후 우여곡절 끝에 재입학을 했다. 남은 3, 4학년 동안 매학기마다 풀로 학점을 채우면서 공부에 재미를 붙여갔고, 내친김에 대학원까지 진학했다. 1992년 1월 대학원 졸업 직전, 글로벌경영을 선포하고 승승장구하던 대우그룹의 연구인력공채로 입사했다. 그룹연수 후 인천에 있는 대우전자 냉열기연구소로 배정받았는데 나의 첫 직무는 냉장고 개발이었다. 주로 구조 설계를 했다. 제때에 승진을 하긴 했지만 별 두각을 나타내지도 않았고 그렇다고 큰 문제도 없는 그런 연구원이었다.

1997년 IMF 사태 이후 대우그룹은 분식회계 때문에 김우중 회장과 함께 몰락했다. 내가 몸담았던 대우전자는 대우일렉트로닉스로 사명을 바꾸고 독자생존에 나섰다. 세계를 무대로 큰 집(大宇)을 지었던 대우그룹은 각국에 해외지사를 두었는데, 대우전자 또한 스페인에 냉장고 생산 공장을 운영하고 있었다. 내가 그쪽의 '냉장고 양산모델 개발업무'를 해왔던 관계로 2000년 초반부터 십여 차례 스페인으로 출장을 가게 되었다.

처음 접한 유럽, 신선한 충격을 받았다. 그들의 삶 자체도 그렇지만 사고의 자유분방함은 더욱 놀라웠다. 16~17세기 세계최강의 제국을 이뤘던 스페인은 매력적인 곳이었다. 처음 보는 사람에게도 길을 가다 눈만 마주치면 따뜻한 미소와 함께 인사를 건넸다. 무엇보다 커피숍 앞 인도(차도보다 넓다) 위 전경에 눈길이 갔다. 즐비한 테이블에 앉아 커피 한 잔 시켜놓고 선글라스를 낀 채 쨍한 햇볕 아래서 책을 보는 사람들.......여유로워 보였고, 부러웠다. 상상도 못했던 문화 충격을 경험하며 나 또한 그 속에서 느긋함을 느껴보려 애썼다.

어느 날 스페인에서 근무하고 싶다는 목표가 생겼다. 기회를 엿보던 중 2006년 1월 공장이 있는 스페인 북부 빌바오에서 기술주재원으로 선발돼 근무를 시작했다. 10가구 정도 우리 교민들이 있었는데 모두 가족같이 지냈다. 함께 온 아내와 아이들도 그런대로 잘 적응했다.

스페인 팜플로나 지역에서 열리는 '산 페르민' 축제 (사진출처 : 구글)

한번은 실소를 금할 수 없는 일이 있었다. 막내아들 학급친구 생일초대를 받은 날이었다. 아이들 부모와 양 볼에 키스를 하는데 살짝 긴장되었다. 브룩쉴즈를 닮은 한 엄마 때문이었다. 지금 생각해도 웃음이 난다. 울 아내는 스페인 남자와 양 볼 키스를 잘도 했다. 은근 즐기는(?) 눈치였으니......

이베리아반도에 위치한 스페인은 우리가 아는 것과 많이 달랐다. 2천년(B. C. 11세기~A. D. 11세기)동안 로마인, 게르만인, 무어인의 침략으로 부침이 끊이지 않았던 것이 문화 형성에 크게 작용했을 것이다. 15~16세기에는 대제국의 위치에 오르기도 한다. 어쨌든 이 나라 사람들은 자극과 모험을 즐기는 유전자가 일찍이 배양된 것 같았다.

놀랍도록 색다른 놀이 문화도 알게 되었다. 그 중 하나가 스페인 팜플로나(Pamplona) 지역에서 열리는 '산 페르민(San Fermin)' 축제. 상식적으로 이해가 안 될 만큼 자유분방하다.

매일 소떼를 군중들 사이에 풀어놓고 사람들은 이를 보고 도망친다. 아드레날린을 분비, 촉진시키는 콘셉트의 놀이다. 참가자들은 목숨을 걸어야 한다.

그럼에도 해마다 열리는 이 축제에 세계 각국의 관광객들이 몰린다. 어쩌다 사망자가 발생하면 생방송을 통해 고인의 약력 등을 상세히 소개하며 추모한다. 부상자와 숨지는 사람들 대부분은 타국 관광객이고 술에 취한 상태로 참가했다가 잘못된 경우가 태반이란다. 이렇게 다른 문화를 스페인에서 익히며 6년이란 시간을 가족과 함께 보냈다.

물론 업무가 힘들기는 했지만 소망했던 유럽여행도 두루 할 수 있었다. 부임 첫해인 2006년 6월, 4일간의 일정으로 가족들과 스페인 남부 코르도바, 세비야, 그라나다를 여행했다. 첫 도착지 코르도바는 기온이 43℃도나 돼 마치 사막을 체험하는 듯했다. 하지만 그늘진

2009년 이탈리아 베네치아에서 아내와 함께

2009년 8월 여름휴가. 이탈리아 베네치아, 리알토 다리에서

곳은 시원했다. 지중해성 기후라서 여름은 덥고 건조했지만 겨울은 습했다. 여름잔디가 노랗게 말라 있는 반면 겨울잔디는 마치 한국의 하절기처럼 푸릇푸릇한 것도 스페인 기후의 특징이었다. 처음 생활할 때는 이런저런 것들이 낯설고 신기하기만 했다.

이후 거의 대부분의 유럽나라를 방문했다. 각국이 유럽연합으로 묶여 있어 국경은 톨비 내고 가는 곳에 불과했다. 톨게이트만 지나면 가고 싶은 곳 어디든 쉽게 갈 수 있었다.

매년 휴가 때는 자동차에 음식, 텐트 등을 잔뜩 집어넣고 가족과 함께 유럽 전역의 캠핑장을 찾아 나선다. 그 중 2006년 여름휴가 때 프랑스를 거쳐 스위스, 오스트리아를 갔던 때가 가장 기억에 남는다. 스위스 인터라켄에서 융프라우를 올라갈 때 봤던 풍광은 지금도 잊히지가 않는다. 노래가사처럼 저 푸른 초원 위에 그림 같은 집들이 있었다. 감탄스런 천혜의 자연은 감동받기에 부족함이 없었다.

스위스의 경우 여행기간과 상관없이 1년치 고속도로 통행증을 사야 했는데, 이 점은 무척 아쉬웠다. 이기적인 국가라는 인식을 지울 수가 없었다. 더구나 유럽연합이 아니어서 독자 화폐를 사용하고, 물가도 비싸다 보니 자기네 실속만을 챙기는 것 같아 여간 불편한 게 아니었다. 그러나 이웃 오스트리아는 분위기가 사뭇 달랐다. 일단 사람들이 참 친절했다. 잘츠부르크의 여유로움과 모차르트의 생가, 그리고 골목마다 느껴지는 정겨운 분위기……사람 사는 냄새가 느껴져서 좋은 인상을 받았다.

같은 유럽이라도 나라마다 국가제도나 시스템, 가옥구조, 도로운영 등에 이르기까지 문화가 조금씩 달랐다. 프랑스, 이탈리아는 모든 고속도로가 유료, 독일은 무료, 스페인은 무료와 유료가 혼재되어 있다. 특히 프랑스, 이탈리아는 여행 중 톨비가 기름 값보다 더 나왔을 정도로 비쌌던 걸로 기억한다. 섬나라 영국은 유럽대륙의 다른 나라들과 여러 면에서 달랐다. 주행차로도 반대, 전원 파워코드도 전용이다. 산업혁명을 태동시켰고 한때 제국의 나라여서인지 콧대 높은 자존심이 서려 있는 듯했다.

운명에 이끌린 것처럼 여러 유럽 국가를 다녔다. 마침내 2011년 12월 31일, 스페인 주재원 생활을 마치고 귀국했다.

회사 방침으로 공장 문을 닫게 된 것이다. 공장폐쇄는 스페인 직원들의 시위를 촉발했다. 시위는 하루가 멀게 계속되었다. 기술, 품질, 생산까지 담당하고 있던 나는 그들의 타깃이 되었다. 아이러니했다. 그래도 젊은 날 노동운동을 생각했던 나였는데, 어쩌다 반대의 길에 서 있게 된 걸까 하며. 그 덕(?)에 욕이란 욕은 원 없이 먹었다. 시위로 부서진 공장 철문에 깔려 갈비뼈가 부러지는 부상을 당하기도 했다. 한 달간 숨쉬기도 버거웠던 고통의 시간을 보내야 했다. 이후 스페인 직원들과 퇴직금처리가 잘 협상되어 무사히 인천으로 향하는 비행기를 탈 수 있었다.

귀국 후 스페인에서 일한 경험을 살려 스페인어권인 멕시코 업무를 맡게 되었다. 얼마 지나지 않아 모기업이 동부그룹에 매각되면서 동부대우전자로 소속이 바뀌었다. 그것도 잠시, 다시 위니아 그룹에 합병되었다. 내 의지와는 무관하게 2019년, 가족을 뒤로하고 멕시코공장의 기술주재원으로 단신 부임했다.

공장이 있던 곳은 멕시코 중부 께레따로(Queretaro)라는 곳이었다. 그곳은 한라산 높이 정도의 고지대에 있었다.

멕시코시티는 백두산보다 좀 낮은 2,300m에 위치해 있어 여름에는 그다지 덥지 않고 겨울에도 그렇게 춥지 않았다. 그래서 멕시코 사람들은 대부분 고원지대에 몰려 산다.

한여름 아침은 쌀쌀한데 낮에는 볕이 뜨거워 쉽게 얼굴이 탔다. 해는 서 있는 위치보다 낮은 곳에서 지기 때문에 그림자가 꽤 길다. 일몰이 장관이다. 고원지대는 기후가 불안정해 잠깐 비가 내려도 장대비가 쏟아졌고 언제 그랬냐는 듯 이내 해가 났다. 호두알만한 우박이

2018년 멕시코 과나후아토

쏟아져 가끔 차가 망가지기도 했다.

처음 부임할 땐 4년 정도 머무를 계획이었다. 그런데 회사에 내부갈등이 생기고 재정이 악화되었다. 상황이 그렇다 보니 월급과 퇴직금도 제대로 받지 못한 채 1년 반만 근무하고 2022년 12월 명퇴를 했다. 그때 '이제는 31년간의 직장생활을 마무리하게 되는 건가?' 하는 생각을 했다. 그러나 2023년 10월, 실업급여가 끝나갈 쯤 중국 안휘성 추저우에 있는 한상전기로부터 함께 일하자는 제안을 받았다.

다시 해외로 나가게 된 것이다. 그 해 11월부터 지금껏 추저우에서 냉장고 개발을 하고 있다. 중국인들 사이에서 느낀 점은 그들이 대국인으로서의 자존심이 엄청 강하다는 것이다.

중국인들은 본인이 잘못을 해놓고도 웬만해선 잘 인정하지 않는다. '한국인의 기술력'에 대해서 겉으로는 애써 무시하는 경향도 있다. 한편 열심히 배우려고 하는 것도 눈에 보인다. 이런 점이 좀 더 적극적인 행동으로 이어지고 중국의 거대한 자본력과 맞물린다면 이른 시기에 큰 성과를 낼 수 있을 것 같다.

현재 중국에서의 직장생활을 제외하면 나는 31년을 한 회사와 함께 했다. 회사는 오랜 시

2024년 4월 중국 청명절 연휴 때 난징 공원에서, 함께 근무하는 한국 직원들과 함께(왼쪽 세번 째가 나)

간에 걸쳐 사명을 4번이나 바꾸었고, 나는 퇴직 후에도 중국에서 일을 하고 있다. 직장생활의 절반을 해외에서 보냈으니 역마살이 끼었나 싶기도 하다. 고교시절 소망했던 해외생활을 지금껏 하고 있으니 고마운 마음이 크고, 또 이만 하면 잘 살아온 것 같다. 다만, 학창시절 민주화를 위해 치열하게 살았던 우리 친구들을 생각하면 늘 미안하다. 울 친구들이 살아갈 멋진 삶을 진심으로 응원한다.

이렇게 지내온 시간을 정리해 보니 후련하다. 중국에서의 직장생활은 국민연금 나올 때까지, 한 3년 정도 계속할 생각이다. 친구들이 "환갑도 지났는데 이제 쉬어야 하지 않아?" 말하곤 한다. 그런데 실업급여를 받으며 집에만 있었을 때 무력감을 느꼈다. 뭔가 일을 해야 한다는 강박증도 올라왔다. 그래서 일하는 지금이 더 좋다. 살짝 스트레스 받는 지금을 즐기고 있다. 앞으로 내 삶에 큰 변화는 없을 것 같다.

이 지면을 빌려 하고 싶은 이야기가 있다. 나의 정신세계를 이끌어준 휴머니스트 그리고 율풍회 친구들께 고맙다는 말을 꼭 하고 싶다.

사랑한다. 울 친구들!
앞으로도 오랫동안 건강한 모습으로 함께 하자. 파이팅!

CHAPTER 02

10

항만에서 일궈 낸 꿈

김병일

신문방송학과

항만에서 일궈 낸 꿈

어느 날 문득 거울 앞에서 나와 마주한다. "잘 살아 온 게야……." 씨익 웃음부터 나온다. 요즘에는 눈가의 주름과 머리카락이 한 움큼 빠진 정수리가 자주 눈에 띈다. 아직 열정도 있고 젊다고 생각했는데 벌써 이렇게 된 건가 싶었다. 30대 이후 내 청춘은 인천항과 함께 했다. 그 새 30년이 지났으니 강산이 세 번 바뀐 셈이다.

20대 후반 노동자대학, 남한사회주의노동자동맹 사건으로 두 번 수배를 받았다. 3년간 수배를 받다가 그 와중에 결혼을 했다. 결혼 후 한 2개월쯤 되었을까? 달콤한 신혼생활을 즐기던 중에 안기부에 연행되어 잠깐 교도소 신세를 지게 되었다. 출소하여 노원구에서 학원을 운영했는데 의욕이 너무 컸던 것 같다. 갑자기 학생들이 넘쳐나 사업을 확장했다. 그 과정에서 사달이 나고 말았다. 사채를 끌어다 쓴 것이 화근이었는데, 지금 생각하면 쓴 웃음이 난다. 참(!) 세상 물정 몰랐던 시절이었다.

하루는 돈 문제로 개고생을 하고 있는 나에게 최재원(무역81) 선배가 인천에 와서 일 좀 같이 하자고 했다. 그게 95년 4월경이다. 민생자치, 생활자치 시대의 서막을 연 지방자치선거가 6월에 있었는데, 선배의 제안으로 민주당 소속 인천시장 최기선 후보 캠프에 합류했다. 그렇게 인연이 되어 아무 연고도 없던 인천에서 30년을 버텼으니 세상일이란 참 모를 일이다.

삶의 울타리가 된 지금의 직장은 한국항만연수원(인천연수원)이다[1]. 국내 유일의 항만전문 교육기관으로 주교육대상은 전국의 항만하역종사자(하역회사, 항운노동조합)이다. 1996년에 교수로 입사를 했다. 당시 의욕과 열정이 넘쳤다. 일한 지 일 년쯤 되었을 때 직장의 비전과 전략을 담은 '전환기 한국항만연수원의 발전과제'라는 개인보고서를 냈다. 예상은 했지만 본부와 전국항운노조연맹으로부터 강한 질책과 항의를 받았다. 시대 흐름에 따른 '항운노동조합(이하 항운노조) 상용화'의 불가피성을 전제로 한 부분이 문제가 되었다. 그 무렵은 항만노무공급체계를 하역회사별 상시고용체계인 상용화로 개편하는 작업이 전국항운노조원들 사이에서 가장 뜨거운 이슈였다.

그렇게 한 차례 홍역이 지나갔다. 항운노조의 조직력과 투쟁력이 실로 대단하다는 것을 이런 계기로 알게 되었다.
항만은 내륙과 해양이 연결되는 결절점이자 전 세계 무역의 교두보이다. 인천항에 사람들이 모여드는 것은 특별히 가진 것, 배운 것이 없어도 삶의 터전을 일굴 수 있는 곳이기 때문

1) 1989년 설립되었으며, 본부 산하에 인천연수원, 부산연수원이 있다.

이다. 그러나 작업환경은 목숨을 내놓고 일할 만큼 열악하다. 강경애는『인간문제』에서 항만의 작업현장을 이렇게 묘사하고 있다.

> 짐이 와르르하고 부두에 쏟아졌다. 짐에서 떨어지는 먼지며 바람결에 불어오는 먼지가 수천 명의 노동자들이 몸부림치는 바람에 가라앉지를 못하고 공중에 뿌옇게 떠돌았다. 사람을 달달 볶아 죽이고야 말려는 듯한 지독한 볕은 신철의 피부를 벗기는 듯했다.

특히 한여름 혹서기, 한겨울 혹한기 바닷가 선박 작업은 현기증 날 정도의 찜통더위 그리고 살을 에는 추위와 씨름해야 해서 무척 힘겹다. 선박과 장비, 인력이 한데 어우러지는 항만의 하역작업현장은 일 년 내내 크고 작은 사고위험에 노출되어 늘 긴장감이 돈다. 김탁환의 장편소설『뱅크』는 항만에서 작업하는 노동자들의 삶을 섬세하게 표현하고 있다.

> 부두 노동자의 삶은 고달팠다. 무엇보다도 노동 시간이 문제였다. 해 뜨면 일하고 해 지면 쉬는 농사꾼의 삶이 부두에서는 허락되지 않았다. 조석간만에 따라 일하는 시간이 조율되었다. 만조(滿潮)에 배가 들면 다음 만조 때까지 하역작업을 마쳐야 했다. 배가 나간 뒤 곧이어 다른 배가 들어오면 12시간을 연이어 일할 때도 있었다. 낮밤 없이 24시간을 일개미처럼 움직여야 하는 것이다. 만조가 매일 50분씩 늦춰지는 것도 문제였다. 어떤 날은 밤에 시작하여 낮에 끝마치고 또 어떤 날은 낮부터 짐을 실어 밤에 배를 띄워 보냈다. 식사 시간도 취침 시간도 반일주조(半日週潮)에 따랐다[2) 3)]......

나는 전국에서 인천으로 찾아든 항만종사자들과 30년을 함께해왔다. 이들의 억센 손마디와 검게 그을린 손을 불쑥 잡을 때마다 한없이 따뜻한 온기를 느꼈다. 모두가 고향의 선배, 친구, 후배들 같았다. 술을 마셔도 체력이 받쳐주던 50대 중반까지 참 많은 시간을 그들과 어울렸다. 그때의 즐거웠던 에너지가 나를 지치지 않게 해줬고 앞으로 나아갈 수 있도록 힘이 되어주었다.

2002년부터는 대학에 나가 강의를 했다. 인천대학교에서 '국제운송론'을 강의했는데 첫 데뷔 무대였다. 전문성보다는 자신감 하나로 한 학기 강의를 무사히 마쳤다. 이후 2015년

---

2) 약 12시간 25분의 간격으로 매일 두 차례씩 해수면의 높이를 가장 높은 상태로 만드는 밀물과 가장 낮은 상태로 만드는 썰물

3) 김탁환 장편소설,『뱅크』1권,「부익부 빈익빈」, pp.125~132

까지 국제물류와 마케팅관련 강의를 했다. 다 운이 좋아 가능했지만 분명한 건 가슴 뛰게 한 시간들이었다는 것이다. 이 시기 학술활동도 왕성하게 했다. 특별한 소양도 학문적 깊이도 없었지만 인연을 귀하게 여긴 덕에 얻은 의외의 결실이었다.

불현듯 레닌의 글이 떠오른다. '전투를 앞둔 쇠가 용광로 속에서 뜨겁게 단련된다'. 이젠 사람도 시련을 통해서 단련되고 그러면서 자유로움에 한 발 다가간다는 말에 깊은 공감을 하게 된다. 의도하진 않았지만 나름대로 치열하게 살아 온 것 같다. 돌이켜보니 하고픈 일, 이루고 싶었던 일들도 거의 다 이뤘다. 순전히 내 기준으로 바라본 지난날이지만 보람이 컸던 세월이라고 자부한다.

어느 새 60이 훌쩍 넘었다. 2년 남짓 후엔 은퇴다. 그래도 앞으로 주어진 시간에 욕심을 내보고 싶다. 살아 있음에 감사하며 이 광명의 천지에 발을 딛고 있으니 남은 시간을 잘 즐기고 싶은 마음이다. 요즘 '인천항하역사'를 정리하고 있다. 신나고 시간도 잘 간다.

건강을 위해 전국 각지의 산을 십 년 넘도록 오르고 있다. 각별한 느낌으로 다가왔던 산들, 또 새롭게 도전하고 싶은 국내외 산도 셀 수 없이 많다.

이제 내 삶의 후반전 스토리를 쓰고 있다. 두 가지는 명확한데 하나가 여전히 안개속이다. 세상살이에서 내가 감당해야 할 마지막 숙제가 될 것 같다. 이 과제를 푸는 동안 나는 여전히 청춘이다.

CHAPTER 02

아련한 기억으로 남은 나의 스무 살

타로에 비춰본 내 인생

김은영

역사교육학과

아련한 기억으로 남은 나의 스무 살

명륜동 버스 정류장에서 내려 성균관대(이하 성대) 정문을 향해 올라가던 82년도 2월 어느 날의 기억이 아직도 생생하다. 합격자 발표를 보러 올라가던 날이었을까? 아직 추위가 가시지 않은 때라 나는 두꺼운 옷차림을 하고 있었다. 그런 나와 달리, 뽀글이 파마를 한 채 또각또각 소리를 내며 걸어가던 세련된 여대생의 뒷모습이 눈에 들어왔다. 그 언니의 멋진 모습을 바라보며 이후 펼쳐질 대학생활에 가슴 설레던 것이 성대에 대한 나의 첫 기억이다.

게시판에서 합격자 명단을 확인하고 혜화동 로터리 공중전화 부스에서 합격의 기쁜 소식을 알렸던 기억도 떠오른다.

첫 수업이 끝날 즈음 뒷머리에 까치집을 지은 조교가 들어와서 대학 생활 이모저모에 대해 설명해 주던 모습은 아직도 내 머릿속에 저장돼 있다. 어렵더라도 서양 경제사 수업을 들으면 시야가 넓어진다는 이야기에 솔깃했다. 1학년임에도 수강신청 후 머리를 쥐어뜯어가며 강의를 들었다. 그때 배운 개념은 오랫동안 나의 사회과학적 지식의 밑천이 되어주었다. 세상에 '고통 없이 얻을 수 있는 것은 없다'는 진리를 다시금 확인한다.

학교 수업보다는 문과대 앞에서 떠들썩하게 판이 펼쳐진 오픈 서클들의 회원모집 경쟁에 더 관심이 쏠리던 새내기 시절이었다. 그러던 중 인문과학연구회(이하 인문연) 세미나에 참석했다. 지식인의 역할에 대해 열변을 토해내던 2학년 선배[1]를 보며 감탄을 금하지 못

1) 그렇게 인문연에서 인연이 되어 알고 지내던 선배는 11월 3일 학생의 날 시위 때 종로에서 연행되어 강제 징집되었다. 그리고 군 제대를 며칠 앞두고 의문의 죽음을 맞이했다. 시위대가 흩어지던 와중에 잠시 짝이 되어 움직이다 헤어지면서 선배의 허리춤에서 빠져나온 셔츠 자락이 눈에 걸렸다. 저러다 잡히면 어쩌지? 하던 차에 연행 소식을 접했다. 그날 밤새 울며 술 마시다가 집에 늦게 들어가서 불벼락을 맞았다. 그 사건 이후 며칠 학교에도 가지 못하고 흑흑흑......

하기도 했다.

학보사 기자가 되고 싶기도 했고, 학내방송국 아나운서를 꿈꾸기도 했다. 그러다 뭔가에 홀린 듯 정착한 곳은 대학 내 유일한 여학생 서클이었던 선정회(여성문제 연구소)였다. 선배들의 다정한 이끌림에 나도 모르게 발을 들여 놓은 것이다. 사실 대학에 오면서 생각만으로도 가슴을 설레게 했던 것이 미팅이었다. 그래서 원 없이 미팅을 할 거란 기대를 품었는데 무슨 마력에 끌렸는지 희망사항은 뒤로한 채 여학생 전용 서클 활동을 선택하게 된 것이다.

'뭔가 앞뒤가 안 맞는 거 아니니, 김은영?' 속에서는 이런 의문도 있었겠지만 여자들만의 공간은 너무도 안락하고 편안했다. 타인의 시선을 의식하지 않아도 되는 게 무엇보다 좋았다. 철퍼덕 주저앉아도 남자들 눈치 볼 일도 없고, 서클룸 긴 의자에 마음껏 드러누워도 되는 자유를 만끽했다. 거기서 콜라 탄 소주를 마시며 술맛도 슬슬 알아갔다. 급기야 쓰디 쓴 소주에서 단 맛을 느끼는 경지에 오르며 대학생활의 낭만에 빠져들었다.

수업이 끝나고 나면 어김없이 찾아오는 다정한 선배가 있었다. 그는 나와 단짝이 된 정숙이를 이끌고 함께 세미나를 하곤 했다. 또 어느 날은 인원이 많은 세미나에 우리를 합류시켰다. 그날 한국 경제사를 공부했던가? 아무튼 나와 정숙이는 용호상박(龍虎相搏)으로 갑론을박(甲論乙駁)했고 세미나는 대박 났다. 참관하러 왔던 3학년 선배가 우리들의 수준 높은 토론에 혀를 내둘렀다는 총평을 남겼다나? 하하.

선정회는 여학생들만의 서클이었다. 나중에 '여성문제 연구회'로 이름을 바꿨다. 처음에는 서클등록이 되지 않아 '선정회'라는 모호한 이름을 붙일 수밖에 없었다는 설명을 선배에게서 들었다. 안타까운 일이었다.

선정회는 여성의 권리를 추구하고 여성에 대한 차별을 반대하며 여성주의를 표방하는 여학생만의 오픈 서클이었다.

선정회 외에도 성대에는 여학생만의 오픈 조직이 하나 더 있었다. 이름은 정정헌. 여학생회지를 발간하는 편집부 형식의 조직이었다. 한문교육과 진성이와 미술교육과 일명이, 도서관학과 금녀가 주축을 이뤘던 걸로 기억한다. 86년도 무렵 정정헌 만평에 이런 내용이 있었다. 변기가 충분해서 줄을 설 필요가 없는 남자 화장실과 칸이 비좁아 길게 줄지어 기다리고 있는 여자 화장실을 한 컷으로 그려 넣어 남녀 간의 불평등한 취업 실태를 풍자한 것이다. 돌이켜 보니 기억이 새롭다.

1980년대는 대학가에 여성주의(Feminism)가 처음으로 소개된 시기다. 남녀공학에서 여학생만의 서클이 생긴 것은 성대가 최초였다고 들었다. 비슷한 시기에 고려대에서도 여학생 서클이 만들어졌다고 들은 것 같은데 기억이 가물가물하다. 우리는 왜 남녀공학에서 여학생 모임으로 자족감을 느꼈던 걸까?

우리가 대학에 다니던 때만 해도 남녀평등이란 개념이 별로 없었던지라 "어디 감히 여자가 나서냐?"는 소리를 학교 내에서도 수시로 들어야 했다. 내가 다니던 사범대학 역사교육과로 말하자면 남학생이 10명도 채 안 되는 여초학과였다. 과대표 선거에 출마한 어떤 친구가 '과 대표는 남자가 해야 한다'는 망언(?)을 서슴지 않던 시절이었다.

그 시절에 우리는 '여성해방은 여성뿐만 아니라 남성의 권리도 추구한다'는 목소리를 내려고 애썼다.

때로는 남녀평등을 이슈로 한 토론에 싸움닭처럼 나서기도 했다. 차별받는 세상에서 여성 스스로 목소리를 크게 내야 한다는 책임감에 한껏 깃털을 부풀리던 시절이었다. 가부장제하에서 피해를 보는 존재는 여성만이 아니라는 문제의식을 갖게 되었다. 여성과 남성 모

두를 구원하는 여성주의를 구현하고자 우리는 노력했다.

선정회라는 여학생 서클 활동을 통해 여성주의가 무엇인지 공부하고 토론하며 더불어 성장해 나갔다. 학내시위가 있을 때면 여학생들끼리 스크럼을 짜고 선두에 서서 교문 돌파 행동에 앞장섰다. 친구들과 함께 했기에 두려움 없이 혜화동로터리로 나가 가두행진도 했다.

83년도 5월에는 여학생만으로 구성된 시위 팀을 만들어 학내 시위를 주동했다. 전원 구속되는 초유의 기록을 남겼다. 가끔, 드문드문 얼굴을 보던 3학년 여자 선배들이 주축이 되어 금잔디광장 앞 나무에 오르려다, 사복경찰들에게 체포되어 질질 끌려가던 모습은 지금도 잊을 수가 없다.

그렇게 야만의 시대를 살아냈다.

신입생 환영회 때 학교 버스 뒷자리에 앉아 처음 들었던 김민기의 노래는 학내 시위 때마다 불리는 단골 메뉴였다. '노찾사'와 '소리사랑'의 노래를 듣고 부르며 학교로 광장으로 뛰어다니느라 분주했던 시절. 우리들의 청춘은 치열하게 아름다웠다.

타로에 비춰본 내 인생

〈우연접속자〉[1]라는 책이 있다. 멀리 떨어져 있는 누군가의 감정이나 고통을 동시에 느끼는 경험을 한 사람들의 이야기를 통해 '동시성'을 이야기해주는 책이다.

스위스의 정신의학자이자 집단 무의식을 연구한 심리학자 칼 융(Carl. G. Jung)이 기차를 타고 집으로 돌아가던 중, 누군가 익사하는 장면이 눈앞을 퍼뜩 스쳤다고 한다. 집에 들어섰을 때, 그 장면이 애지중지하던 손주가 집 앞 호수에서 빠져 죽을 뻔했던 순간이었음을 비로소 알게 되었다.

융은 이러한 경험을 통해 '동시성(Synchronicity)'이라는 심리학 이론을 정립했다. '동시성'이란 '마음에 품고 있던 생각이나 감정을 외부의 사건이 거울처럼 비춰주는 것'을 의미한다.

타로(Tarot)는 이러한 '동시성'[2]을 만나게 해주는 거울과 같은 도구이다. 우리 대부분은 동시성을 경험하지만, 무의미한 것이라 여기며 무시하는 경향이 있어 실감하지 못할 뿐이다.[3] 타로를 처음 만난 2015년 11월 어느 날의 나 역시 그러했다. 타로와 인연을 맺으면서 나

---

1) 우연 접속자_버나드 바이트만_김정은 옮김_황금 거북

2) 심리학자 칼 융이 리하르트 빌헬름의 『주역』에 덧붙인 서문에 따르면, 동시성은 사건이 시간과 공간적으로 동시에 일어나는 것을 말한다. 이는 단순한 우연 이상의 어떤 것을 의미하는데, 말하자면 관찰자나 관찰자의 주관적(심리적) 상태와 객관적 사건 간의 어떤 미묘한 상호 의존관계를 의미한다. 우리 대부분은 동시성을 경험하지만, 우리가 사물의 전체적인 구조 속에서 그들이 차지하는 중요성을 알기 전까지는 무의미한 것으로 생각하고 무시하는 경향이 있다. 그러나 만약 물리학자 데이비드 봄이 주장하고 있는 것처럼, 모든 것이 양자적 수준에서 연결되어 있다면 우리는 이 분명한 동시적 사건들에 주의를 기울이는 것이 나을 것이다. 이들은 우리가 삶 속에서 일어나고 있는 어떤 패턴들을 지켜보게 한다. 우연의 일치란 말은 타로에는 없다.(파워타로_김은미 옮김_2008_슈리 크리슈나다스 아쉬람)

3) 파워타로_김은미 옮김_2008_슈리 크리슈나다스 아쉬람

는 드라마틱한 인생의 변곡점을 맞이했고 중년기의 생애사적인 발달과정을 거치며 지금에 이르렀다.

그때까지만 해도 나 역시 타로를 운명을 점치는 점술 도구 정도로 알고 있었다. 내가 맨 처음 뽑은 타로 카드는 메이저 II번 '고위 여사제(The High Priestess)'였다. 그때는 이 카드의 의미를 제대로 몰랐지만 타로 집담회를 마칠 즈음에야 비로소 카드가 이해되었다. 메이저 카드 X번 운명의 수레바퀴 해(2016년)에는 '운명의 카드'가 나를 움직였고, 나는 타로가 열어준 길을 따라 내 삶의 과제를 해결해 나가고 있다.

타로가 무엇인지, 역사와 기원이 어떠한지, 어떻게 만나야 하는지, 타로에서 말하는 성격(Personality) 카드와 영혼(Soul) 카드는 무엇인지 등등 신비한 만남을 시작하면서 인생의 진로를 바꾸게 되었다. 타로와 상담을 이어가기 위해 상담심리대학원에 진학해 본격적인 공부를 시작한 것이다. 공부를 하다 보니 타로체험을 주제로 한 논문으로 상담심리학계 최초의 타로 석사[4]가 되었다.

매달린 후에야 비로소 보이는

나의 첫 타로체험은 10여 년 전으로 거슬러 올라간다. 그때 뽑은 카드는 웨이트 타로의 메이저 아르카나 12번 '매달린 사람'이었다. 한 차례의 부도와 합병을 거치며 회사의 앞날이 불투명한 상태에서, 나의 모든 자원을 쏟아 부은 채, 회사 일에 몰두하던 시기에 만난 카드라 아직도 기억이 생생하다. 카드에 대해 아무것도 모르던 때지만, 꼼짝달싹 못하고 교수대에 매달려 있는 듯한 사람을 보면서, 절벽에 매달린 심정으

4) 타로상담수련자의 타로체험에 관한 현상학적 연구(2023. 8)_서울불교대학원대학교 석사학위논문

로 회사에 올인(all in)하던 나의 모습이 겹쳐 보였다.

당시 나는 워커홀릭이었다. 회사는 이혼 후 가장으로서 생계를 걸고 매달린 삶의 터전이었다. 생존하기 위해 마흔이 넘어서 처음 시작한 회사 일은 생소하고 어려웠지만, 포기하지 않고 영업 현장에서 발로 뛰며 경영진으로 성장하기까지 모든 것을 쏟아 부으며 분신처럼 동일시하던 대상이었다. 몇 번의 위기를 극복해내고 작지만 탄탄한 소기업으로 키워냈다는 자부심으로 남다르게 애착한 일터에서 워커홀릭처럼 일하다가 허망하게 퇴출되던 시기에 만났던 카드가 바로 '매달린 사람'이었다.

그래서였는지, 나에게 '매달린 사람'은 절망처럼 다가왔다. '매달린 사람'이 주는 일차적인 이미지는 무기력한 매달림이다. 내 손으로 풀 수 없는 어떤 상황에 내던져진 사람이 느끼는 압박감, 위기감, 부자유함 등을 연상하게 된다. 장애물에 가로막혀 더는 나아가지 못하는 정체기, 무의미하게 고통의 시간을 보내는 무기력한 시기 등의 표층적인 해석을 할 수 있다.

그렇지만 '매달려 있는 사람'의 표정에서 엿볼 수 있는 편안한 인상과 머리 위의 후광은 이내 우리를 '휴우' 하고 안도의 숨을 내쉴 수 있도록 연결한다. 매달린 절벽에서 손을 놓아야 집착에서 벗어날 수 있다는 것을 암시하기도 한다. 자유로운 삶의 여정을 영위할 수 있는 어떤 전환점이 되기도 하는 것이다. 이렇듯 '매달린 사람' 카드는 현실 삶에 묶인 결박을 풀고 정신적 삶을 준비하는 시기임을 안내하는 비전의 카드이기도 하다.

매달린 절벽에서 손을 놓는 심정으로!

기존 질서에서 벗어나 세상을 새롭게 보고, 거꾸로 보며, 다른 각도로도 볼 수 있게 하는 '매달린 사람' 카드는 나에게 살아가는 태도와 사고방식의 변화를 권하는 메시지였다. 그 순간 매달린 절벽에서 손을 놓음으로써 자유를 누리고 전환과 전복을 통해 새로움을 경험하게 된다는 역설적인 깨달음을 얻었다.

홀로 서기 위해 회사를 내 삶의 종착점이라 여기며 일하다 일에 중독되었던 나는, 일터에서 손을 놓으면 삶이 무너질까 봐 두려웠다. 일터에서 손을 놓으면 삶이 무너질까봐 두려워서, 더욱 필사적으로 매달리고 싶었을지도 모른다. 처음에는 이런 집착을 끊어내기가 쉽지 않았다. 그러나 이 또한 스스로 만든 허상임을 깨닫기 시작했다. 삶의 방향에 대해 다시 고민하던 차에 새로운 선택을 할 수 있었던 계기가 바로 타로와 상담이었다. 이렇듯 나에게 타로는 기존 질서에서 벗어나 새로운 선택을 하게 하는 인생 2막의 도약대가 되었다.

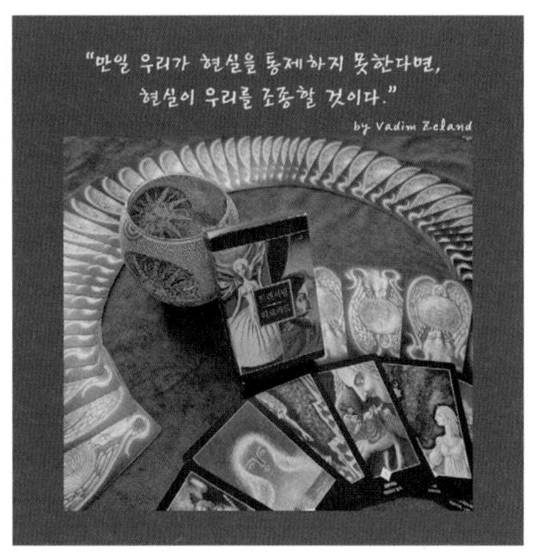

타로는 이미지로 소통하는 도구이다. 인간은 이미지 사고와 언어 사고를 동시에 하는 유일한 종이라고 한다. 타로 이미지가 나타내는 상징들을 통해 우리는 자신의 모습과 상태, 기분, 감정, 정서, 느낌 등을 살피며 내면을 관찰하는 경험을 하게 된다. 그 상징들은 일상의 사건과 연결해주기도 한다. 자신의 감정뿐 아니라 몸의 감각까지 알아차리는 경험으로 확장시켜 상황을 객관화할 수 있는 안목과 내면의 충만함을 돕는다.

타로카드를 읽을 때 우리가 하는 작업은 열린 마음으로 카드 이미지에 자신의 이야기를 비춰보는 일이다. 그렇다 보니 각각의 타로카드에 저마다의 이야기가 투영되어 자신만의 이야기로 재구성된다. 우리는 자신의 무의식을, 주어진 조건 속에서 만나게 되는, 어떤 사물이나 대상에 비춰보려는 본능을 가지고 있기 때문이다.

우리는 자신의 시각, 관점 혹은 시나리오를 통해 세상과 현실을 바라본다. 스위스 정신과 의사 헤르만 로르샤흐가 1921년에 개발한 Rorschach 검사(Rorschach Inkblot Test)는 이러한 투사원리에 기초하여 만들어진 심리치료 도구이다. 좌우 대칭의 잉크 얼룩이 있는 열 장의 카드로 이루어져 있는데 내담자에게 무엇처럼 보이는지, 무엇이 생각나는지 등을 자유롭게 말하게 함으로써 내면을 살펴보는 데 활용한다.

타로카드의 매력은 이러한 투사를 불러일으키는 데 매우 훌륭한 도구라는 점이다. 개개인의 무의식 외에도 보편적 집단의 원형을 보여주며 그 신비함을 드러내기도 한다.

타로를 잘 배우려면 어떻게 해야 할까? 일단 매일 타로를 열어보는 데일리 리딩이 좋다. 이런 습관이 일상이 되면 타로 데일리는 하나의 명상 수행이 될 수 있다. 그날그날 타로가 비춰주는 나의 일상을 알아차릴 수 있어 살아가는 데 도움이 된다. 타로라는 거울에 비친 사건들을 선명하게 보기 위해서는 우선 내가 맑아야 한다. 마음 속 찌꺼기들 청소가 얼마나 중요한지 타로를 보며 뼈저리게 느낀다.

타로를 배워나가며 나는 내 자신을 긍정적으로 볼 수 있게 됐다. 관계를 보여주는 타로 상징을 통해 애착 문제를 다루면서 무엇보다 나의 관계 패턴을 알 수 있었다. 순도 100%의 관계를 추구하던 극F 성향(성격유형검사 MBTI 중 인간관계 중심 타입인 감정형, Feeling)인 나는 관계 맺기가 늘 힘들었다. 타로의 도움으로 이제는 나와 타인을 이해할 수 있게 된 것이다. 이런 인식의 변화는 주변 사람에게 긍정적 영향을 미치고, 자신에게도 너그러워진다. 인식의 창이 넓어지니까 한층 부드럽고 유연하게 사람과 세상을 대하게 된다. 그 결과 인생 경로가 바뀌었고, 다양한 경험을 타로와 함께 하고 있다.

삶의 길목에서 간난신고(艱難辛苦)를 겪으며 중년기에 접어든 후에야 나는 진짜로 걷고 싶었던 길에 발을 들여놓을 수 있었다. 타로를 통해 사람을 헤아리게 된 지금의 나는 마음과 마음을 이어주는 작업을 하며 나 또한 위로받고 성장하는 선순환의 길에 들어선 것 같다. 타로와 함께 감추어진 무의식을 속속들이 들여다보며, 머리에서 가슴으로 내려오는 타로 여정 안에서, 나의 인생 2막은 2024년 가을과 함께, 점점 더 영글어 간다.

CHAPTER 02

12

중국혁명의 성지 광저우에 왔네

분단의 아픈 상처 교동 망향대에 올라

김진태

국어국문학과

중국혁명의 성지 광저우에 왔네

광저우는 중국 남쪽 주강삼각지에 위치하고 일대 생산량이 중국 총생산량의 절반에 달한다는 큰 도시라네.

2천 년 전에는 대월국의 땅이었고, 2대 조말왕의 무덤에서 당시 옥기 청동기 목간유물에다 기이하게도 부인, 시종 등 산 사람 15명을 순장했다는 것도 알게 되었네. 황하 북부에서는 철기가 나오던 때인데 중국 남부 대월국까지는 도달하지 못한 모양이네.

광저우 시 (사진출처 : 구글)

광저우 임시정부 청사(1938) (자료: 서울신문)

광저우는 상해에서 쫓겨난 대한 임정이 난징으로 가기 전 중국 국민당정부의 지원을 받아 3개월을 머물렀던 곳이기도 하다네.

임정청사 소재지가 어디인지 모르다가 광저우 교민회 역사 연구회(회장 송기봉)가 중심이 되어 마침내 2008년 〈백범일지〉에 한 줄로 기록되어 있던 '동산 백원'의 위치를 찾았다고 하네.

고맙고도 장하여라. 몸은 비록 해외에 있어도 나라사랑의 정신만큼은 조선독립군처럼 치열하니 절로 고개가 숙여지네.

광저우 역사기행은 상해임정 루트라기보다는 만주에서의 무장투쟁이 약해지던 1920년대 중후반, 조선인의 중국 국민당, 중국 공산당 무장투쟁 노선의 시발이었음을 이해하게 하였네.

1910년대 중국혁명의 양대 이념은 타도 제국주의와 봉건 중국 사회 대개혁이었다네. 중국 혁명의 아버지 손문은 봉건청조를 몰아내고 1911년 중화민국을 세웠으나, 청조가 깨어진 권력공백의 자리에 들어선 지방군벌들에 밀려 많은 어려움을 겪는다네.

군력에 밀린 손문이 권력은 무력에서 나온다는 사실을 절감하던 차에, 1917년 러시아혁명에 고무되고 러시아의 지원을 받아 광저우에 중산대학과 황포군관학교를 세운다네. 두 학교의 설립은 중국 내 공산당지도그룹의 비약적 성장과 만주 무장투쟁 이후 끊어진 조선의 무장투쟁 후예들의 비약적 성장에 지대한 영향을 끼쳤다네.

임시정부 외교부장 신규식이 손문을 만나 대한 임시정부, 중화민국 각자 최초의 정부 간 역사적 회담을 전개하네. 조선의 젊은이들이 중국혁명을 2년간 돕는 조건으로 중산대학과 황포군관학교에서 무상교육, 무료생활을 지원받네.

수백의 조선 젊은이들이 혁명으로 조선독립이라는 부푼 꿈을 안은 채 혁명교육을 받고 혁명전선으로 달려갔다네.

김성숙 (사진출처 : 구글)

그때는 손문의 민국혁명도, 공산당의 인민혁명도 다 혁명이었네.

조선 최초의 공산당을 만든 김성숙이 있었네.

국민당의 군벌전투, 공산당의 제 1차 국공 내전에 참여하였으나, 광저우 3일 코뮌 이후 군벌의 재반격으로 공산당이 깨지는 것을 보고 중국혁명이 먼저라는 환상을 버린다네. 조선혁명 우선 노선을 견지하고 후에 독립적인 조선 공산당을 만들었네.

황포군관학교 (사진출처: 오마이뉴스)

〈아리랑〉의 김산은 러시아 군사고문의 통역관으로 들어와 황포군관학교[1]에서 교관으로 혁명정신을 전파했고, 청산리전투의 숨은 주인공 양림은 공산당의 옌안 대장정 때 황하 도하작전의 총대장이었다네.

장제스 국민당총통의 전용비행기를 10년간 몰았던 손주환이 있었고, 지금도 불리는 중국인민혁명군 군가를 작곡한 정율성도 있다네.

의열단의 김원봉도 단원 20여 명과 함께 황포군관학교 4기로 입학하여 군사교육을 받았네.

조선의 젊은이들은 학교에서도 궂은일을 도맡아 하고 열성적으로 공부하여 같이 공부하는 중국 젊은이들에게 크게 귀감이 되었다네. 황포군관학교는 고급장교 양성 교육기관이라 중국 국민당, 중국 공산당 관계 없이 이곳 출신들이 모두 핵심 지도자로 성장하였고, 이후에도 조선의 젊은 독립 운동가들은 학교에서의 인연을 바탕으로 많은 지원을 이끌어 냈다네.

---

1) 황포군교는 1924년 제1차 국공합작 직후 쑨원이 코민테른의 지원을 받아 설립했다. 국민당의 장제스는 교장, 중국공산당의 저우언라이, 예젠잉, 쉬샹첸 등은 모두 교관으로 복무했다. 이 학교에서 김원봉, 김산 등을 비롯한 숱한 한인 독립 운동가들이 군사교육을 받았다.

광주기의열사능원(廣州起義烈士陵園)/ 중조혈맹우호정자 (사진출처: 오마이뉴스)

손문이 중화민국의 삼민주의 이상을 펴지 못한 채 1925년 일찍 죽었네. 장제스가 물려받은 민국의 품안에서 인민중심의 공산당이 태어났네. 시작은 1917년 20명이 나룻배 위에서 결기를 다졌다네. 혁명으로 조선독립의 꿈에 부푼 많은 조선 젊은이들이, 러시아혁명에 자극받고 황포군관학교 교수 주은래의 이론에 감화되어 공산당과 함께했네. 조선의 젊은이들은 전투의 최일선에서 싸우고 위험한 임무를 도맡았으며 혁명지도부를 보위할 때는 목숨을 내놓았다네. 전투는 그들을 두렵게 하지 못했다네.

오히려 중국혁명은 조선혁명의 징검다리로 이를 완수하는 것이 환희라 했다네. 아! 용감하여라. 우리 조선의 젊은 기상이 이러하네.

1927년 1차 국공내전 3일광저우 코뮌 때 조선의 젊은이들이 목숨을 내놓고 중국공산당 지도부를 시켰네. 조선인 150명이 죽었다네. 중국정부가 이를 감사히 여겨 조중 혈맹 우호비를 세웠네.

우호비 앞에서 묵념했네. 분노가 올라오고 너무나 울컥했네.
목숨을 내놓아 조선독립을 이루려 했던 그들의 꿈은 이루어졌는가?

무정한 시대여!
학창시절 죽기를 각오하고 오로지 조선독립의 꿈만으로 함께 하자던 그들의 맹서는 이념과 독립의 방법 앞에서 분열되었네. 누구는 중국공산당으로, 누구는 의열단으로, 누구는 만주로, 누구는 임시정부로.

지금 내가 본받아야 하는 것은 무엇인가?

이들의 시대는 1948년 대한민국 정부수립 20여 년 전이었네.
나라를 되찾고자 죽기를 각오했던 그들의 선택을, 지금의 우리는 자유 민주라는 이념의 잣대 하나만으로 평가하는 편협한 세상에 살고 있네.
부끄러워라, 밴댕이 소갈딱지 같은 옹졸함이여!

중국정부는 공산당 이전의 역사까지도 기념관을 지어 있는 그대로 보여주네.
있는 것은 있다 하고 다른 것은 다르다 하네. 우리는 왜 있는 것을 없다 하고 다른 것은 틀리다 하는가?

슬프다.
갈라진 한반도를 잇는 것도, 있는 역사는 있다 하고 다른 역사를 틀리다 하지 않는 자세에서부터 시작됨을 배우네.

2024년 5월 광저우 역사기행 중

분단의 아픈 상처 교동 망향대에 올라

강화군에 속한 한 섬, 교동! 인천광역시 강화군 교동면의 본 섬이다. 6월, 초여름 더위가 막 기승을 부릴 때 이 섬을 찾았다. 10여 년 전까지만 해도 교동에 가려면 배를 타야 했다고 한다. 밀물과 썰물에 따라 항해시간이 크게 달랐고 안개가 짙게 끼는 날에는 북한이 가깝다는 이유로 배가 뜨지 않기도 해서 이곳에 드나드는 건 꽤 불편했던 모양이다.

사진출처 : 구글

다행히도 내가 그곳을 찾았을 땐 교동대교가 개통하여 강화도에서 자동차로 다리를 통해 쉽게 들어갈 수 있었다.

강화도 북동쪽에 있는 강화읍에는 군청과 함께 800년 전 몽고에 항전할 때부터 유지되고 있는 읍성이 있다. 성안 북서쪽엔 향교가 있다. 교동에도 오래된 읍성이 있었다. 보통 각 군마다 향교가 1개씩 있는데 교동에 또 다른 향교가 있어서 강화군에는 향교가 두 개인 셈이다. 특히 교동 향교는 고려 충렬왕 때 세워진 우리나라 최초 서원이란다.

교동은 역사적 요충지였다. 고려 개성의 바다 관문이었던 벽란도와 가장 가깝다. 조선 인조 때는 수도 한양을 방어하기 위해 황해, 경기, 충청 3도의 수군을 지휘하는 3도수군통어영이 교동 남산포에 설치되었다. 바다로 오는 중국 사신이 머물던 영빈관도 그곳에 있었다고 한다.

그곳에서 나를 놀라게 한 것들이 여러 개 있었는데 그 중 하나가 드넓은 들판이다. 화개산 등 일부 산지를 제외하면 섬 전체가 논이라 해도 지나치지 않을 정도로 넓었다. 대부분 고려 때부터 간척한 땅들이라 해서 더 놀랐다. 옛 지도를 보면 교동은 원래 3개의 섬이었다. 계속된 간척으로 지금처럼 한 개의 섬으로 변했다고 한다. 현재는 한강물이 농사용으로 교동까지 오는데 전에는 두 개의 큰 저수지(고구, 난정)가 있어서 농사에 큰 어려움이 없었다고 한다.

이렇듯 예부터 번영했던 교동은 분단, 특히 한국전쟁 이후 쇠퇴의 길을 걷는다. 섬의 북쪽 해안가에는 철책선이 쳐 있고 군인들이 바다로 나가는 것을 엄격히 통제했다.

사진출처 : 구글

교동대교를 통해 교동도로 들어가기 전에도 해병대 장병들의 간단한 검문 절차를 거쳐야 했다. 해안가나 공중화장실에 목함지뢰 경고문이 붙어있는 등 타지와는 사뭇 다른 살벌한 분단의 흔적을 엿볼 수 있었다.

교동의 주민들은 분단의 피해를 고스란히 안고 살았다. 섬이라는 지리적 특징과 민간인 통제구역이라는 점 때문에도 외부와 오랜 시간 단절될 수밖에 없었다. 남북교류와 화해가 절실한 이유이다. 섬 북쪽까지 어업구역이 확대되고 민간항해가 허용되는 그날을 교동주민들은 애타게 기다린다. 국가장기계획에 잡혀 있는 교동에서 해주 쪽으로의 다리건설 역시 강렬하게 소망하고 있었다. 이 같은 염원이 결실을 맺어 교동도(喬桐島)가 하루속히 평화의 섬으로 불리기를 소원해 본다.

평화의 섬 교동!

바닷가 산기슭, 실향민들이 세운 망향대에 올라......내 느낌 그대로, 내 감흥 그대로 시를 써 보았다.

북한사람 보았네

교동도 망향대에서
망원경으로 보았네

저기 사람이 자전거타고 간다
어디 어디?
나도 보자

망원경 속 사람이 신기한 세상
망원경으로나마 보고 싶은 세상

빈 가슴 한쪽이나마 채우고 싶어
아주 열심히도 보았네

마치고 내려오는데
다시 미어지는 이 가슴
망원경은 결국 유리조각 안
세상이란 걸 알고 말았네

슬프다
죽기 전에 가보고 싶어
망향대라 했거늘
무심한 세월은 70년이
넘어버렸네

2024년 6월 28일 강화 교동도에서

CHAPTER 02

13

다시 광장으로

김태영
경제학과

다시 광장으로

고등학교 2학년 가을! 나는 학교공부를 포기했다. 아버님을 따라 농사를 짓는다며 사과 과수원 일을 돕거나 밤송이를 까서 산 아래로 나르는 허드렛일 등으로 시간을 보내고 있었다. 하루는 그런 내 앞에서 어머님이 주저앉아 다리를 뻗고 울었다. 이날 난 처음으로 아버님의 고난사에 대해서 들을 수 있었다.

아버님은 안동 예안면 산골짜기의 찢어지게 가난한 집에서 자랐다. 초등학교 6학년 때 중학교에 가고 싶어 쌀 한 됫박 가지고 시내로 공부하러 나왔다가 영양실조 걸려 집으로 되돌아 왔다고 한다. 돈을 벌기 위해 안동을 떠났던 아버님은 제천에 정착했다. 내가 본 아버님은 새벽부터 일만 하는 분이었다. 신문지국장(보급소)을 했기에 새벽부터 일어나는 건 예삿일이었다. 그 부지런함으로 양초공장과 장갑공장을 운영했다. 산을 사서 사과나무와 밤나무를 심어 과수원을 가꿨고 결혼식장도 경영했기에 토요일, 일요일도 쉬는 날이 없었다.

돈도 꽤 벌었지만 자기 자신을 위해서는 한 푼도 쓰지 않았다. 항상 헤어진 운동화와 고무신에 낡은 옷을 입고 있었다. 그렇지만 자식의 공부에는 돈을 아낌없이 썼다. 첫째누나는 고등학교 때부터 서울로 유학 갔고, 위의 누나 셋과 형은 중학교부터 서울에서 다녔다. 서울에 연고가 없었던 아버지는 서울에 자식들이 거주할 집도 샀다.

나는 2남 5녀 중 여섯째다. 내 위의 형제들과 다르게 제천에서 중학교, 고등학교를 다녔다. 아버님은 어릴 때부터 공부하고 싶어 한이 맺혔던 분이었다. 누나들도 모두 대학을 마쳤는데 아들인 내가 공부를 안 하겠다 하니 오죽 답답했을까?

한참 공부를 해야 할 시기에 학교생활을 내팽개치듯 했다. 서울대 법대 가서 판검사 되고 출세하라는 말이 듣기 싫었다. 아버님이 신문사 지국을 했기에 어렸을 때부터 신문을 읽

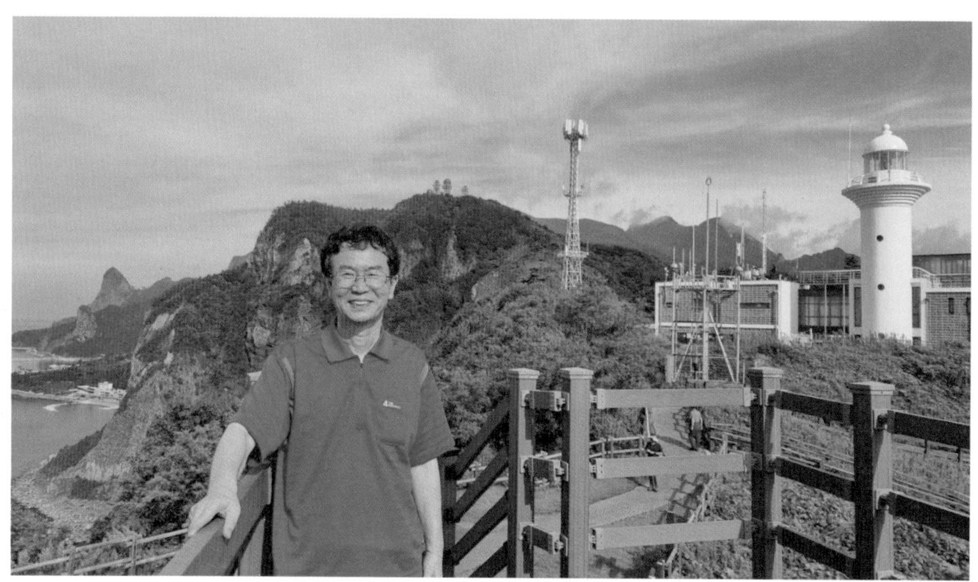

2023. 9. 성대민주동문회 82친구들과 울릉도에서

었고 아버님이 친구 분들과 나누는 대화를 들으며 사회에 대한 비판의식도 가졌다. 그런 덕분인지 규율과 질서를 요구하고 복종을 강제하는 학교교육에 대해 반감이 컸다.

한번은 교육청에서 장학사가 감사 나온다고 전교생에게 대대적인 청소를 시켰다. 나는 이에 반발해 전교생이 모두 청소를 할 때 친구들 몇 명과 운동장 한복판에서 농구를 했다. 청소가 끝날 쯤 친구들은 먼저 들어가고 나는 얼어붙은 교실의 앞문을 열고 몽둥이 든 담임선생님 옆을 지나 사물함에 농구공을 넣고 자리에 가서 앉았다. 이를 가만히 지켜보던 담임은 "그래, 김태영 영웅이야!" 한마디 하고는 교실을 나가버렸다. 교련복을 입고 제식훈련과 군사훈련을 받는 교련교육에 대해서는 특히 거부감이 강했다. 교련시간에 신성한 목총을 가지고 장난을 쳤다고 교련복에 피가 엉기도록 엉덩이를 목총으로 두들겨 맞았던 기억은 너무도 선명하다.

어쩌면 그 이전부터 내 내면에는 억압적 질서에 대한 반항 정서가 있었던 것 같다. 중학교 3학년 때의 일이다. 담임은 시험을 보고나면 1등부터 차례로 자리를 배치해 반 1등과 꼴찌를 옆자리에 앉혔는데, 그 같은 질서가 정말 싫었다. 그래서 한번은 월말고사 시험을 치를 때 전 과목 답안을 빠르게 작성 후 옆자리 친구에게 답안지를 모두 건네준 적이 있었다.

학교에서 난리가 났다. 그 친구가 그 달 반에서 2등, 전교 10등을 한 것이다. 전 달 꼴찌에서 말이다. 물론 담임선생님한테 불려가 둘 다 직사게 맞았다.

이처럼 청소년기의 나는 모든 것을 성적으로 평가해 줄을 세우는 학교문화에 큰 반감을 느끼고 있었다. 사회에서 출세 기준을 판검사로 잡는 것에 심한 거부감이 일었다. 판검사 할 생각이 없으니 대학에 갈 필요성이 없었고 거기다 사춘기의 반항기까지 겹쳐, 고교시절의 학업을 용감하게 포기하려 한 것이다. 그 당시 같이 일해 같이 나눠먹고 살자는 사회주의, 공산주의도 나에겐 공감되었다. 이 같은 나를 친구들은 오히려 사상이 이상하다고 했지만 별반 개의치 않고 지냈다.

고등학교 2학년 2학기도 절반이 흐르고 있었다. 어머님과 그런 일이 있은 후 다시 공부를 시작했는데 바로 중간고사가 닥쳐왔다. 내일 모레가 수학시험인데 미분은 아예 모르겠고 '에라, 적분공식부터 외워서 수학문제를 풀자' 했던 기억이 새롭다. 반항심과 분노감으로 홍역을 치르던 시간이 흐르고, 난 대학진학과 관련한 두 가지 방향을 정하게 된다. 지금 생각하면 청소년기의 치기어린 마음 때문이기도 했는데, 서울대와 법대는 안 간다는 다짐을 스스로에게 한 것이다.

이후 경제학과에 들어갔다. 입학 며칠 후 강의 시작 전에 들어온 선배가 스터디 멤버를 모집한다고 해 찾아갔다. 경제사를 공부한다는 경제학과 학회였는데, 스터디를 하나 더 하자는 선배의 권유로 소위 언더서클에도 가입했다. 대학시절 야학도 잠시 한 적이 있지만, 이때 인연을 맺은 언더서클에서 주로 활동했다. 언더서클의 특성상 나는 크게 외부에 드러나지 않았다. 그 영향으로 4학년 1학기까지 조직을 맡을 수 있었다. 2학기가 되어 삼민투 민족자주수호위원회 위원장으로 학내시위를 두 번 주동하고 수배가 되었다. 3년 반의 긴 수배가 이어졌고 그 기간 대부분을 부천지역 공장에 취업해 있었다.

사회에 나와서는 참 여러 가지 직업을 전전했다. 취직도 잠깐 했지만 학교 앞 호프집, 옷가게, 학습지교사, 카센터 세차장, 화장품제조업에 이르기까지……한번은 농사를 짓는다며 유황합제를 사과나무에 뿌리다 망가진 기계로 인해 다리에 화상을 입기도 했다. 약 두 달간 입원했고, 지금도 양쪽 허벅지에 화상 자국이 심하게 남아 있다. 그러다 안정적인 경제생활을 위해 법무사 시험공부를 하게 되었으니 참 민망하고 아이러니했다. 그렇

국회정문 앞에서

게 거부했던 법학이었는데……

법무사자격증을 딴 이후 몇 년간은 법무사업에 충실했다. 그러나 법무사업계의 고질적인 보수성과 기득권에 안주해 있는 대한법무사협회에 반발해 협회의 개혁과 대법원, 국회를 상대로 한 시위에 앞장서게 된다. 참고로, 법무사는 법원 검찰 공무원을 지낸 경력으로 법무사자격증이 주어진 법무사가 약 2/3, 법무사시험을 거쳐 법무사가 된 사람이 약 1/3이다. 법원과 검찰공무원으로 안정적 직업을 영위하다 퇴직해 연금도 받으면서 법무사자격증까지 받은 이들은 대부분 보수적일 수밖에 없다. 상대적으로 법무사업만으로 먹고 살아야 하는 시험출신들은 좀 더 개혁적이다.

시험출신 개혁적 법무사그룹의 중심적 역할을 하게 되면서 한국시험법무사회의 회장이 되었고, 대한법무사협회 전문위원과 상근부협회장도 하게 되었다. 올해 2024년 6월에 대한법무사협회장 선거가 있었다. 법원노조위원장을 지낸 개혁적 법무사가 출마해 그를 도왔고 당선되었다. 당선자의 요청으로 다시 대한법무사협회 상근부협회장을 맡게 되었다.

성균관대학교(이하 성대) 민주동문회 일에도 조금씩 관여하다 (사)성균민주기념사업회 이사장직도 맡게 됐다. 그런데 하필 맡은 시점이 윤석열 정권이 들어서고 치안본부 후신인 경찰국이 부활되던 때였다. 동료들을 팔아먹은 밀정 의혹이 있는 김순호가 초대 경찰국장

이 되자 성대 민주동문들의 분노가 들끓었다. 그런저런 이유로 성대민주동문회와 (사)성균민주기념사업회는 외부에서 바라보는 것보다 훨씬 할 일이 많아졌다.

민주열사추모사업(유동호, 이윤성, 황혜인, 김귀정, 김희상·김충희, 최동, 김수길·전경희, 정상윤 열사 추모제, 성균민주인사열사합동추모제), 민주화운동기념사업(천승세 제3주기 추모문학제, 소리사랑 공연 지원 등)과 성대 민주화운동경력자 자녀들에 대한 장학금 지원 사업 등 기본적으로 할 일만 해도 매달 쉼이 없었다.

밀정 김순호의 파면을 위해서도 행안부 경찰국과 서대문경찰청, 아산 경찰대학 앞까지 장소를 옮겨가며 퇴진요구 시위를 계속했다. 성대 비상시국회의 결성과 활동, 10·29 이태원 참사 진상규명과 특별법 제정 투쟁 그리고 분향소지킴이, 4·19혁명 기념식, 5·18 광주민중항쟁기념식, 8·15 범국민행사, 민주유공자법 제정시위, 채상병 사망진상규명 시위와 촛불집회에 이르기까지……참 바쁜 시간을 보내고 있다.

무엇보다 윤석열 정권이 들어서면서 민주주의가 점점 파괴되고 한반도의 평화가 위협받고 민생마저 파탄 나고 있음을 주목한다. 우리가 젊은 시절 어떻게 일군 나라이고 민주주의인가! 방관자의 위치에 있을 수 없기에 주말이면 주저하지 않고 광장에 나가 시민들과 함께 하고 있다.

아내 최진성(한문교육학과)과 함께

성민동82 강재봉, 김봉환, 김난희와 함께

함께 해주는 82학번 친구들이 고맙고 든든하다. (사)성균민주기념사업회 상임이사를 수락하고 봉사단체인 에코성균 단장을 맡아 앞장을 서 준 친구 강재봉, 그리고 항상 함께 해주는 율풍회 친구들 모두가 고맙기만 하다. 집회에 열정적으로 참석해 주는 최진성, 김난희, 김미, 김봉환도...... 82민주동문 모임을 잘 이끌어주는 회장 병일이 수고는 말할 것도 없다.

친구들 대부분이 젊은 시기, 대학에 들어오면서 사고의 전환을 했지만 나는 고등학교 때의 사유가 인생 전반을 지배했다. 그 시기 정규화된 학교질서를 거부했던 것처럼 지금도 보수적 사회질서의 변혁을 위해 다시 광장에 나가고 있다. 대한법무사협회 상근부협회장을 하면서도 기득권인 지방회장들과 체제에 안주하려는 협회장에 대해 끊임없이 지적하고 싸웠다.

성대민주동문회 활동을 하면서도 마찬가지다. 다들 엄혹한 독재시절, 자유와 진리, 민주주의를 염원하며 앞서 실천해왔다. 그래서 성민동 집행부의 일부나 정치권으로 나아간 사람들에게서 기득권적이고 권위적인 모습이 나타나는 것을 경계한다. 아직 완성 못한 민주화와 국민들의 더 나은 삶, 나아가 조국통일을 위해 불쏘시개 역할을 해야 한다고 생각한다. 성대민주동문회는 친목과 상호부조를 통해 희망찬 새날의 동력을 만드는 마중물로 운동전선을 힘껏 떠받쳐내는 데 일조해야 한다. 그렇게 자리매김할 수 있도록 남은 기간 노력하려 한다.

내가 다시 성민동 선후배, 동료들과 광장에 서는 이유이다.

CHAPTER 02

14

자유, 평등, 행복사회를 꿈꾸며

김현주

국어국문학과

자유, 평등, 행복사회를 꿈꾸며

초여름. 한 통의 전화를 받았다. 전화를 받는 순간……찌르르 왠지 모를 전율이 흘렀다. 한 선배의 부고였다. 나도 모르게 혼잣말이 새어 나왔다. 나의 한 시대가 가는구나. 젊은 날, 그 선배가 걸어온 말이 씨앗이 되어 나는 본격적으로 학생운동의 세계로 접어들었고 '학생운동을 하다 교도소에서 대학생활을 마쳤다.'는 몇 마디가 가끔은 나의 20대를 대변하곤 했다. 20대의 4~5년은 그 후로도 40년 나의 삶에게 끊임없이 말을 걸었다.

한 달 정도 사이를 두고 이송지로부터 안부를 묻는 문자가 날아왔다. 보고 싶다…..는 그의 말이 너무 고마웠다. 그러더니 다시 한 달 후, 이송지가 오수진의 글을 보내왔다. 글을 읽어 내려가며 잊고 지냈던 이름들이 한꺼번에 소환되었다. 지금은 동지라는 말이 낯 뜨거운데 그때는 다른 말로 대신할 수 없는 호칭이 '동지'였다. 동고동락하던 총학생회 팀(줄여서 총학 팀이라고 불렀다)이었건만 동지들의 미처 몰랐던 이야기가 많았다. 오수진의 이야기에 내 기억을 보태면 1985년 총학생회의 면면이 조금 더 풍부하게 재구성되지 않을까 하는 마음으로 글 쓸 용기를 내본다.

나의 아버지, 어머니는 일찍이 농민운동을 하셨던 분들이다. 서울에서 대학을 나오신 아버지는 고향으로 내려오셔서 야학을 여셨다. 동네 청년들이 우리 집 사랑방에 모여 한글, 한문, 영어 등을 배웠다.

아버지는 우리 삼남매에게 배움은 학교에서 이루어지는 게 다가 아니라는 말씀을 자주 했다. 교육열이 대단하던 당시 부모님들과는 달랐다. 그러다보니 공부하라는 잔소리 한 번 들어 본 적이 없었다. 오히려 공부하고 싶다고 내가 졸랐다. 1982년 부모님은 한 번 실패했던 협업농장을 재구성해 농업공동체를 만들고자 준비단계에 들어갔다. 그 틈을 비집고 나는 대학에 가겠다며 사나흘 밥도 안 먹고 머리를 싸맨 채 누우니까 겨우 허락하셨다.

대학생활의 시작은 꿈꾸던 그대로였다. 국문과는 참 흥미로운 학과였다. 매일 무슨 이유를 붙여서라도 동기간, 선후배간 술자리가 있었다. 술자리는 강의실만큼이나 배울 것이 많았다. 설익은 지적 밑천을 탈탈 털어 토론을 즐겼고 민중의 정서가 담긴 언어라며 음담패설을 찰지게 연마했다. 그리고 빼놓을 수 없는 분위기, 시대의 아픔을 외면하면 안 된다며 심각한 모습을 한 선배들이 술자리 한구석에 꼭 있었다. 나는 학과 공부도 열심히 하는 편이어서 강의실 앞자리에 앉지 않으면 성에 안 찼다. 그렇다고 꽉 막힌 건 아니었는지 수업에 안 들어오는 친구들에게 노트 빌려주는 인심은 팍팍 썼다. 성적을 챙기는 학생의 당연

1982년 입학 때 문과대 건물 앞에서

한 미덕이 나중에 나의 발목을 잡게 될 줄은 꿈에도 몰랐다.

국문과에는 몇 개의 학회가 있었다. 구비문학반, 문학연구반, 어학연구반, 쌍수문학반 등 순수하게 국문학에 관련된 공부를 하는 스터디그룹이었지만 운동권으로 이어지는 통로 역할도 했다. 나는 지적 호기심을 품고 학회들을 분주히 오가며 1983년 가을을 맞이했다.

본격적으로 학생운동에 몸을 담은 건 아니었지만 그 언저리에서 서성이다 제대로 걸려든 사건이 일어났다. 학회에서 함께 공부하던 한 선배가 조용히 부르더니 국문과 학회장 선거에 출마하면 어떻겠냐고 물어왔다. 무슨 말씀을 ......내가 무슨 깜냥이 되겠냐고 웃어넘겼는데 한 번, 두 번, 세 번 집요하게 설득하니까 어느 순간부터 학내 민주화가 나한테 걸려 있다는 착각 아닌 착각을 하게 되었다.

당시 운동권은 학회장, 단과대 학생회장, 총학생회장 등 합법적인 학생활동 공간으로 진출하자는 전략을 세웠던 모양인데 나에게 그 역할이 주어진 것이다. 학교 측도 이 사실을 어느 정도 간파하고 있었다. 학생회조직에 출마하려면 3.0 이상 점수가 되어야 자격을 인정하겠다며 학점 규정을 강화했다. 그런데 운동권 학생들은 강의실에 나타나지 않는 경우가 대부분이어서 성적이 형편없었다. 그래서 결국 나였던 거다. 조직의 힘은 일사불란했고 나는 학회장이 되었다. 1984년, 그 해 내내 나는 강의실 맨 앞자리에서 강의 듣던 학생에서 수업 거부를 주도하는 학생으로 바뀌었다.

국문과 조직의 힘이 탄탄해서인지 수업 거부를 비롯한 각종 결의를 하는 국문과 총회는 매번 성공적이었다. 그 덕분이었을까. 3학년 2학기가 되었는데 이번엔 더 큰 제안을 들고 또 선배가 나타났다. 총학 팀에서 일해 보면 좋겠다는 거였다. 이번에는 심각하게 거절했다. 학회장과는 차원이 다르다는 걸 직감으로 알았다. 총학 팀에 엮이는 순간부터 구속을 염두에 둘 수밖에 없었다. 그 이후 인생 좌표가 확실히 찍히지 않을까 싶어 망설임과 두려움이 엄습했다. 그런데 숙고의 시간이 길어질수록 결연함이 마음속에 자리 잡았다.

1984년 겨울부터 시작해 1985년에 걸쳐 있던 나의 경험은 너무 강력한 나머지 기억에서 봉인하듯 지워버린 부분이 적지 않은 것 같다. 그래도 꺼내 보겠다. 총학 팀의 멤버는 각 단과 대학별로 한 사람씩 선별되어 올라온 것 같았다. 나를 뺀 그들은 하나같이 유능해 보였다. 우리는 만나자마자 오수진을 총학생회장으로 만들기 위해 합숙 훈련에 들어갔다. 선거공약부터 대중 앞에서 연설할 때 얼마나 효과적으로 어필할 것인가, 이미지 콘셉트까지 일일이 검토하고 아이디어를 냈다. 처음 보는 사람들이 대부분이었지만 밤낮없이 함께 지내다 보니 급속도로 가까워졌다. 무사히 오수진은 총학생회장이 되었고 총학 팀은 무슨 무슨 부장이라는 이름을 하나씩 갖게 되었다. 나는 주로 학생회비를 관리하는 총무부장이 되었다. 1985년 새 학기가 시작되었다. 학내 외 집회가 참 많은 해였다. 총학생회가 정식으로 인정받는 조직이 되자 거의 대부분의 집회, 학내뿐만 아니라 시가지에서 있었던 집회, 대학 간의 연대집회는 총학생회에서 기획한 것으로 공식화했다. 총학생회장은 어느 새 볼 수 없는 사람이 되었고 총학의 집행부에도 수배령이 떨어졌다. 어떻게든 등교를 해야 할 때는 주로 경영대 쪽 뒷담을 넘어 들어갔고 한 번 등교하면 총학생회실에서 나오지 않았다. 어느 곳보다 안전한 곳이 학교였다. 그러다 한 번씩 한밤중에 경찰이 총학생회실을 급습해 집행부원들을 잡아갔다. 어디도 안전하지 않았다. 여름방학이 될 때까지 나 빼고 총학생회의 모든 사람이 구속 상태가 되고 말았다.

천애고아가 된 기분이었다. 그 넓은 서울이건만 마음 편히 발 뻗고 잘 곳이 없었다. 고향집, 친척, 친구, 하다못해 고등학교 은사님의 집까지 각종 정보기관에서 나를 잡겠다고 혈안이 되어 찾아다녔다. 아마도 오수진이 전학련 의장을 맡고 학교 간 총학생회의 연대활동이 활발해지니까 이 잡듯 하는 것 같았다. 그래도 위험을 무릅쓰고 내가 잘 곳을 선뜻 내주는 사람들이 있었다. 참 고마운 사람들이었는데 기억이 잘 안 난다. 아니 그 당시 기억을 그냥 지운 것 같다. 모든 시위의 기획이 총학생회를 정점으로 이루어지는 것처럼 설계되었기에 나는 누굴 만나도 그 인물, 그 장소, 그 시간에 최면을 걸었다. 난 모른다, 난 모른다, 난 모른다……

2학기가 되니 겨우 총학생회의 명맥을 지키며 혼자였던 나에게 새로운 동지들이 나타났다. 1년 내내 총무부장을 했던 나는 기억 못해도 아마 새로 영입된 집행부원 둘을 아는 이들

은 많을 것 같다. 실명을 이야기해도 될 만한 사람들이다. 김난희와 최혜자. 여전히 잘 곳을 찾아 떠도는 도망자 신세였지만 셋이 같이 있거나 따로 흩어져 있어도 그들의 존재만으로도 든든했다. 83학번에게 총학생회를 물려주는 일까지 마치고 나는 여의도 전경련 사옥에서 몇 개 대학이 모여 점거 시위를 한 후 검거되어 1년 형을 살았다.

1987년 봄, 공주교도소에서 출소 후 집으로 돌아왔다. 집이 많이 바뀌어 있었다. 1984년 누대로 살던 고향집을 떠나 아버지, 어머니는 다른 동지들과 함께 지금의 산안마을[1]을 시작했다. 출소한 나에게 아버지는 무소유 일체 생활을 지향하는 산안마을 생활을 권했다. 마르크시즘과 전혀 다른 세계관이었지만 자유와 평등, 행복사회를 꿈꾸는 점은 다르지 않을 거라는 마음으로 지금까지 살고 있다.

---

1) 산안마을의 다른 이름은 야마기시즘 실현지이고, 산안마을은 야마기시즘 양계법을 실현하는 공간이다. 야마기시즘 실현지(이하 실현지)는 야마기시즘 이념을 실생활 전반에 걸쳐 나타내어 가려고 하는 곳이다. 야마기시즘은 1950년대 일본에서 고 '야마기시 미요조' 씨가 제창하고 이제까지 많은 사람들이 동조(同調)하고 공명(共鳴)한 것으로 무소유·공용·일체의 실천을 통해 전인 행복의 '진실사회'를 실현할 수 있다고 한다. 실현지 생활은 이 이념에 기반을 두어 짜인 생활양식의 하나이다. 현재 일본, 스위스, 브라질, 태국, 호주에 약 20개소의 크고 작은 실현지가 있으며 1984년 화성시 구문천리에 한국 최초의 야마기시즘 실현지가 탄생했다. 야마기시(山岸)의 한국어 표현인 산안마을로 더 많이 불린다. 실현지 구성원과 체험자들을 포함한 20여 명이 모여 진정한 행복과 사이좋음, 무소유에 대해 연찬하고 실천해 가고 있다.

CHAPTER 02

15

안심 복약지도 가는 날

도세영

약학과

안심 복약지도 가는 날

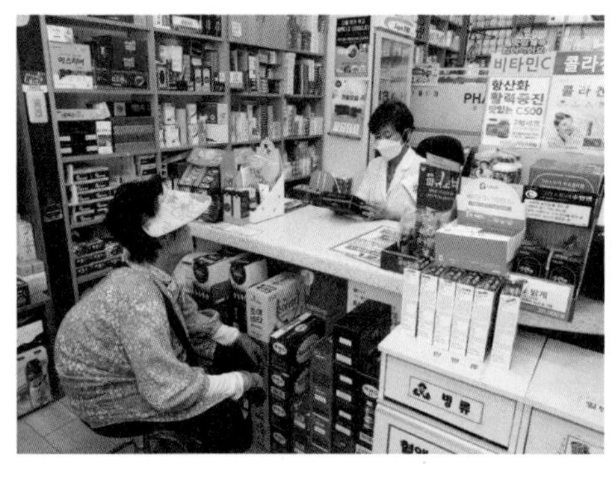

일상이 바쁘기만 한 나는 약사회에서 하는 행사에 시간이 없다는 이유로 늘 불참해 왔다. 어느 날 지역 약사회에서 소외계층을 찾아가는 복약지도 사업을 시작한다는 소식을 듣고 덜컥 참가신청을 했다. 말은 이렇게 하지만 사실 내 마음 한편에 자리 잡고 있는 '환자를 돕고, 좀 더 건강한 세상을 만든다'는 약사로서의 소명이 부지불식간에 작동했던 것 같다.

사람은 누구나 멋지고 행복한 삶을 희망한다. 그런데 건강이 뒷받침되지 않는다면 모두 소용없는 일이 아닌가! 여기에 나 같은 약사가 기여할 수 있는 것은 소중한 생명을 건강하게 유지하도록 돕는 일이라 할 수 있다.

그런데 나이가 들면서 속세와 더 타협하게 된다. 의약분업 후엔 약사로서의 소명에 대한 원초적 문제의식까지 많이 희석되어 있었다. 그러던 중 어려운 환자에게 진밀하게 다가가 그들을 돕고 좀 더 건강한 사회를 만드는 일에 보탬이 되는 일을 알게 되었다. 그것이 바로 '안심 복약지도'다.

안심 복약지도란 소외계층 돌봄 사업의 일환으로 돌봄대상환자 가정을 방문해 환자의 상태를 확인하고 복약지도, 약품관리 등을 통해 건강을 지원하는 사업이다. 또한 전화로 대상환자나 보호자, 요양서비스 제공자가 의약품 사용과정과 정보 등을 문의하면 조언을 해 주거나 환자 복약 순응도, 이상사례 등을 평가해 임상적 지원을 한다. 이를 위해 약사는 먼저

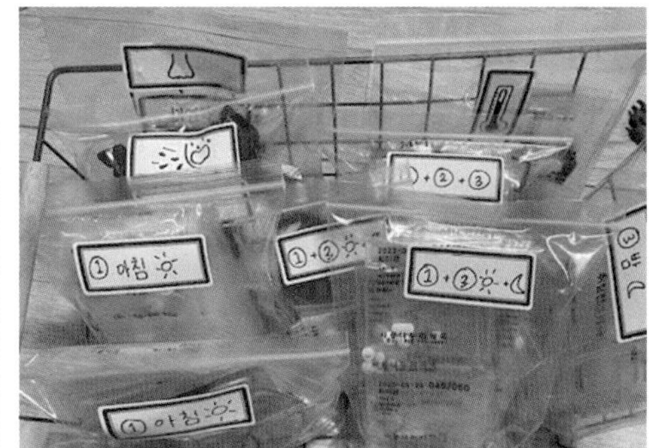

방문 복약지도에 대한 사전교육을 받는다. 2명이 한 팀이 되어 구청에서 의뢰한 환자의 집에 직접 방문 후 일대일 복약지도를 한다.

나의 첫 파트너는 인천에 있는 약학대학 학생이었다. 우리 둘 다 처음 하는 일이어서 살짝 긴장된 마음으로 첫 방문지의 초인종을 눌렀다. 첫 번째 의뢰인은 자녀와 둘이 살고 있는 엄마였다. 집에 들어서면서부터 예상치 못한 상황이 펼쳐졌다. 이 집에는 강아지가 있었는데 강아지가 바닥에 토해놓은 것도 모르고 있다가 우리를 맞으러 나올 때 발견하게 되었다. 우리의 첫 만남은 강아지 토사물 뒤처리로 시작되었다. 처음 보는 이야기 상대가 생긴 그 가정의 아이는 우리에게 끊임없이 말을 걸며 자기 얘기를 들려줬다. 일을 시작할 수 없을 정도로.

강아지와 아이를 정리하고 겨우 시작된 복약지도!

우선 의뢰인이 복용하던 약을 모아놓고 분류를 시작했다. 만성질환에 복용하는 약, 수면장애에 먹는 약, 여기저기 아플 때 먹는 약, 기관지가 약해서 계속 먹어야 하는 약 등 약통이 한가득이었다. 먼저 이 약들 중에서 항시 복용하는 약을 중심으로 오래됐거나 복용 중단한 약을 정리했다. 한 번에 같이 먹을 수 있는 약, 따로 복용해야 할 약, 이것저것을 되도록 간단하게 그리고 복용 횟수도 최대한 적게, 환자와 의논하며 정리해 주었다.

잠을 잘 못자는 의뢰인은 처방된 약이 잘 안 듣는다며 2회분의 약을 한 번에 복용하거나, 깨어 있어야 할 때 약에 취해 있기도 했단다. 그러다보니 학교에서 돌아온 아이도 돌보지 못하고 있었다. 우선 수면제 복용량과 횟수를 처방대로 지킬 수 있게 강조하고 반복하고 확인했다. 다음으로는 상시 복용할 약을 따로 담아서 알아보기 쉽게 그림으로 표시하고 1차 방문을 마무리했다. 한 차례의 경험만으로도 이런 사업이 왜 중요하고 필요한지 파트너와 크게 공감대를 형성할 수 있었다.

한 달 후 2차 복약지도는 전화 상담으로 진행했다. 전화기 너머 의뢰인의 목소리는 한층 활기차게 들렸다. 수면제 복용을 바르게 하고 있는 것도 반가운 소식이었다. 확실히 환자의 건강 수준을 향상시키고 안전한 의약품 사용을 유도하는 효과가 있음을 느낄 수 있었다. 일회적 행사가 아닌 지속적인 복약지도 사업을 진행해 나간다면 환자들로 하여금 중복투약을 줄이고, 약 관련 지식도 높여 건강관리 수준을 높이는 효과가 있을 것이란 믿음이 생겼다. 더불어 중복처방으로 인한 폐의약품까지 줄임으로써 환경개선의 효과까지 얻을 수 있으니 안심 복약지도는 좋은 제도임이 확실했다.

앞으론 이 제도가 활성화되는 데 좀 더 시간을 할애하려 한다. '안심 복약지도'는 약사의 본원적이고 1차적인 역할이다. 그런데 환자의 질병은 개인마다 다르며 획일화할 수 없는 특징이 있다. 저마다의 독특한 삶, 문화적 배경, 심리적 상태 등이 환자의 질병에 영향을 미친다는 점에서 본질적인 질병 원인을 찾기 위해서는 환자와 깊은 대화가 필요하다.

이런 이유로 이번 기회에 환자에게 한 발 더 가까이 다가가려 한다. 의사소통의 범위를 넓혀 환자의 생활습관, 심리적 상태, 사회적 요인을 포함하는 더욱 전향적인 접근을 해 보고 싶다. 성의 있는 상담을 통해 환자와 신뢰를 좀 더 쌓게 되면 풍부한 정보와 상담능력을 발휘해 환자는 물론 지역사회 구성원들의 삶의 질을 높이는 데도 긍정적인 기여를 할 수 있을 것 같다.

이제 60의 중년이 되었다.
바쁜 일상에 매이다 보니 지나온 시간을 충분히 성찰할 시간도 없이 살았던 것 같다. 그래서 더, 약사로서의 소명을 일깨우고, 살아 온 길을 되돌아볼 수 있도록 환경을 마련해준 동기들에게 감사한다. 특히 어렵거나 힘들 때 늘 곁에서 고통을 함께 나누고 때론 삶의 의미를 자극해 주고 심신을 단단하게 할 수 있도록 즐거운 동행을 이어가는 율풍회 친구들에게 고마움을 전한다.

CHAPTER 02

16

수원교도소 수감시절의 단상(斷想)

라홍균

수학과

수원교도소 수감시절의 단상(斷想)

1980년대, 우리 82학번들은 학생운동을 싸움으로 정리해야 한다는 것을 하나의 불문율처럼 생각했다. 학생운동, 시위주동, 노동현장취업 이렇게 운동코스를 밟는 것을 너무도 당연하게 여기던 때였다. 85년, 4학년이 되자 우리는 너도나도 시위주동을 나갈 거라며 순번까지 정해놓고 기다리고 있었다. 오죽했으면 굴비팀이라고 했을까!

마침내 85년 9월 26일, 동기인 이성희(낙농학과)와 함께 교내시위 주동으로 나섰다. 이성희는 현장에서 잡혔지만 나는 도망쳤다. 그 후에도 세 번 정도 시위 주동을 했는데 사복경찰들은 나를 잡아가지 못했다. 그러다 명륜 캠퍼스 임덕빈(유학) 등과 안양 가두투쟁을 함께 주동하게 되었는데, 뜨자마자 5분도 채 안 되어서 사복경찰에게 진압을 당하고 말았다. 시위 대오는 뿔뿔이 흩어지고 나는 또 도망가는 처지가 되었다. 구속되어야 할 때 구속되지 못함이 부끄러웠다. 계속되는 긴장감으로 피로는 쌓여만 갔다. 형벌처럼 느껴졌다. 이중 삼중고를 치러야 했음이 어쩌면 당연지사.

그렇게 몇 차례 시위주동으로 더 나서다 85년 11월 중순경, 이틀 연속 학생회관 철야농성을 주도하게 된다. 이틀째 되던 날 오전, 경찰 등 사정기관의 대대적인 진압이 있었다. 학우들이 잡히고 흩어지는 혼란스러움 속에서 나는 더 이상 피하지 않고 내 발로 전투경찰들이 있는 곳으로 걸어들어갔다. 그 길로 구속되어 1년 실형을 받았다. 훌륭한 판사님이 보름이나 구속 일수를 깎아주어 이듬해인 86년 11월 24일 만기 출소했다.

1년여 구속기간 중 8개월을 수원교도소에서 지냈다. 그때는 교도소 내의 싸움도 운동의 연장이라 생각했다. 단식(굶는 것)은 그런 싸움 중 일상적이고 상식적인 것이라고 인식하던 시절이었기에 자주 단식을 했다. 그래서 더 지겹고 힘든 시간을 보냈던 것 같다. 수감생

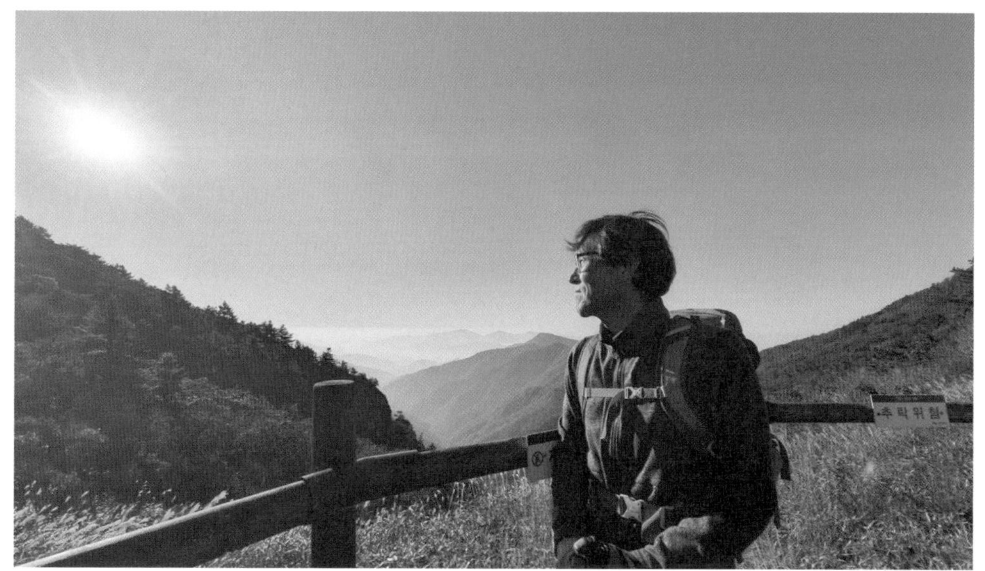

지리산 성삼재 ~ 반야봉 가던 길에서(2023.10.28)

활 8개월 중 1개월을 단식을 하며 싸웠으니......에너지 충만한 젊은 날 배고픔을 참는 것이 오죽했으랴.

서두가 너무 길어진 것 같다.

사실 내가 이 글을 쓰려고 마음먹은 이유는 교도소 생활을 하며 겪은 어느 하루의 기억을 소환하고 싶었기 때문이다.

수원교도소 수감생활은 지금도 너무 선명하다. 그럴만한 이유가 있다. 86년, 어느 날인지는 잘 모르겠고......단식 7일째로 제법 긴 단식을 하던 하루였다. 한참 지난 일이라 왜 싸웠는지 기억은 없다. 교도관이 나를 불러 이상한 곳으로 끌고 갔다. 폭이 1.5미터쯤 되는 굴속을 약 200m 정도 꾸불꾸불 돌아 들어갔다. 따라가는 내내 온몸이 으스스했다. 그러고 나서 도착한 곳은 너무 황당했고 게다가 위협적이었다. 높이 2미터, 폭 4미터 정도 되는 정사각형 공간에 탁자만 하나 덩그러니 있고 벽에는 쇠사슬 같은 것이 걸려 있었다. 얼굴이 좀 험상궂은 교도관 한 명이 나를 괜스레 노려보며 앉아 있었다. 마치 일제 강점기 고문실에 온 것만 같았다.

2019년 순천만습지에서. 왼쪽부터 백서현(약학), 강우식(물리), 나, 아내 도세영(약학), 장진희(조경)

'까딱하다가는 여기서 뼈도 못 추리고 어떻게 되는 거 아냐?'

등골이 오싹했다. 그런 상황에서 생뚱맞게, 교도관은 "너 죽 먹고 나갈래. 아님 내가 억지로 먹여줄까?" 하는 것이었다. 그제야 탁자 위에 놓여있는 죽이 제대로 눈에 들어왔다. 머리 회전이 빨라지기 시작했다. '만약 당장 저 죽을 먹지 않는다면 나는 여기서 찍소리도 못하고 몸과 마음이 탈탈 털릴 것이다.'

엄청난 공포가 엄습했다. 결국 장소가 주는 공포는 나를 비겁하게 만들었다. 탁자 위의 죽을 숟가락으로 떠먹고 나올 수밖에 없었다. 쩝...... 수원교도소 지하에 그런 곳이 있다는 것을 그때 알았다. 당시 지하 동굴(벙커) 같은 곳으로 느릿느릿 이끌려가며 극도의 공포심을 느꼈다. 두려움에 질렸던 나는 그 일로 또 한 번 비겁한 사람이 되고 말았다.

40년 가까운 시간이 흘렀다. 강산도 네 번이나 바뀌었건만 나는 그때 일들을 이렇게 잊지 못하고 있으니...... 참 나 원!

CHAPTER 02

상상하지 못한 나

류지호

동양철학과

상상하지 못한 나

2023년 9월 어느 날 이야기다.

대학 동기 10여 명과 울릉도 성인봉 정상에 올랐다. 그곳에서 바라본 사방은 산과 맞닿은 푸른 바다로 쫙 펼쳐져 있었다. 불어오는 대양의 바람이 시원했다. 친구들이 준비한 플래카드를 꺼내 기념사진을 찍었다. 성인봉을 끝으로 목표한 230개 산 등정에 드디어 마침표를 찍었다. 일행보다 속도가 늦어 나는 마지막으로 하산했다.

뒤풀이 장소에는 먼저 하산한 산행조는 물론 독도 탐방조와 울릉도 관광조도 함께 있었다. 도착하자 서른 명 가까이 되는 동기들에게 열렬한 환영을 받았다.

가슴 벅찼다. 고마웠다.

언제부턴가 등산을 포기하고 살았다. 35년 전 일이던가? 지리산 산행을 중도에 하차하게 되면서 그랬던 것 같다. 뱀사골 골짜기에서 시작해 토끼봉에 다다랐을 때 수많은 잠자리에 놀라고 흥이 났던 기억이 있다. 더운 여름 날, 땀을 뻘뻘 흘리며 계속 걷다 결국 의족 낀 다리에 상처가 나 버렸다. 걸을수록 상처가 깊이 파이는 바람에 어두운 벽소령 임도길을 따라 내려와야만 했다. 나 때문에 일행 모두 산행을 포기할 수밖에 없었다. 그 후로 산에 간 기억이 거의 없다. 아마도 마음 속 깊이 '아, 나는 안 되겠구나' 했던 것 같다.

그러다 다시 산을 찾게 된 것은 동기들 등산모임 덕분이었다. 산 대장 홍성필을 비롯한 심재구, 윤미향, 이진, 이성수 등 동기들의 끈질긴 이끌어줌이 나에게 동기를 불어넣어줬다. 졸업한 지 30년이 넘어 가볍게 시작한 트레킹 모임이었다. 몇 년에 걸쳐 서울 둘레길을 산책하다 보니 점차 걷는 게 익숙해졌다. 내가 먹을 물도 친구들에게 신세지는 상황이라 배낭을 메고 걷게 되었다. 한 달에 한 번씩 함께 걷기도 하고, 매주 혼자서 걷기도 하면서 서울 둘레길을 완주했다. 그러고 나서 주말마다 북한산을 조금씩 오르기 시작했다.

2019년 이른 봄이었던가? 동기 10여 명과 제주도 한라산 둘레길 일부를 2박 3일 동안 걸었다. 쭉 뻗은 삼나무와 지천에 깔린 동백꽃, 꽤 긴 너덜길은 힘들었지만 즐거웠다. 그때 함께 간 김기나가 "우리 지리산 천왕봉 한 번 가자"고 제안했다. 모두 동의했고 다음 해

왼쪽부터 심재구, 윤미향, 강재봉, 이진, 한근수, 주형길

지리산 천왕봉_2024. 5. 25.

에 꼭 가자고 결의했다.

그러나 코로나 탓에 그 결의를 실행하지 못했다. 몇 년이 지난 2024년 5월, 동기들은 기어이 지리산 천왕봉을 등정했다. 우리는 한다면 하는 성대 82다. 하하하!

코로나가 오기 전 한라산 둘레길을 걸었던 그 해 여름, 운 좋게도 나에게는 기회가 빨리 왔다. 불교계에서 친분 있는 형과 월악산 자락에서 산책 겸 트레킹을 하다가 지리산 얘기가 나왔다. 내가 걷는 것을 보더니 3박 4일이면 지리산 종주가 가능할 것 같다고 했다. 10월 9일, 본격적인 등산 전날은 구례에서 하룻밤을 편하게 잤다. 이튿날 새벽, 일찌감치 차를 타고 성삼재로 갔다. 거기서 종주를 시작했다. 연하천, 세석, 법계사에서 각각 1박씩 하고 중산리로 내려왔다. 꿈같은 4일이었다. 몸은 천근만근이었지만 내내 날씨가 참으로 좋았다. 해발 1,000미터가 넘는 지리산 종주길에서 만난 나무와 숲, 하늘과 바람, 바위와 흙, 구름과 햇빛은 그야말로 신세계였다. 앞뒤에서 케어해 준 선배와 후배, 숙소를 예약해 준 후배 그이들 덕에 초보 중의 초보인 내가 지리산을 종주한 것이다. 지리산! 내가 포기했던 그 산! 민족의 영산, 지리산을!

이때부터 등산의 매력에 빠지기 시작했다. 연말 연초를 틈타 소백산 태백산 겨울 산행, 가야산 봄 산행, 월악산 속리산 여름 산행, 설악산 주왕산 가을 산행 등등. 이쯤 되니 주변에 등산을 갈 만한 사람들을 주도적으로 모으기 시작했다. 한 달에 2, 3회 정도 함께 다녔

다. 어느 날 딸아이가 찾아왔다. 아빠가 등산을 한다는 소식에 놀랐다고 했다. 아이는 전지 크기의 아이 엠 맵퍼를 선물로 가져왔다. 전국 유명산을 지도로 표시한 것이었다. '내가 갔던 산이 어디어디였더라?' 하면서 지도를 긁어봤다. 일종의 도장 깨기였다. 냉장고에 붙여 놓고 들여다보다가 어느 날 '여기 다 올라 볼까?' 하는 생각이 들었다. '올라야겠다'라고 마음을 정했다. 이때부터 과제가 생긴 것이다. 먼저 명산을 찾아봤다. 산림청, 블랙야크, 월간 산, 아름다운 산하 등 4개 기관에서 100대 명산을 선정한 리스트가 있었다. 인문학 공부도 함께 하고자 동국대 김장호 교수가 쓴 『한국 100 명산기』도 구입했다. 너무 두꺼워 다 읽지는 못했지만 거기에 나오는 리스트를 뽑았다. 4대 기관, 개인의 100대 명산, 아이 엠 맵퍼 지도에 나온 산 모두를 더하고 중복된 것을 제하니 총 228개로 추려졌다. 별도로 목포 유달산 등을 추가해 230개의 목표를 세웠다.

그렇게 해서 안 가본 산을 매주 오르기 시작했다. 산들이 전국에 걸쳐 있어 그리 간단치 않았다. 산에 오르는 시간보다 산을 찾아가는 시간이 더 걸릴 때도 많았다. 국립공원 중심의 유명한 산은 초반에 많이 돌아서 나중에는 사람들이 그리 찾지 않는 산만 리스트에 남았다. 알려지지 않은 산을 오르기 위해 멀리까지 가려는 사람을 찾기도 쉽지 않았다. 그래서 혼자 가는 경우가 많았다. 이왕 그렇게 갔으니 인근 산도 들르는 게 효율적이었다. 아쉽게도 나는 하루에 걸을 수 있는 거리가 한정되었다. 숙박을 해야 했다. 1박 때론 2박을 하면서 지방에 간 김에 주변 산을 함께 탔다.

작년 여름에는 안사람과 함께 4박을 하며 인근 산 5개를 오른 적이 있다. 휴가를 그렇게 보냈다. 강진, 창원 등은 병일 부부, 영신 부부, 성필 등과 함께 하기도 했다. 내 리스트를 완수하느라 2박 3일을 몇 차례나 함께 해준 것이다. 함께 탄 주작산, 덕룡산, 두륜산, 제암산 등이 생각난다. 설악산은 몇 번을 가고도 대청봉은 못 올라갔었다. 한창 산을 다닐 때가 코로나 시기였다. 산에서 숙박이 안 되다 보니 당일치기로 타는 건 내 체력으로 쉽지 않아 변죽만 울린 셈이다.

덕룡산에서. 2022. 4. 2

큰 산은 혼자 가기가 저어되었다. 어느 날 성필에게 부탁해 전날 산 밑에서 자고 새벽같이 오색을 출발했다. 5시간이 채 안 걸려 대청봉에 도착했다. 웅장한 설악을 만끽할 수 있었다. 클래스가 다른 바위와 운해......중청대피소에서 점심을 먹고 한계령 쪽으로 하산했다. 끝청까지는 좋았다. 그런데 그 이후부터 어쩜 그렇게 업 다운 심한 구간이 많은지, 너덜길은 또 어떻고. 해가 져 컴컴해지고 나서야 하산을 마쳤다. 가장 고된 산행이었다. 물론 지리산 반야봉을 성삼재에서 출발해 뱀사골로 내려올 때도 힘들었던 기억이 있다.

많은 사람의 도움과 배려 그리고 격려에 힘입어 대략 4년 동안 230개의 산을 오를 수 있었다. 전 세계가 펜데믹으로 암울했던 시기에 나는 산과 가까워지는 좋은 기회를 누릴 수 있었다. 인생은 계획대로 되는 것만은 아닌 것 같다.

대청봉-끝청-한계령 하산길

"너하고 대청봉을 함께 올 수 있을지는 몰랐다."

성필이가 한 말이다. 내가 이렇게 산을 다닐 거라고는 생각해 본 적이 없다는 안사람 말처럼 나 역시 그렇다. 예상치 못한 삶을 사는 것도 인생인 것 같다. 나이가 들수록 아내와 친구의 소중함이 크게 다가온다.

CHAPTER 02

18

여백을 채우는 시

문규열

법학과

고향의 향기

실개천 타고 온 댓잎 몇 장
푸른 죽향 고스란히 간직하고 있다

강가에 도착한 그 냄새
지워지지 않는 고향의 향기 맡으며
비몽사몽에 취한다
그윽하고 곧은 죽순 향기까지 맡으며
마음은 고향과 타향을 오간다

내 고향은 대나무의 고장
유년의 세상에는 온통 대나무뿐이었다
대나무 세상에서 배운 것은
곧고 바르게 자라거라
이 한마디가 전부였다

실개천 타고 온 댓잎 몇 장에
고향 쪽으로 그리움 가득 실어 보낸다
곧고 바르게 살아가고 있다는
나의 근황을 얹어 보낸다
내 고향은 대나무의 고장
대나무처럼 살아가는 법을 나는 알고 있다

벼가 전하는 말

들판에도 언덕에도
벼들이 고개를 숙이기 시작합니다
나무처럼 고요하게 서서
빳빳하던 모가지를 수그립니다
저들만의 삶을 마무리하는 중입니다

부드러운 몸짓으로
사부작사부작 귓속으로 스며드는 소리를 듣습니다
한 알 한 줌의 씨앗들이
논을 메우고 들판을 메워
나락의 세계를 이루어 놓았습니다
낱알마다 들어찬 햇살과 땅의 정기
농축된 자연의 원리와 법칙들
그들이 일러주는 말을 듣습니다

논두렁을 걸으며 나는 누구인가
나는 무엇인가를 생각해봅니다
그러다 고개를 숙입니다
빳빳하게 치켜들고 다니던 목을 끄덕거리며
벼들의 말을 가슴에 새겨둡니다

순두부

간수 먹은 순두부가 끓는다
보글보글 끓는다
순두부는 끓는데
지금까지 부글거리던 내 마음은
착 가라앉는다

삶의 파도에 흔들리던 나의 열기와
순두부의 뜨거움이 같을 수는 없겠지만
가늘고 연한 두부의 외피가
나를 감싸주는
보호막처럼 느껴지는 이유를 알 수가 없다

부드러워 보이지만 힘이 넘치게 끓는 것을 보며
나는 조금 감동한다
순수함과 강인함이 함께 끓는 가마솥을 보며
쓸쓸한 밤을 지새우고
맞이하는 아침에 동참한다
순두부의 맛에는 익숙하지 않지만
그 뜨거운 속이 나를 뜨끈하게 데워줘서 좋다

뜨거운 순두부를 자주 먹으며
나의 생을 뜨겁게 살기로 한다
물컹한 겉모양과 뜨거운 속을 떠먹으며
네모반듯한 두부의 철학을 배워가는 것이다

한강이여 영원하라

물결은 시간의 흐름과 같다
그 끝없는 흐름은 매 순간 신생을 낳기도 한다
물의 흐름은 인생길과 같아서
흩어진 기억들이 모여들기도 하고
모인 기억들은 다시 하나가 되어
강의 이름으로 바다에 이르기도 한다
물결 위에 어리는 빛깔은 시간의 숨결이며
끝없는 이야기들을 함구하고 있다
우리의 생은 카멜레온 같은지도 모른다
투명한 마음 저변에는 물 같은 흐름이
진실의 향기를 피워올리고
긴 여정을 인내하며 강물의 정신을 답습한다
붉은 태양처럼 영원불멸의 세계를 지향한다
끝없이 굴러가는 시간의 수레바퀴를 따라가는
너, 한강이여!
유구하게 흘러가라 아름답게 흘러가라
생명 순환의 사명을 다할 때까지 흘러가라
하늘의 빛깔이 내려앉는 한강변에서
오늘은 강의 추억들을 반추한다
더러는 잊히고 더러는 저장되어 있는
내 가슴 속의 평온한 강물 소리를 듣는다
끝없이 흘러가는 서울의 물소리를 듣는다
한강이여! 영원하여라

CHAPTER 02

19

아직도 20대 언저리에 있나

박승렬

사학과

아직도 20대 언저리에 있나

여러 벗들께 인사드립니다. 지면으로나마 만나게 되어 너무 반갑습니다. 모두 평안하시기를 기원합니다.

저를 소개하는 것이 참 어색합니다. 어색함을 무릅쓰고 글을 적습니다. 이는 김병일 회장의 끈질김 때문입니다. 회장님의 강권을 더 이상 외면할 수 없었습니다. 그리고 여러 벗들이 올려주는 글들을 보면서 참여하고픈 마음이 생겨났습니다. 다른 벗들의 삶의 여정을 보면서 삶의 영역은 달라졌어도 동지(同志)이고 친구였음을 확인하니 편안해졌습니다. 오랫동안 소식을 알지 못했던 벗들에게 나의 삶을 소개하는 것도 기쁜 일이라고 생각하게 되었습니다.

저는 사학과를 졸업했지만 지금은 은평구에서 목회를 하고 있습니다. 한신대학 신학대학원에서 목사 수업을 받고, '한국기독교장로회'(약칭 기장)의 목사가 된 것입니다. 처음부터 교회 목회에만 관심을 가진 것은 아니기에 사회 문제에 참여하는 목사가 되겠다고 지원서에 적었습니다. 면접 때에 교수님께서 "데모하려고 목사되겠다"는 것이냐고 되물어서 그렇다고 대답했습니다. 그리고 그렇게 살았습니다.

현재 제가 참여하고 있는 일들을 몇 가지 소개하겠습니다.

첫째는 기독교 인권 운동의 대표 단체인 NCCK 인권센터 이사장으로 활동하고 있습니다. NCCK 인권센터는 전태일 열사의 분신과 박정희 군사독재에 반대하는 학생, 시민들이 대거 구속되는 상황에 대응하기 위해 1974년에 결성한 전통 있는 인권단체입니다. NCCK 인권센터가 출발한 계기가 국가폭력에 항의하는 것이었기 때문에 지금도 국가폭력 피해자들을 옹호하는 활동에 주력하고 있습니다. 최근에는 강제징집(이른바 녹화사업) 피해자들을 지원하는 일과 국가보안법 폐지를 비롯해 그 피해자들과 협력하고 있습니다.

NCCK 인권센터는 성소수자들과 이주노동자, 비정규직 노동자들의 인권 옹호를 위해서도 활동하고 있습니다. 이를테면 성소수자들에 대한 차별에 반대하고 차별금지법 제정을 지지하는 등의 일입니다. 한국 교회의 현실에서 성소수자를 지지하는 것은 결코 쉬운 일이 아닙니다. 비난도 많고 지원도 매우 열악한 상황입니다.

교회와 목사들이 인권운동에 참여하는 것은 너무나 당연한 의무이자 책임입니다. 기독교는 모든 사람을 하느님의 형상대로 지음받은 하느님의 자녀로 존중해야 한다고 믿습니다. 사람의 존엄성을 억압하고 차별하는 것은 하늘의 가르침을 위반하는 것입니다. 그래서 교회가 인권운동에 참여하는 것은 본질이자 당연한 일입니다. 귀가 닫힌 사람들의 귀를 열어주고, 입이 닫힌 사람들의 입을 열어주고, 집을 빼앗긴 사람들의 지붕이 되어주는 것은 교회의 사명입니다. 인권 운동은 교회의 기본 활동이라고 생각하고 있습니다.

둘째는 목회자 연대 활동입니다. 전국목회자정의평화협의회(이하 목정평)라는 긴 이름의 단체입니다. 제가 목사로서 활동하는 모판이기도 했고 오랫동안 참여하고 있는 모임입니다. 목정평은 천주교사제단, 불교 실천불교승가회, 원불교 개벽교무단 등과 협력하고 있습니다. 각 종단의 성직자들이 서로 힘을 모아 사회가 바르게 나아갈 수 있도록 비판하고 여러 민주단체들을 지지하는 일 등을 합니다. 최근에는 사제단이 가장 활발합니다. 불교 등 세 단체는 활동이 미미해져서 참으로 안타깝습니다. 저도 고참에 속해서(?) 후배들의 활동을 지원하고 있습니다.

셋째는 '4월 16일의 약속 국민연대'(이하 416연대)와 416재단의 대표로 활동하고 있습니다. 416연대는 세월호 참사의 진상규명과 국민들이 안전하게 살 수 있는 사회를 위해 활동하는 단체입니다. 저는 목정평의 대표로서 2014년부터 416연대 활동에 참여하고 있는데 '못생긴 나무가 숲을 지킨다'고, 오래 있다 보니 대표로 활동하게 되었습니다.

올해 세월호 참사 10주기를 맞이했습니다. 지난 10년 동안 함께 아파하고 함께 분노하며 함께 참여하신 시민들에게 감사드립니다. 우리 민주동문회 여러 벗들께서도 한 번 이상은 추모회 등의 행사에 함께해 주셨을 것입니다. 시민들의 참여 없이 피해 유가족들만 있었다면 추모회 등의 행사를 이어나가는 일은 결코 쉽지 않았을 것입니다. 특별법 제정을 위해 600만여 시민들이 서명해주셨고 광화문 농성과 진도 팽목항까지의 도보행진에도 함께해 주셨습니다. 그러나 10년이 지났어도 여전히 숙제가 남아 있습니다. 아직도 진실은 규명되지 못했고 아무도 책임지지 않았습니다. 책임지는 사회를 만들기 위한 노력은 진척을 보지 못하고 있습니다.

심지어 참사의 아픔을 기억하고 희생자들을 추모하기 위한 생명안전공원을 건립하지 못하고 있습니다. 어찌된 일인지 특별법에 규정되어 있음에도 안산시가 착공을 하지 않은 상태입니다. 세월호 참사를 왜곡하고 혐오를 선동하는 자들이 여론을 조작하고 있고 또 이를 빌미삼아 착공을 주저하고 있는 것입니다. 어떤 일이 있어도 10주기를 맞은 2024년 10월에는 착공할 수 있도록 최선을 다하려 합니다. 여러 벗들께서 '생명안전공원' 착공을 위한 일에 협력해 주신다면 큰 힘이 될 것입니다.

이태원참사, 오송지하도참사 등 계속되는 재난 참사로 인해 시민들이 죽음을 당하고 가족들은 고통을 받고 있습니다. 재난을 막을 수 없다면 적어도 피해자들의 치유와 회복을 위한 제도는 보완해야 합니다. 고위 공직자들의 무능력과 무책임을 엄중하게 처벌할 근거도 마련해야 합니다. 이를 위해 '생명안전기본법 제정'을 요구하고 있습니다. 세월호참사, 이태원참사 등 재난참사의 진상규명과 책임자처벌을 위해 협력해 주시기를 간곡히 요청드립니다.

네 번째는 노동, 사회단체들과 협력하는 일입니다. 역할을 제대로 감당하지도 못하면서 여기저기 얼굴만 팔고 있지는 않는지 돌아보게 됩니다. 그럼에도 목사로, 시민으로 이웃들의 아픔에 참여하는 것을 기쁨으로 여기며 살고 있습니다. 특히 노동자들을 위해 힘을 모으는 일은 과거 학생 때의 다짐이기도 했고 지금 목사로서 다짐이기도 합니다. 기륭전자 비정규직 노동자들과 E-랜드 노조 및 쌍용차 노조 등 노동자들의 파업과 투쟁에 연대하는 기독교계의 활동을 만들어 왔습니다. 2017년 12월 파인텍 노동자들의 고공농성을 지지하기 위해 20여 일 넘도록 단행했던 단식 농성과 2021년 12월 청와대 앞에서, 김진숙 지도위원 명예복직을 촉구하며 진행했던 단식 농성은 지금도 기억에 많이 남아 있습니다.

종교계 성직자들이 노동자들과 연대하는 것은 사회적으로나, 노동자들에게나 힘이 됩니다. 이렇게 신뢰를 쌓아가고 있습니다. 자본과 권력자들은 투쟁하는 노동자들과 시민들을 고립시키려 합니다. 사실을 왜곡하고 모욕을 주고 힘으로 굴복시켜 패배감을 안겨줍니다. 자본과 권력자들에 맞서 싸울 수 있는 강력한 무기는 연대입니다. 철탑이나 굴뚝, 지붕 등에 고립되어 있는 노동자들과 만나 연대하는 것이 그들에게 작게나마 도움이 될 것이라 믿습니다.

학창시절, 제가 사학과를 지망했던 것은 역사를 공부하고 싶었기 때문입니다. 역사를 연구하고 평가하는 사학도가 꿈이었습니다. 현재 사학도로 살지 않아도 역사를 평가하고 만들어가는 일에 참여하고 있으니 다른 의미에서 그 꿈을 이루며 살고 있다고 생각합니다.

문과대 학생회장이었던 1985년 5월 23일, 미문화원 점거농성이 있었습니다. 이강백, 조성환, 이동일 등 벗들이 농성에 참여했습니다. 그 여파로 학생회에 대한 대대적 탄압이 있었습니다. 결국 그해 8월 15일, 문과대 학생회장인 저와 사회대 학생회장 박성태, 사범대 학생회장 임정수 등 3명이 연행되어, 구속되었습니다. (임정수는 자주 보지도 못한 채 떠나서 미안하고 안타깝습니다. 하늘에서 평화 누리시기를 빕니다.) 1년 동안 징역살고 나와 학교 동료들과 함께 성남의 노동운동에 참여하려고 했지만 저는 서울로 돌아왔습니다.

당시에는 노동운동 이외에는 다른 방도를 알지 못했습니다. 낙담하며 지내던 중 우연치 않게 기독청년운동에 참여하게 된 것입니다. 학교에서 선배들과 동료들을 통해 익힌 실력으로 기독청년운동에 빠르게 자리를 잡았습니다. 이후 전민련의 기독교 부문단체인 기독교사회운동연합(기사련)에 참여해 사회운동과 기독교운동의 영역을 오가며 활동했습니다.

기독청년운동에서 활동할 나이도 지났기에 새로운 길을 모색하던 중, 어릴 적 잠깐 꿈꿨던 목사에 대한 꿈이 되살아났습니다. 기독청년운동 등을 거치고 1996년 늦게서야 목사 수업을 들으며 오늘에 이르게 된 것입니다.

저는 목사로, 사회운동가로 살고 있습니다. 작은 힘이나마 나누고 연대해서 큰 힘으로 만들어내고자 노력하고 있습니다. 비록 큰 성과는 이루지 못했어도 부끄럽게 살지는 않았습니다. 목사로서 살아오면서 이웃을 사랑하라는 말씀에 충실할 수 있었던 힘은 무엇이었는지 돌아봅니다. 그 힘은 20대에 여러 벗들과 함께 품고 다듬었던 정의로운 삶에 대한 희구였다고 생각합니다. '떠나온 것도 아니고 떠나보낸 것도 아니'라는 노랫말처럼, 저는 여전히 20대 언저리에서 살고 있나 봅니다. 그래서 '아직도 철이 없는 것인가?'라는 생각을 하고 있는지도 모르겠습니다.

오랫동안 격조했던 벗들에게 나를 소개하는 것도 좋은 일이군요. 이 일을 기획하고 추진하는 것이 그리 수월하지는 않을 것입니다. 더운 날씨 속에서도 끈질기게 권유하느라 애쓰신 김병일 회장님과 편집과 실무를 맡은 여러 벗들에게도 감사의 마음을 전합니다. 함께 만날 시간을 기약하며 모두 평안하시기를 기원합니다.

CHAPTER **02**

20

다시, 역사의 수레바퀴 아래서

박양숙

역사교육학과

다시, 역사의 수레바퀴 아래서

어떻게 살 것인가

새삼스런 화두를 던져 본다. 윤석열 정권이 들어선 이후 그동안 우리가 피와 땀, 눈물로 세워 놓은 사회 민주주의 시스템과 민생, 한반도 평화가 이토록 처참하게 무너질 거라고는 누구도 생각하지 못했다. 군사, 외교, 역사문화에 이르기까지 사회 전분야가 과거로 퇴행하는 모습을 보며 절박한 심경(心境)으로 폭주하는 윤석열 정권을 멈춰 세우고 전환기 대한민국의 새로운 비전을 수립하는 데 역할을 하겠다는 의지를 다졌다.

줄곧 정치인의 길을 걸어왔던 나는 그렇게 22대 총선에 출마했지만 뜻을 이루지 못했다. 아쉬움은 있지만 출사한 것에 대한 후회는 하지 않는다. 이제 나는 다시, 역사의 수레바퀴 아래에 서서 '앞으로 어떻게 살아갈 것인가'란 화두를 안고 삶의 방향을 모색하고 있다. 순수했던 대학 초년시절 이후 벌써 40여 년의 시간이 흘렀다. 삶의 굴곡도 파이팅도 넘쳤던 지난 삶을 돌아본다. 어쩌면 지금 이 기회가 이후 내 앞길의 등대가 되지 않을까?

그 희망을 안고 지난 시간 속으로 들어가 본다.

신념과 소신을 지키기 위해 살았던 청년시절

지방에서 초, 중, 고를 나온 나에게 대학 선택의 첫 번째 기준은 '넓은 세상'인 서울로 가는 것이었다. 담임선생님이 건네준 여러 개의 대학교 홍보 팸플릿 중 다홍빛 철쭉과 하얀 조개 탑이 어우러진 푸른 금잔디 광장을 보고 단박에 꽂혀 선택한 대학이 바로 성균관대학교(이하 성대)이다. 넓은 세상에서 나의 꿈을 마음껏 펼치겠다는 포부를 안고 시작한 1982년의 대학은 더 이상 상아탑이 아니었다. 광주민중항쟁을 짓밟고 등장한 군부독재와 민중의 삶과 역사의 진실에 직면하자 청운의 꿈은 유보되고 새로운 세계인 사회 변혁의 길로 들어서게 되었다.

중·고등학교 시절에 범생이과였던 나는 그때부터 누군가 만들어 놓은 창을 통해서가 아니라 내 눈을 통해서 스스로 세상을 보겠노라고 다짐하면서, 자연스럽게 중·고등학교의 모범생에서 운동권의 모범생이 되었다. 3학년 때 학내 이념 서클인 고전연구회 회장을 맡았다. 사정당국의 요주의 인물이 된 것은 당연지사! 대규모 집회나 시위가 예상될 때마다 어김없이 예비검속 대상이 되어 경찰서에 잡혀가거나, 시위현장에서 붙잡혀 구류를 사는 것이 다반사가 되었다. 얼마나 뻔질나게 성대 관할 경찰서인 동대문경찰서(이하 동경)를 내 집 안방 드나들듯 했는지 '동경마님'이라는 별칭까지 얻었다.

4학년 때인 1985년 5월, 전학련의 삼민투[1] 산하조직인 광주학살원흉처단투쟁위원회 위원으로 종로에서 연합시위 주동을 했다. 당시 학생 운동권에 몸담았던 우리들은 대학교 졸업장을 일종의 사회기득권으로 인식했다. 때문에 기득권을 포기한다는 차원에서 시위 주동을 통해 구속되는 것으로 학교를 정리하는 것이 일종의 불문율이었다. 횃불까지 들고 주동으로 나섰지만 워낙 많은 학생들이 연행되면서 나는 구속을 피하고 훈방 조치된다.

그 후 1985년 5월 23일, 서울대, 연대, 고대, 성대, 서강대 등 5개 대학 학생들이 연대해 서울 미문화원 점거농성[2]을 하는 사건이 있었다. 곧이어 이 싸움의 의미를 사회적으로 더욱 확산할 목적으로 당시 야당이었던 신한민주당 점거 농성이 계획된다. 5개 대학에서 대표 각 1명씩을 선발했는데, 내가 성대 대표로 선발되어 고대, 연대 학생 대표와 함께 신한민주당 당사 진입까지는 성공했으나 함께 하기로 되어 있던 서울대, 서강대 대표가 바로 경찰서로 연행되면서 애초 계획대로 싸움이 진행되지 못했다. 구속은 다시 물 건너가 버렸다.

그러다 얼마 지나지 않아 예상치 못한 사건으로 구속되게 된다. 1983년 학원 자율화 조치 이후 최초로 전국의 주요 9개 대학에 검찰과 경찰이 일시에 전격 투입되는 일이 있었다. 미문화원 사건 등의 여파였다. 1985년 6월 29일 새벽, 학생회 사무실에서 연행된 나는 집시법 위반 혐의로 구속 기소되었다. 전국에서 많은 학생이 연행되었지만 대부분 훈방 조치되었고 최종 66명만 구속되었는데 그 중 여학생은 내가 유일했던 것으로 기억한다.

서울구치소에 수감된 지 만 6개월 만에 징역 1년 6개월, 집행유예 3년의 판결을 받고 출소했다. 잠시 고향 부모님 집에 있는 동안 '학교에 복학해라. 그러지 않고 서울로 올라가 운동을 또 할 거면 아예 호적을 파 가라'는 아버지의 말씀까지 듣게 되었다. 그러나 나는 아버지의 뜻에 부응할 수가 없었다. 시대 상황은 여전히 암울했고 끝없는 투쟁을 요구했다. 결국 서울로 올라가 노동현장으로 들어가려는 동료들과 함께 현장 진입 준비를 했다. 안양과 부천을 거쳐 성남에 자리를 잡고 노동현장 생활을 본격적으로 시작했다.

---

1) 1985년 2·12 총선에서 신한민주당이 승리하자 민주화운동이 활기를 되찾았고 학생운동도 새로운 길을 모색했다. 1985년 4월에 전국의 대학생 대표조직으로 전국학생총연합(전학련)이 결성되고, 그 산하에 삼민이념(민족통일, 민주쟁취, 민중해방)의 실현을 목표로 삼는 민족통일민주쟁취민중해방삼민투쟁위원회(삼민투위)가 조직되었다.

2) 삼민투위는 서울미문화원 점거농성을 통해 국내외에 커다란 반향을 일으켰다. 1985년 5월 23일 삼민투위 산하 '광주학살원흉처단투쟁위원회'에 소속되어 있는 성대, 서울대, 고려대, 연세대, 서강대 등 5개 대학 학생 73명이 서울미문화원을 점거하고 농성을 전개한 것이다. 이 사건을 계기로 검찰은 국가보안법을 적용해 삼민투위를 용공이적단체로 규정하고 대대적인 수배와 체포 작전을 벌였다.

테니스공을 만드는 공장과 주사기 만드는 공장에 '위장 취업'을 해 노동조합을 만들고 임금인상과 근로조건 개선을 위한 파업을 벌이며 87년 6월 항쟁과 7,8,9월 노동자 대투쟁이라는 역사적 현장에 참여했다. 그렇게 활동하는 과정에서 신분이 드러났고 '사문서위조 및 동 행사'라는 죄목으로 1989년 8월, 두 번째 구속을 당했다.

1987년 6월 항쟁과 노동자 대투쟁 이후 민주화 열망과 노동현장의 삶의 질 개선을 위한 요구가 봇물 터지듯 터져 나왔다. 구속에서 풀려난 이후에도 나는 노동현장에 남아 성남의 '일터자료연구실'이라는 단체에서 노동조합 결성을 돕거나 노동 상담 교육 등의 활동을 이어갔다. 그리고 성남지역 택시노동자들을 지원하는 활동을 4년 가까이 한 이후에는 외국기업 노조협의회 전문위원으로 사무직 노동자들의 노조 결성과 노동 상담, 파업 지원 등의 활동을 했다.

시대의 변화, 세상을 변화시키는 수단으로 정치에 관심을 두다

엄청 빠른 속도로 세상이 변화하고 있었다. 국민들의 열망 속에 노무현 대통령이 당선되면서 유의미하게 활동할 수 있는 정치 공간이 확장되었다. 그 동안 정치권은 보수 세력들의 기득권을 위한 협잡판으로 인식되어 가까이 할 수 없는 극복의 대상으로 여겼다. 그런데 노무현 대통령 당선으로 새롭게 열린 정치의 공간에서 정치를 배우고 세상을 변화시키는 데 역할을 할 수 있겠다는 생각으로 여의도 정치권에 발을 들여놓게 된다.

2003년 개혁국민정당 노동국장으로 정당 활동을 시작했다. 노동현안에 대한 논평을 내면서 정치는 노동운동이나 시민운동과는 다르다는 것을 알게 되었다. 노동운동이나 시민운동 할 때는 가치를 주장하고 권리를 요구하는 관점에서 현안을 보았다면, 정치는 국민의 관점에서 해결책을 제시해야 했다. 정치를 통해 세상을 바꾸는 역할을 하겠다고 시작한 여의도 생활에서 처음으로 국민의 삶을 관통하고 있는 문제에 대하여 입법으로든 정책으로든 국민의 관점에서 솔루션을 제시하고 답을 내 놓는 것이 정치의 의무라는 것을 깨닫게 된 것이다.

17대 총선 이후 2003년 11월 11일, 열린우리당이 창당되고 원내정당화라는 정치 실험을 하게 된다. 미국식 원내정당을 추구하면서 원내에 중앙당과 같이 당직자를 배치한 것이다. 이로 인해 나에게도 원내 당직을 맡을 기회가 주어졌다. 국회에서 여성 최초 의사국장이라는 타이틀을 얻게 되었다. 의사국장은 여야 대표가 협상할 때 국회 의사일정과 관련한 전략을 제시하고 상임위원회를 비롯한 각종 위원회와 본회의에서 법률안, 예산안, 인사청문요청안 등 안건을 처리하는 의사 절차 프로세스를 관리하는 역할이다. 또 현안이 발생했을 때 국회법 근거조항과 선례를 통해 해결책을 제시하는 일도 한다.

원내 의사국장 6년 동안 천정배, 정세균, 김한길, 장영달, 김효석, 원혜영, 이강래 의원 등 무려 7명의 원내대표를 보좌하면서 국가 중요 정책과 관련한 입법을 지원했다. 또한 장관을 비롯한 국가의 주요 인사들에 대한 인사청문과정을 점검하고 여야 협상을 지원했다. 17대, 18대 국회에서는 매년 연말이면 여야가 공수를 바꿔 극한 대립을 했다. 노무현 정부에서는 국가보안법, 사학법 등 4대악법 처리를 위한 국회투쟁이, 이명박 정부에서는 방송법 등 언론악법 저지를 위한 싸움이 치열하게 전개되었다. 국회 원내의사국장 6년은 한국 정치사의 한복판에서 밤잠 설치며 '국회'를 섭렵하는 정치와 실무를 넘나들던 시간이었다. 이 시기에 정치인의 자세에 대해 깨우치는 소중한 경험을 했다.

생활 정치……시민 속으로 들어가다

2010년 원내에서 중앙당 평가감사국장으로 자리를 옮겼다. 그러고 나서 제5회 전국동시 지방선거를 맞았을 때, 성동을 지역위원장을 맡고 있던 임종석 전 비서실장으로부터 서울시 의원 출마를 제안받았다. 아마도 원내에서 함께 일하며 쌓인 나에 대한 신뢰의 표현이었으리라 생각한다. 예상하지 못한 제안에 놀랍고 두려웠지만 다가온 운명의 배에 올라타기로 결심했다.

서울시의회 보건복지위원장 시절

친환경무상급식 실현을 위한 활동

제8대 서울시의원으로 당선되어서 맞닥뜨린 서울시 의회의 위상은 기대 이하였다. 국회를 경험한 나의 눈높이보다 한참 떨어지는 서울시 의회의 위상을 제고하기 위해 초대 의회개혁특위 위원장을 맡았다. '강시장, 약의회'라는 지방의회의 한계를 뛰어 넘기 위한 다양한 활동을 펼쳐나갔다. 상임위 회의시간 종료가 공무원 퇴근시간인 6시에 맞춰져 있는 등 공무원 중심으로 운영되던 의회시스템을 의원 중심으로 바꾸는 일부터 강하게 밀어붙였다. 의원들의 의정활동을 효과적으로 지원할 수 있도록 사무처 조직도 개편했다. 또한 의회활동을 규율하는 규범이 여러 개로 산재해 있었는데 이를 하나로 통일해 서울시의회 기본조례로 제정했다. 지방의회가 시정부 견제의 역할을 제대로 할 수 있도록 정책보좌관 제도를 마련하는 데 집요한 노력을 기울이기도 했다.

국회 의사국장 6년 동안 축적된 경험과 노하우로 의회 전략을 구사해 오세훈 시장의 한강르네상스 사업과 디자인 서울의 문제점을 제기했다. 무엇보다 무상급식을 반대하며 보수의 아이콘이 되고자 했던 오세훈 시장과의 싸움을 통해 보편적 복지의 상징인 친환경 무상급식을 실현하는 데 주요한 역할을 한 것이 매우 보람 있었다. 그리고 오세훈 시장이 물러난 자리에 시민후보 고 박원순 시장이 들어서는 정치적 공간을 열게 한 것도 잊지 못할 소중한 기억이 되었다.

제9대 서울시의원으로 재선이 되어서는 중앙당의 을지로위원회 지방의회 버전인 민생실천위원회 초대 위원장을 맡게 되었다. 의회의 제도적 틀에 담기지 않는 사회적 현안들, 우리사회 을들의 문제를 해결하기 위한 다양한 활동을 했다. 그 과정에서 버스 중앙차로 승차

민생실천위원회 위원장 시절, 서울시 버스중앙차로 청소노동자 해고문제 해결 경과보고

국민연금공단 복지상임이사 재직 시 각부서 실장단과 주례회의 때

대 청소 노동자 문제, 지하철 비정규직 노동자 문제, 간호조무사 문제 등을 해결한 것은 정말 뜻 깊고 보람 있는 일이었다.

서울시의회 보건복지위원장으로서는 서울시 보건 복지 정책이 시민을 위해 제대로 집행될 수 있도록 감시와 견제 역할을 했다. 특히 50+재단, 공공보건의료재단, 찾아가는 동주민센터('찾동') 사업 등 고 박원순 시장의 혁신 정책이 자리 잡을 수 있도록 협력했다. 다양한 시민단체의 요구를 입법으로 반영하고(공정무역지원조례, 협동조합활성화지원조례, 사회적경제 기본조례, 공영장례 지원조례 등) 사회적 약자들을 보호하는 입법 활동도 했다. 서울시의원 8년 동안 가장 큰 성과는 생활정치인으로 시민의 삶과 한시도 떨어지지 않았다는 것이다. 사회적 약자의 눈과 마음으로 세상을 보고자 노력했고 최선이 안 된다면 차선을 선택하는 지혜와 태도, 대화와 타협에 이르는 과정을 통해 인내심과 책임감이 더해지면 시 좋은 정치인으로 한발 더 나아갈 수 있는 시간이었다.

세상을 보는 눈……균형 감각을 키우다

고 박원순 시장의 대변인으로 3선 시장 도전을 돕고 서울시 최초 여성 정무수석이 되었다.

고 박원순 시장 3선 도전 성동구 선거운동 과정에서 박시장이 대변인인 나를 주민들에게 소개하는 사진

의회가 아닌 행정의 관점에서 서울시정을 경험하면서 세상을 보는 나의 눈이 한층 깊고 넓어졌다.

서울시민을 위한 정책을 입안할 때 정책의 뼈대를 세우고 살을 붙이는 과정에서 공무원들의 보이지 않는 수고로움이 있다는 것을 알게 되었다. 서울시정과 관련하여 국회와 정당, 서울시의회와 행정부 등과 조율하는 과정에서는 동일한 사안을 두고도 입장이 다르고 다양한 이해관계가 존재함을 체감할 수 있었다.

행정안전부 정책 자문위원, 대통령직속 국가균형발전위원회 전문위원 그리고 국민연금공단 상임이사로 활동하는 기간을 통해서도 정부가 작동되는 시스템과 국가 정책이 집행되는 프로세스를 경험했다. 그렇게 지나온 모든 시간은 국민의 공복으로서 공직자의 역할을 재인식하고 세상을 이해하는 균형감각을 키우는 소중한 기회가 되었다.

세상은 넓고 할 일도 많기에……

지난 40여 년의 삶의 과정을 이렇게 정리해 보길 잘한 것 같다. 그 동안 다양한 영역에서 활동하면서 역사의 발전방향 그 궤적을 벗어나지 않겠다는 소신을 가지고 살아왔고, 주어진 역할에 최선을 다했다. 앞날에 대해서 불투명하고 막막했던 것이 지난 40여 년을 돌아보며 조금은 명료해진 것 같다.

여전히 윤석열 정권이 박물관에 들어간 코끼리처럼 우리 사회 전 분야를 망가뜨리고 있는 지금, 원내에서 하고자 했던 일들을 원외에서도 할 수 있지 않은가!

내가 서 있는 곳에서 할 수 있는 일을 해야겠다는 의지를 곧추세워 본다.

CHAPTER 02

21

삶의 여백을 채워 준 그림과의 만남

박현정

의상학과

삶의 여백을 채워 준 그림과의 만남

내가 그림을 시작하게 된 계기는 사실 좀 갑작스럽다. 잘 아는 동생이 직접 그린 그림을 개인 계정에 올려둔 것을 보고, 너무 좋아서 연락하면서다. 얼떨결에 화실에 찾아갔고 그날 바로 스케치북과 수채물감, 붓을 마련하여 몇 십 년 만에 그림을 그리게 되었다.

어려서부터 음악이나 무용보다 미술시간을 더 좋아했다. 시간이 날 때마다 연습장이나 노트 여백에 연필 등으로 끄적거리는 것이 다반사였다. 심지어 고등학생이 되어서는 잠깐 미대 진학을 해 볼까도 생각했다. 그림 그리며 사는 삶을 늘 동경해 왔던 터라 이 나이에 그림을 시작한 것이 우연만은 아니었을지도 모르겠다.

아직 배움이 충분치 않다. 그래서 좋아하는 사진을 보고 그리거나 화실 작가님 그림을 모작하는 경우도 많다. 그림 그리는 시간이 많다고 실력이 꼭 느는 것은 아니다.

그러나 도화지처럼 마음을 텅 비워 둔 채 떠오르는 생각, 보이는 것 그대로를 색으로 가져올 때의 경험은 무엇으로도 표현하기 어렵다. 어떤 때는 그림과 일체감을 느끼기도 하고, 또 어떤 때는 그림을 통해 마음의 평정을 찾기도 한다. 흘러가는 계절의 색, 바람, 냄새도 마음에 따라 매번 다르게 표현된다. 그렇게 완성된 그림을 앞에 두고서는 물끄러미 바라보게 되는데……그런 시간이 좋다. 꾸밈없는 나를 바라볼 수 있는 얼마 안 되는 시간이기 때문이다.

그래서인지 나는 한적한 마을이나 평온한 느낌을 주는 소재를 좋아한다. 시간이 날 때 누군가가 소개해준 고즈넉한 해안가 마을이나 옛 서정적인 분위기가 남아있는 장소를 찾는 이유이다. 세련되지 않는 상가의 간판, 투박한 전선줄이 늘어서 있는 그림도 어릴 적 정서를 불러 올 수 있어 즐겨 그리고 있다.

내가 이렇게 생뚱맞다. 그림과 관련된 사연을 이렇게 말할 수밖에 없으니……다 자업자득(!)의 결과이다. 올해 초 동문 문집을 낸다고 어디선가 들은 적이 있다. 그때는 스쳐가는 남의 일처럼 무심히 넘겼다. 그런데 내가 그림을 취미로 한다는 얘기를 들었던지 어느 날인가 전화가 왔다. 이러저런 이야기를 하다가 그림 몇 점 실어보자는 친구의 얘기를 가볍게 건네 듣고는 덜컥 수락해버렸다. 오지랖도 제로이고 드러내는 일은 극도로 피하는 내가, 왜 그랬던 것인지……

시작은 동기들을 다시 만나면서부터다.

그 동안 바쁘다는 핑계로 동기들 모임은 거의 참석하지 못했다. 그런데 작년에 82동기들과 울릉도 여행을 다녀오면서부터는 동기모임에 대한 생각이 많이 달라졌다. 지금의 내 아이들보다도 더 어린 나이에 대학생활을 함께 했는데, 40년도 훌쩍 지나 여행을 같이 하니까 그냥 좋았더랬다. 60이 넘은 나이에 마주한 참 뜻깊은 선물이었다.

이후 우리는 오랜 세월의 간격을 좁혀나가고 있다. 동기들 모임인 여산회 등을 통해 즐거운 시간을 이어가고 있다. 만나서는 가슴에 담아둔 이야기도 조곤조곤 나누고 때로는 거침없이 털어놓으면서 지낼 수 있게 되었다. 서로에 대한 배려, 신뢰, 그리고 내 마음의 넉넉함까지. 삶이 익어가고 있음이 아닌가 싶다.

요즘은 친구들이 현업에서 슬슬 은퇴를 하고 있다. 우리 나이가 벌써 그렇게 된 것 같다.

그런데도 나는 아직 활동을 한다. 간혹 힘들 때도 있지만 젊은 에너지가 남아 있어 삶을 다이내믹하게 사는 것 같아 좋다. 나의 이런 부분까지도 추켜세워주는 친구들이 고맙다. 그런 친구들이 어디에 있든, 또 떨어져 오랜 시간이 지난 후에 만난다 해도 이제는 넉넉한 마음과 더 따뜻한 시선으로 함께 할 것 같다.

20대 젊은 날, 동시대를 치열하게 살면서 함께 아파했고, 또 그 거대한 장벽을 깨고자 노력했던 공통분모가 있음이 자랑스럽다. 젊은 노후를 기대하게 되는 이유이다.

CHAPTER 02

22

정의롭게 살았던 아름다운 내 청춘

오수진

행정학과

정의롭게 살았던 아름다운 내 청춘

1982년 설렘과 기대, 기쁨으로 시작한 나의 대학생활은 6개월이 지나기도 전에 전두환 정권의 실상과 참혹한 현실에 눈뜨면서 비장한 투사의 삶이 된다. 많은 고민과 두려움 속에서 결국 나는 불의에 눈감지 않는 정의로운 길을 선택했다.

그때 가장 마음에 걸렸던 것은 어머님이었다. 아버님은 바람기로 자주 집을 비웠다. 그렇게 어머님 홀로 4남 2녀를 키웠다. 아버님은 내가 태어나고 100일도 되지 않았을 때 종적을 감췄다고 했다. 모든 재산을 아버님이 가져가버리는 바람에 먹고 살 길이 막막했던 어머님은 그때부터 무당 일을 했다.

내가 태어나기 전 7살, 4살의 나이로 세상을 먼저 떠난 형과 누나가 있다. 그들이 어머님 꿈에 자주 나타나 엄마는 조상님이 받드니 무당을 하면 먹고 사는 것은 걱정 없을 거라고 했단다.

어머님은 생계를 위해 그렇게도 하기 싫었다던 무당 생활을 시작했고 고통 속에서 우리 3남 1녀를 훌륭하게 키우셨다. 기구한 모친의 삶을 지켜봤던 아들 된 도리를 생각하면 어머님의 소원이었던 행정고시 패스를 목표로 살아야 했다. 그러나 나는 도저히 불의에 눈감고 정의를 외면한 채 어머님의 아들만으로는 살 수가 없었다. 어느 날인가 어머님께 편지를 쓰면서 눈물을 펑펑 쏟았던 기억이 생생하다. 그 당시 우리 친구들 대부분은 나 같은 경험을 했을 것 같다.

3학년 때인 1984년 11월 14일, 후배들과 함께 민정당 중앙당사 점거 농성을 했는데 25일간 구류를 살았다. 구치소에서 나와 금잔디 광장에서 보고회를 했는데 그때 내 모습을 본 81학번 선배들이 총학생회장으로 추천해 1985년 당선됐다. 그 후 전국학생총연합(이하 전학

1986년 2월 4일 서울대집회 (사진출처 : 민주화운동기념사업회)

련)을 결성했고 전학련 부의장, 의장으로 활동했다. 전학련에서 함께했던 초창기 동지들은 모두 구속됐으나 나는 혼자 남아 1년의 수배 생활 속에서 활동을 계속 이어갔다.

검거 전 나의 학생운동 마지막 집회는 1986년 2월 4일 서울대 집회였다. 15개 대학 1,000여명이 모여 파쇼헌법철폐 개헌서명운동본부 발대식을 했다. 경찰진압에 대응하기 위해 나는 단상에 식칼을 꽂고 강제 진압시 할복자살을 하겠다고 엄포를 놨으나 정권은 3,000여명의 경찰과 헬기까지 동원해 무차별 진압을 강행했다. 당시 사상 최대인 189명의 대학생들을 구속시켰다.

진압과정에서 나는 서울대 동지의 안내를 받아 대학원생 연구실로 피신했는데, 그곳에 있던 어느 대학원생이 암실의 탁자를 겹쳐서 숨을 공간을 마련해줬다. 안내했던 서울대 동지는 나를 부둥켜안고 눈물을 글썽이며 반드시 살아서 내일 만나자고 말한 뒤 발길을 돌렸다. 그가 떠난 후 탁자 아래 시멘트 바닥에서 16시간 동안 인기척 없이 몸을 숨겼던 고통의 기억이 또렷하다. 다음날 동지들과 눈물어린 기쁨의 재회를 하고 대학원생이 끓여준 라면도 맛있게 먹었다. 한숨을 돌린 다음 나는 관악산을 넘어 도망쳤다.

이 사건 이후 함께 활동했던 친구들이 검거됐다. 그로 인해 나의 은신처가 노출됐다. 성균관대 동지들이 급하게 천안에 방을 구해줘 잠깐 은신하게 된다. (그 넓은 서울 땅 어디에도 이 몸 하나 숨을 곳이 없어 천안으로 피신한 내 처지, 숟가락 하나 없는 냉골 방안에 덩그러니 앉아 있으려니 서글펐다. 눈물이 왈칵 쏟아졌다.) 며칠 후 도피 자금과 허리 아픈데 먹는 약을 건네받기 위해 천안역 앞 학화 호두과자점으로 동지의 어머님을 만나러 나갔다. 그때 안기부요원 4명에 의해 1986년 2월 20일 검거됐다. 안기부를 거쳐 남영동 대공분실에서 취조를 당했다.

10년 구형에 7년 선고를 받고 서울구치소, 청주교도소, 김해교도소까지 갔다. 김해교도소에 있을 때 모든 양심수들이 특사로 풀려났지만 나 혼자만 석방되지 않았다. (면회 와서 홀로 남은 나를 보고 하염없이 눈물 흘리던 어머님이 떠오른다.) 얼마 후 대구교도소로 이감되어 생활하던 중 1988년 10월 3일, 개천절 특사로 석방됨과 동시에 나의 학생운동사는 막을 내린다.

이 혹독하고 기나긴 여정에 동지로 함께했던 선배, 동료, 후배들이 있었다. 그들이 있었기에 나는 모든 것을 이겨내고 정의로운 길을 걸어갈 수 있었다. 그 당시 학생운동을 하지 않았다면 또 무엇을 했겠나. 힘들었지만 청춘을 아름답게 잘 살았다. 동시대의 동지들께 진심으로 감사한 마음과 존경의 마음을 전한다.

방황 속에서 괴롭게 살았던 소시민의 삶

출소 후 김대중, 김영삼 선생님이 국회의원에 당선되게 도와줄 테니 함께 정치를 하자고 제안했다. 나는 일언지하에 거절했고 동지들과 함께 민중당 활동을 했다.

그러던 중 생계문제를 먼저 해결하고 정치를 해야겠다는 생각이 들었다. 그래서 민중당 활동을 중지하고 1994년 카센터 사업을 시작했다. 얼마 지나지 않아 교육관련 사업도 하게 되었다. 이때부터 사업하는 친구들과 어울려 살며 사회문제는 애써 외면한 채 소시민

의 삶을 살았다. 그런 내 모습이 내내 싫었다.

금싸라기 같은 시간이 또 흘렀다. 마침내 나는 2001년 지인의 권유로 법륜스님이 운영하는 '깨달음의 장'에 4박5일 일정으로 참여하게 된다. 수련 내용은 말 그대로 경이로웠다. 수련을 마치고 든 첫 생각은 '세상의 진리를 여기서 찾을 수 있겠구나'였다. 이때부터 또 다른 새로운 삶이 시작되었다.

지금 내 삶의 명심문

언제 어디서 어떠한 경우에도 괴로움이 없고, 자유로운 사람이 되어, 이웃과 세상에 잘 쓰이는 삶을 살겠습니다.

'깨달음의 장' 참여가 계기가 되어 정토불교대학을 다니고 정토회 행자로서 새로운 삶을 살기 시작했다. 법륜스님이 만든 정토회는 복을 비는 불교가 아니라 세상의 이치를 깨닫고 수행정진하며 실천하는 수행자 조직이다. 법륜스님의 가르침을 통해 나의 삶은 서서히 변하기 시작했다. 우리를 버리고 떠났던 아버님에 대한 미움과 원망도 사라지고, 돈에 대한 집착도 열어졌다. 상대방을 인정하고 이해하는 여유가 생겨 세상에 대한 불만보다는 천지에 대한 은혜로움이 충만했다. 보이지 않는 사람들의 노고에 대해서도 감사한 마음을 갖게 됐다.

젊은 시절에는 두려움과 괴로움 속에서 정의감 하나로 민주화운동을 했다. 지금은 부처님의 가르침을 통해 괴로움 없이 자유인으로서 세상을 변화시키는 활동에 한발 한발 다가가고 있다. 길거리로 투쟁하러 나갈 때면 간혹 귀찮은 마음이 생기기도 한다. 그럴 때는 살짝 스스로 합리화하며 회피하려는 마음이 일어나곤 한다. '나 여태까지 세상을 위해서 할 만큼 했어. 이제 환갑도 지났는데 쉬어도 되지 않겠어?' 이런 생각이 들 때마다 스승이신 법륜스님의 삶을 떠올리며 마음을 추스른다. 스님의 연세가 올해 71살이다. 헌신하며 쉼 없이 세상과 중생을 위해 살고 계시는 모습을 보면서 '내가 이러면 안 되지' 하고 다시 발심(發心)한다.

지금도 상대방의 말 한마디에 걸려 넘어지고, 돈에 걸려 넘어지고, 아픈 몸에 걸려 넘어지며 괴로움을 자초하고 있다. 그러나 이 같은 일상의 문제에 대한 본질을 금방 알아차리고 일어설 수 있는 것은 부처님 가르침 덕분이다. 60이 넘도록 쌓인 두터운 삶의 습관을 내려놓는 게 정말 어렵다. 그렇지만 부처님의 가르침을 게을리하지 않고 실천함으로써 나와 너의 세상을 위해 정진하며 나아가는 삶, 수행자의 삶, 통일의병의 삶을 살고자 한다.

이 글을 접하는 모든 친구들에게 나와 같은 좋은 인연이 닿기를 두손 모아 기원한다. 지면을 빌려 꼭 전하고 싶은 말이 있다.

친구들아! 정말 고맙다, 사랑해!

CHAPTER 02

23

아! 고려인

윤미향

가정관리학과

아! 고려인

고려인을 알게 되다

4학년 여름방학, 충북 괴산에서 성대 총학생회 차원의 대대적인 농촌봉사활동이 있었다. 1년 전 여름(3학년), 가정대 학생장으로 후배들을 지도했던 까닭에 졸업반 땐 경험을 공유하는 고문으로 참가했다. 그러나 불현듯 좋지 않은 예감이 들어 농활 도중 서울로 돌아왔다. 곧 수배가 내려졌고 집을 나와 생활해야 했다. 수배 중에 선배의 도움으로 책을 만들고 홍보 일을 하는 기획사에서 아르바이트를 하게 되었다. 그것이 생업이 될 줄 그때는 몰랐다.

이후, 현장 노동자로 이전하기 위한 그룹에 속했으나 뜻대로 되지 않았고 문화운동으로 전환했다. 몇몇 뜻 맞는 친구들과 '좋은 책'이란 사회과학 출판사를 시작했다. 하지만 아직 공부가 많이 남은 동생들이 있었고 집안 형편은 최악의 상태였다. 생활고 때문에 접을 수밖에 없었다. 다시 기획사에 취업했다. 그러나 마음 한편에 빈자리가 있었다. 사회에 기여해야 한다는 생각!

2001년, 휴머니스트 81학번 김현동 선배가 '우리민족서로돕기운동'에서 재외동포 지원 사업을 독립시킨 '동북아평화연대'라는 시민단체를 발족했다. 그때부터 회원으로 활동을 시작하게 되었다. 동북아평화연대는 조선족 사기피해를 조사해 그들을 돕는 사업을 시작으로, 구소련 붕괴로 중앙아시아에서 연해주로 재이주하는 고려인들을 지원하는 사업을 했다. 고려인들과의 만남의 시작이었다.

고려인이란? 1860년 무렵부터 1945년 해방될 때까지 농업 이민, 항일독립운동, 강제동

2002년 고려인 문화의 날(연해주 우수리스크)

원 등으로 러시아 및 구소련 지역으로 이주한 이들과 그 후손들을 의미한다. 이들은 현재까지도 해당 지역에 거주하며 러시아어로 '카레이츠'라 하고, 스스로 '고려사람(고려인)'이라 자부하며 살고 있는 한민족 동포다.

러시아 연해주 첫 번째 방문

2002년 가을, 고려인 문화의 날 행사가 연해주 우수리스크에서 거행되었고, 참가단으로 처음 연해주를 방문했다. 속초에서 배를 타고 북·중·러 국경에 위치한 자루비노항까지 꼬박 하루를 항해해야 했다. 저녁식사 후, 선상에 올라가니 칠흑 같은 밤하늘에 별들이 마치 크리스마스 트리의 불빛처럼 빼곡히 빛나고 있었다. 눈앞의 광경을 말로 형용하기 어려웠다. 어린 시절 고향에서 마주했던 쏟아질 듯한 별빛과 또 달랐다. 가까이 손 내밀면 잡힐 듯, 3D 가상현실에 들어와 있는 느낌이었다. 항구에서 버스를 타고 비포장도로를 몇 시간 동안 가는 고통과 검문소에서 2시간 이상을 잡아둔 총 든 러시아 군인들의 위협 등 생소한 경험을 하며 우수리스크에 도착했다. 붕괴된 사회주의 국가의 소도시는 초라했다. 연해주에서 블라디보스토크 시 다음으로 큰 도시인 우수리스크 시에서도 가장 좋은 호텔의 시설이 한국의 지방 도시 모텔만도 못했다.

다음날, 현수막을 들고 고려인들과 거리행진을 했다. 우수리스크 운동장 스탠드에 앉아 연해주 각 지역에서 모인 고려인들이 준비한 행사도 관람했다. 한국에서 지금은 관람하기 힘든 전통춤들과 북녘 춤, 현대무용, 러시아 전통춤, 연해주 소수민족들의 춤 등을 선보였다. 새로운 감동이었다. 우리의 전통춤을 고려인들이 더 잘 간직하고 있었다. 오랜 세월 남의 나라에 속해 살면서도 한국인의 전통을 이어가고 있는 고려인! 그들은 누구인가?

만찬이 시작되자 더 놀라운 광경이 벌어졌다. 원탁 테이블에 차린 음식은 세 끼를 먹고도 남을 정도로 수북했다. 러시아식, 한국식, 중국식이 합쳐진 음식들이었다. 풍성한 손님 접대는 우리네 전통 명절과 닮아 있었다. 러시아 전통주 보드카를 처음 맛보았다. 중학생 시절 러시아 문학에 심취해 읽었던 톨스토이와 도스토옙스키의 소설이 생각나며, 막연히 동경했던 시베리아와 근현대 격동의 역사 속에 내가 있다는 착각을 했다. 흥이 오르자 한 명 두 명 일어나 손에 손을 잡고 춤을 추기 시작했다. 원탁 테이블 사이를 돌며 손잡은 행렬은 점점 길어졌다. 급기야 모두 일어나 춤추며 원 속에 한 명씩 들어가 저마다 춤 솜씨를 자랑했다. 그냥 몸짓에 불과한 경우도 있었지만 모두 호응하며 하나가 되었다. 러시아의 밤은 한인 디아스포라의 시작인 고려인과 모국에서 온 방문객들이 '우리는 한민족'이라는 것을 말이 통하지 않아도 몸으로 느끼며 깊어 갔다.

고려인 이주와 기념행사

처음 고려인 지원 사업을 시작할 때의 심정은 조선 후기~일제강점기~분단 시대를 관통하는 한반도 근현대 역사에 대한 분노와 민족의 아픔으로 마음이 아려왔고 그들에 대한 부채의식, 측은지심이 컸다. 아직도 미성숙 상태인 나의 민족의식 때문인가? 지금도 사과하지 않는 뻔뻔한 일본에 대한 적개심, 소수 민족 정신을 말살하고 중화민족화하려는 중국에 대한 분노, 손바닥만한 한반도를 둘로 쪼개놓고 계속 으르렁거리는 주변 강대국 깡패들, 아직도 정신 못 차리고 내 편만 잘났다고 싸움질해대며 본연의 역할을 잊은 한국 정

150주년 축하방문단 라즈돌로예역

2023 연해주 고려인문화의날 토론회

치 패거리!(모두는 아니라고 믿고 싶지만). 나는 이 시대에 무엇을 할 수 있는가? 국민들이 깨어 있어야 한다!

올해(2024년)로 고려인 이주 160주년이 되었다. "1863년 함경도 주민 13가구가 두만강 넘어 크라스키노(연추) 지신허 마을에 정착했다."고 1864년 러시아 문헌에 보고된 것이 최초의 한인 디아스포라 역사에 대한 공식 기록이다. 물론 1863년 이전에도 만주와 연해주로 조선인이 두만강을 넘나들었다. 그러나 공식 기록을 기준으로 10년 단위 기념행사를 하고 있다. 한민족의 이주 역사는 고난과 탄압으로 많은 어려움을 겪었다. 1차 한반도에서 연해주로 이주, 2차 1937년 스탈린의 강제이주 정책으로 중앙아시아로 이주, 3차 1990년 초 소연방의 해체로 연해주로의 재이주, 4차 경제적 이유로 중앙아시아에서 대한민국으로 이주 등 아직도 끝나지 않은 고려인의 이주 역사. 온갖 역경을 이겨내며 한민족 문화와 전통을 간직해온 그들을 어떻게 외면할 수 있겠는가?

20년 전인 2004년, 러시아 이주 140주년 기념사업의 일환으로 대한민국 정부와 시민들이 힘을 모아 러시아 연해주 우수리스크에 140주년 기념관(고려인 문화센터)을 건립했다. 이곳은 지금까지도 연해주 고려인들의 커뮤니티센터 역할을 톡톡히 하고 있다. 한국 민속 역사 전시관, 한글학교, 한글 신문 발행, 예술단 활동, 노인단 모임, 각종 행사 등등. 한민족 정체성을 지키며 고려인들의 화합과 모국과의 교류 협력 등 많은 역할이 고려인 문화센터를 중심으로 이루어지고 있다. 다른 소수민족들도 이곳에 모여 한글과 한민족 전통춤과 노래를 배우며 고려인들을 부러워하게 되었다.

2014년, 고려인 이주 150주년에도 많은 기념행사가 한국과 러시아를 비롯해 중앙아시아 곳곳에서 성황리에 치러졌다. 그중에서 가장 큰 행사는 '유라시아 한반도 자동차 평화 대장정'이었다. 러시아 및 중앙아시아와 유럽의 고려인들이 모스크바에 모여 출정식을 갖는다. 고려인 33인이 12대의 자동차로 중앙아시아를 거쳐 시베리아를 횡단하고 블라디보스토크까지, 두만강을 건너 평양에서 8·15 경축행사를 마치고 판문점을 넘어왔다. 안타깝게도 그들이 오기 얼마 전 단원고 학생들이 팽목항에서 애달픈 목숨을 잃었다. 고려인들은 안산에 차려진 합동분양소에 찾아가 추모했으며 서울에서 부산까지 대장정을 이어갔다. 부산에서 대장정을 마친 그들은 석별의 정을 나누고 동해에서 배를 타고 블라디보스토크로 떠났다.

고려인·한인 이주 160주년 기념사업

2024년, 160주년엔 한인 디아스포라의 시작을 함께 기념하기로 해서 공식 명칭을 '고려인·한인 이주 160주년 기념사업'으로 정했다. 2년 전부터 준비를 시작하고 2023년 11월 국회를 통해 예산을 편성받았다. 이 과정에서 우리 동기인 김경협 국회의원의 힘이 가장 컸다.

경협이는 2023년 16년 만에 부활한 '제7회 고려인 문화의 날'에 함께 했다. 러시아-우크라이나 전쟁, 러시아 경제 제재로 인한 한러관계 악화 등 어려운 상황에서 블라디보스토크 직항이 모두 없어졌다. 연해주 참관단은 인천-연길-훈춘-연해주로의 항공-고속철도-국제 버스로 이동해야 하는 긴 시간의 험난한 여행을 해야 했다. 경협이는 국회의원 신분인데도 특별한 배려 없이 힘든 발걸음을 하게 된 것에 미안해 하는 우리에게 "옛날 독립군들이 이렇게 다녔겠지?"라며 너털웃음을 지어 보였다. 진심으로 미안하고 감사했다. 젊은 시절 학생운동을 함께한 친구로, 치열하게 한국 사회를 올바른 길로 이끌어 보려고 노력한 동지로서의 애정과 끈기가 있었기에 가능한 여정이었다고 생각한다.

이렇게 미리 준비한 160주년 기념사업이었지만 난관은 곳곳에 도사리고 있었다. 2023년 5월에 출범한 재외동포청이 8월 말, 9월 초가 되어서야 인원이 채워졌다. 동포문제를 제대로 인식하는 전문가가 부족한 외교부 소속 공무원들로 구성되다 보니 문제점이 많이 나타났다. 예산의 항목 편성부터 잘못되어 160주년 기념사업은 처음 기획했던 행사 중 많은 부분이 취소되고 축소되었다. '고려인·한인 이주 160주년 기념사업'의 공동집행위원장을 맡은 고려인 사업에 생업보다 더 열심이다 보니 직원들과 가족들은 "무슨 신독립운동을 하는 건지?"라며 핀잔을 준다. 하지만 나의 옆에서 가장 많이 도와주고 응원해주는 그들이 있어 나의 길을 계속 갈 수 있다.

어려움 속에서도 멈출 수 없는 '이 시대에 우리가 해야 할 역사적 과업'이라는 생각에 160주년 기념사업을 준비하고 집행하며 국내와 러시아 연해주에서의 기념사업을 열심히 하고 있다. 올해 2월, 고려인·한인 이주 160주년 기념사업추진위원회 발대식을 시작으로 우즈베키스탄 고려무용단의 국내 순회공연, 4곳에서의 학술포럼, 사진전시, 고려인의 이주와 정착을 다룬 종합 뮤지컬, 고려인 집거지를 중심으로 한 고려인 문화축제 등 많은 국내 행사가 있었다. 10월 초, 안산 '고려아리랑'을 끝으로 국내 사업이 마무리된다. 연해주 사업은 아리랑가무단의 연해주 주요 도시 순회공연과 고려인 문화축제를 중심으로 9월 20~22일까지 열렸다. 참관단이 한국 시민과 중국 동포들 중심으로 꾸려져 9월 19일에 연해주로 떠났다.

나머지는 우여곡절 끝에 늦게 승인된 정부 예산으로 11월에 연해주에서의 추가 행사를 계획 중이다. '세계 코리안 네트워크와 문화로 유라시아 평화 협력'이란 슬로건 하에 'K-Culture with 유라시아' 주제의 고려인·한인 이주 160주년 기념사업은 이제 마지막을 향하고 있다. 종합적 결과가 어떻게 정리될지? 아니, 어떻게 정리해야 할지? 머리가 복잡하다.

고려인에 관심 가져 주길 당부하며

역사가도 아니고, 동포문제 전문가도 아니고, 시민단체 전념 활동가도 아닌 내가 만 24년을 고려인과의 교류협력사업에 힘써온 건 무엇인가? 왜? 뭘 위해? 우리나라 재외동포들은 세계 곳곳에 퍼져 있다. 그중 왜 하필 고려인 동포 사업인가?

4월참변비 앞에서

160주년 기념사업 추진위원회 발대식

처음 (사)동북아평화연대 활동을 시작으로 고려인을 알게 되었고, (사)너머를 통해 안산 고려인 마을을 중심으로 한 국내로의 귀환 동포 지원, (사)독립운동가최재형기념사업회 창립을 도우며 고려인 학생 장학사업 등 국내외 고려인 동포 교류협력 및 지원 사업을 지금까지 계속해왔다.

1903년 이후, 하와이 이민과 멕시코 이민, 쿠바 이민의 역사도 가슴 아픈 근현대사이지만 고려인의 이주 역사를 알면서 가장 가슴이 아렸고 뜨거웠다. 우리가 몰랐던 우리 민족의 시련이 고스란히 간직돼 있어서였다. 냉전과 반공의 시대에 학창시절을 보낸 우리는 반쪽짜리 역사를 배웠다. 대학에 와서 숨겨진 사회 현실과 국내 역사를 알게 됐다면, 구소련 체제가 붕괴되고서야 가려졌던 나머지 우리 역사를 알게 된 것이다.

많은 사람들이 역사를 바로 알고 한민족 화합과 평화를 위해 노력하기를 바라는 마음 간절하다. 세계 한인 연대를 통한 한반도 평화와 번영에 기여하며 세계에 만개하고 있는 코리안 문화로 유라시아 대륙, 나아가 세계와 소통하며 교류 협력의 토대를 쌓아가는 것이 내가 고려인 동포 사업을 하는 목적이다. 고려인은 세계 곳곳에 퍼져 살고 있고 탄압과 온갖 역경을 견디며 오늘날까지도 정착에 아픔을 겪고 있다. 그들이야말로 평화와 화합의 진정한 조력자가 될 수 있다고 믿는다.

작은 힘을 보태고 있는 내가 좀 거창하게 썰을 푼 것 같다. 부끄럽고 모자란 글이지만 이것도 우리 시대 아픔과 그늘진 역사를 안고 살아가는 우리가 할 일이라 생각하며 고려인과 지원 사업에 대해 적어봤다. 앞으로 친구들도 관심 많이 갖고 참여해주길 바란다는 당부의 말로 끝맺으려 한다.

CHAPTER **02**

24

23155523과 세 사람

이기춘

사학과

2315552과 세 사람

나는 사학과 2학년 재학 중 강제징집되었다. 때는 1983년 9월, 전두환 군사독재정권 시절이다. 지난해 진실·화해를위한과거사정리위원회(진실화해위)의 조사를 받고 피해자로 인정되어 국가배상 소송을 진행 중이다.

강집·녹화사업 피해자 중에 뼈아픈 기억으로 남아 있는 세 사람이 있다. 그들은 모두 국가폭력에 의해 죽임을 당했다. 이윤성(성균관대81) 열사는 22세에, 박석중(서울대81) 열사는 42세에, 이종명(목원대81) 열사는 62세에 세상을 떠났다. 나는 그이들과 직접 만나 인연을 맺었고 각각의 사연을 가지고 있다.

녹화사업은 학생운동에 대한 탄압과 프락치 공작이 목적이었다. 전두환 정권 하에서 1981년~1983년 사이 집중적으로 자행되었다. 대상은 강제 징집된 대학생들이다. 국군보안사령부(보안사)는 사상적 탄압과 감시 외에 총학생회나 운동권 동료에게 접근, 침투해 정보를 캐오도록 강압했다. 게다가 프락치 공작원을 만드는 과정에서 폭행과 고문을 일삼았다.

양심에 칼질을 당한 녹화사업 피해자들은 심신의 고통에 시달렸다. 고문에 의해 상당수가 의문사하거나 후유증으로 자살하기도 했다. 2005년 9월 경 '군 과거사진상규명위원회'는 전두환 신군부의 집권 과정에서 발생한 삼청교육대 사건, 강제징집·녹화사업, 실미도 사건 등을 '우선 진상규명' 대상으로 정하고 1차로 조사했다.

위 위원회는 '강제징집 및 녹화사업'이 전두환의 지시에 따른 것이라고 확인했다. 또한 당시 보안사(국군기무사령부 전신이며 현재는 국군정보사령부)에서 녹화사업 대상자 1121명의 명단을 작성한 사실도 밝혀냈다. 강제징집자도 1100여 명이 넘는 것으로 나타났다. 신군부의 지시로 국방부, 내무부, 보안사, 문교부 등 정부 부처가 유기적이고 조직적인 공

모를 한 것으로 밝혀졌다. 녹화사업 피해자 중 6명이 의문사한 후에 대학과 재야, 야권에서 녹화사업을 정치쟁점화하고 저지투쟁에 나서자 1984년 폐지했다.

내가 동대문경찰서에서 306 보충대로 끌려간 날짜는 1983년 9월 28일이다. 그런데 국방부 기록에는 입대일이 10월 5일로 적혀 있다. 사학과 1년 선배인 이윤성 열사가 군에서 희생을 당한 지 4개월 뒤다.

이 선배는 성균관대(이하 성대) 사학과 81학번으로 2학년 재학 중 1982년 11월 3일 학생의 날 가두시위 중 경찰에 연행된 후 강집되었다. 1983년 5월 4일 제대를 일주일 남기고 의문사했다. 군 당국은 북한 삐라를 소지하고 있어 조사를 받던 중 자살했다고 발표했다. 그러나 의문사진상규명위원회는 보안대가 4일간에 걸친 고문을 자행해 죽음에 이른 것으로 밝혀냈다. 군부독재 타도·민주화의 열정과 신념이 굳건했던 열사는 후배들에게 따뜻하고 자상한 선배였다. 학교 부근 홍성집에서 첫 대면을 할 때, 동동주를 따르며 손을 꼭 잡아주던 체온이 지금도 느껴진다.

내가 1983년 9월 26일 경찰에 연행되었을 때 1학년은 훈방, 2학년은 구류, 3학년은 강제징집, 4학년은 구속으로 분류됐다. 그런데 2학년이던 나는 영문과 한 모, 정외과 박 모, 도서관학과 서 모, 3학년 선배 셋과 함께 강집되었다. 학내 활동을 더 길게 하지 못한 아쉬움은 지금도 여전하다.

미아리 길음 시장 부근에서 백골단(사복경찰체포조) 세 놈과 격투 끝에 붙잡혔다. 종암경찰서에서 신원을 확인한 후 바로 동대문경찰서로 이송되었다. 지하실에서 통닭구이, 머리박기, 구타를 당했다. 담당 형사(김의풍?)가 서울병무청에서 발급한 군 입대 영장에 날인을 요구했고 나는 거부했다. 영장은 신검을 받고 등급 판정에 따라 본적지 소재 병무청에서 발급한다는 사실을 나는 알고 있었다. 신체검사를 받은 적이 없으니 현역 입대 등급이 없는 것이고 대전 병무청이 발급한 것이 아니니 불법이라며 버텼다.

형사들이 달려들어 옆구리와 허벅지를 수차례 가격(加擊)했는데 그 후로는 기억이 없다. 기절한 상태에서 강제로 날인을 당했을 거라 짐작하고 있다. 9월 28일 동대문서에서 의정부에 있는 육군 306보충대로 끌려갔다. 가자마자 삭발을 당하고 신체검사를 받았다. 왜 입대 날짜가 9월 28일이 아닌 10월 5일인지 그 이유를 알게 되었다. 신검 없는 입대 명령이라 날짜를 날조해 순서를 맞춘 것이다.

지금도 입에서 자동 송출되는 23155523 군번을 받아 목에 걸었다. 당일 오후 우리 넷을 태운 트럭은 전방 부대를 향해 북쪽으로 달렸다. 이동 중 인솔 장교는 트럭을 세우고 길가 음식점으로 우리를 데리고 들어가더니 돼지불고기와 소주를 시켰다. 그는 맥주 컵에 소주를 채워서 돌렸다. 3일 동안 얼마나 스트레스가 쌓였겠는가. 너나 할 것 없이 소주를 나발 불듯 마셨다. 혀는 꼬부라져 흥얼거리고 다리는 꼬여 비틀거리는데 28사 신병교육대 정문에 한 모 선배와 나를 밀어 떨구었다.

현실을 망각한 대가는 실로 엄청났다. 훈련소 하사관에게 넘겨진 둘은 개돼지만도 못했다. "이 새끼들이 여기가 어디라고 술 처먹고 군대를 와?"라며 앞으로 굴러, 뒤로 굴러, 쪼그려 뛰기를 반복해 정신을 차릴 수 없게 만들었다. 땀과 흙에 뒤범벅이 된 몸뚱아리는 군화발로 채이고 밟혔다. 구토를 한 입안은 흙과 오물로 차고 몸은 만신창이가 되었다. 부대 정문에서 소대 내무반까지 어떻게 굴러 갔는지, 따블백은 어떻게 매달려 왔는지 모르겠다.

첫날 점호를 마치고 잠자리에 들었는가 싶었는데 누가 깨웠다. 그날 밤 교육관으로 불려가 보안사 장교와 마주했다. 몸은 욱신거리는데 긴장되어 그랬는지 통증을 느끼지 못했다. 그는 시위 참여를 포함해 활동 정보를 적어내라 다그쳤다. 나는 경찰서에서도 일관되게 단순 가담을 주장했기 때문에 그 이상은 적을 것이 없다고 맞섰고 그게 최선이라 생각했다. 그러자 그는 밑줄이 그어진 갱지 몇 장을 내밀었다. 모범 답안이니 베끼라 했다. 참고 책자

도 하나 디밀었다. 그 책 표지에 《한민족의 용트림?》이라고 적혀 있었던 것으로 기억한다.

신체 조건으로 보면 나는 군대 체질이라는 주변의 평가를 수긍한다. 축구, 양궁, 합기도, 탁구, 핸드볼, 배구, 씨름, 야구, 족구를 접했고 제법 한다. 양궁은 충남도 대회에 출전했었다.

씨름은 성대 축제 때와 군대 체육대회에서 우승을 했다. 야구의 경우 성대 킹고야구부에서 포수로 활약했다. 조기 축구는 26세에 시작해 37년째 즐기고 있다. 지금은 60대 팀에서 센터 포드와 윙 포드로 뛴다. 지난 4월 6일 강원도 인제군에서 열린 대한축구협회장배 전국대회에 충남 대표로 출전하기도 했다.

SBS 키움증권배 고교동창 골프대회에 천안고 대표 선수로 출전한 바 있다. 당시 실력은 이븐파(even par)였다. 스포츠를 즐기면서 부상으로 병원 신세를 진 것은 딱 한 번이다.

한·일 월드컵이 한창이던 2002년 5월 초에 발목뼈에 금이 간 적이 있다. 어린 시절 촌에서 개구쟁이로 실컷 뛰어 놀고 초등학교 때 기계체조를 한 덕분에 골밀도가 높고 유연성이 좋은 것 같다.

훈련소 3개월(?) 교육을 마칠 즈음 사단 최정예 부대인 수색대대 하사관들이 자기 부대원으로 차출하기 위해 신병 교육대로 왔다. 훈련병 120여 명을 연병장에 집합시켜 달리기 등 체력 테스트를 했다. 나는 전체 2등을 했고 사열대 앞에 불려나가 박수를 받기도 했다. 그러나 그들은 나를 선발해 놓고도 데려가지 않았다. '특수 학적 변동자'라는 말을 그때 처음 들었다. 기왕 군 생활을 할 수밖에 없는 것, 최강 부대에서 부대끼며 경쟁하고 싶었던 터라 실망감이 컸다.

M60 기관총 104 주특기를 받고 80연대 2대대 5중대 2소대 화기분대로 자대 배치되었다. 주둔지는 경기도 연천군 전곡읍 부근이다. 2대대에서 영내 생활을 한 지 며칠 지나지 않은 때였다. 제식 훈련 등 일과를 마치고 석식을 하려고 대기 중인데 같은 대대 6중대 소속인 한 모 선배가 PX(영내 매점)로 나를 데려갔다. 영문도 모르고 가보니 대여섯 명이 자리에 있었다. 모두 이등병이었던 것으로 기억한다. 돌아가면서 자기소개를 했다. 다들 나처럼 '특수 학적 변동자'들이었다.

그 자리를 만든 좌장(?)은 서울대 총학생회 부회장으로 3학년 재학 중 군에 끌려온 박석중이었다. 그는 "매주 만나서 군대 민주화를 위한 세미나를 갖자."고 제안했다. 참석자 중 한두 명이 "군대가 무슨 낭만인가?" 하면서 무모하다고 우려했다. 24시간 감시 대상자들이었기 때문에 충분히 공감할 수 있는 말이었다. 아니나 다를까 바로 적발되어 그날 밤새 헌병대에 불려가 시달리고 중대로 복귀했다.

박석중은 헌병대에 연행되어 부대로 돌아오지 못했다. 남한산성 육군형무소에 수감되었다는 소문만 돌았다. (박 열사는 헌병대에서 심한 고문을 당했다. 이후 전주 교도소로 이감된 후에도 교도 행정 민주화를 외치며 단식 투쟁을 했다. 군대에서 당한 고문 후유증 때문에 발병되었던 디스크와 악성임파종이 재발되고 악화되어 2004년 42세에 세상을 떠났다. 10년 후인 2014년 4월 경기도 이천시 모가면 소재 민주화 운동 기념 공원에 이장되었다고 한다.)

FEBA(군사분계선 바로 뒤 전방지역)에 주둔하던 80연대는 이듬해 GOP와 GP 근무를 위해 부대 이동을 했다. 철책(GOP)에서 2개월 여 초병 근무를 하고 있을 때 중대장으로부터 1차 전출 명령을 전달받았다. '특수 학적 변동자'여서 철책 근무 부적격자라는 것이다.

1차 전출되어 간 곳은 FEBA지역에 남아 있던 80연대 4대대 13중대 2소대 화기분대였다. 그 곳에서 소대 식기 당번과 장비관리(일명 기지개), 삐치카지기를 했다. 상병 때 2차 전출 명령을 받았다. 간 곳은 새로 편성된 전초대대(GP와 GOP 근무를 전담하는 부대) 예하 수색소대였다. 철책 근무 중대를 지원하는 임무였다. 이 때 특공무술을 집중 연마했던 기억이 있다. 내무반 생활에서는 기지개와 빼치카지기 임무가 주어졌다.

말년 5개월은 병 분대장으로 탄약고 관리 임무를 띠고 격오지 근무를 했다. 전역 직전 3차 전출 명령은 80연대 2대대 5중대 2소대로의 원대 복귀였다. 전출로 낯선 내무반을 네 차례나 전전하면서 고충을 겪었다. 한 곳에서 평균 7개월씩 근무했다. 전투화 닦기 두 번, 식기 당번 세 번, 기지개(소대 물품 관리 사병) 두 번, 빼치카 담당 두 번이라는 흔치 않은 경험을 했다. 사병은 보통 전투화 당번, 식기 당번만 한 번씩 거치는 정도다. 기지개와 빼치카는 아무나 하는 것도 아니다. 전출을 갈 때마다 시달리기 마련이라 적응하는 일이 쉽지 않다. 일반 회사에서도 부서 이동은 큰 스트레스이다. 그 덕에 누구를 만나든 어디를 가든 잘 어울려 지내는 모양이다.

1986년 2월 제대를 했다. 이후 복학을 했고 학내 투쟁을 했다. 3학년 말에 학교를 떠나 경기도 성남시에서 10여 년간 노동운동을 했다. 회사는 '위장취업자'라며 해고를 했다. 이후 복직 투쟁을 치열하게 했다. 한겨울 내내 회사 정문 앞에서 귤을 팔며 공장 동료들과 소통했다. 끝내 돌핀(주) 노동조합을 결성했다.

"대학생이었다는 이유로 생산직에서 일할 수 없다고 해고한 것은 부당하다"는 입장을 가지고 해고무효 확인 소송을 했다. 항소심까지 가는 법정 투쟁을 노조 설립 투쟁과 병행했다. 변호사 없이 직접 변론을 했고 1심과 2심 모두 승소해 원직 복직했다. 조합에서 노조 교육선전부장과 위원장으로 7년간 조합 업무를 수행했다.

돌핀노조 위원장을 하면서 전노협(위원장 단병호) 소속 성남노동조합총연합(성노련) 정책위원회 위원장을 맡아 4년여 활동했다. 82학번 동기인 현숙, 양숙, 승선, 미경, 성환, 강백, 인혁, 송만, 종필이가 지역에서 함께 활동했던 것으로 기억한다. 내가 근무했던 직장 바로 앞 다리 건너 양숙과 승선이가 의료기 회사에 다녔다. 내 전공은 아크릴 및 플라스틱 사출이다. 일본에서 들여온 자동 사출기 기능을 먼저 습득해 사출부 동료들에게 전파했다.

2021년 말 대선을 앞둔 시기에 아산 송악교회 이종명 목사를 처음 만났다. 이 목사는 지난해 12월 6일 세상을 떠났다. 지병인 우울증이 악화되어 62세 일기로 생을 마감했다. 내가 기본소득 충남본부 공동대표 겸 집행위원장으로 활동할 때다. 그가 살아있을 때 조직의 취지를 말하자 흔쾌히 동의해서 기본소득 충남 공동대표로 위촉했었다.

그 후 강집 카톡방을 통해 그가 녹화사업 피해자라는 걸 알았다. 충남에서 내가 만난 유일한 강집 피해자다. 그가 살아온 역정을 듣고 나니 내 서사는 그의 통증에 비할 바가 아니었다. 목원대 신학과 3학년으로 학군사관(ROTC) 후보생이었던 이 목사는 1983년 9월 507보안대에 끌려갔다. 가난한 집안 형편 때문에 결국 프락치(정보망원) 노릇을 할 수밖에 없는 처지로 내몰렸다.

진실·화해위는 2022년 11월 22일 이종명 목사를 보안대 프락치 공작 피해자로 인정했다. 1년 뒤 같은 날인 2023년 11월 22일 국가배상 소송 1심에서 “위자료 9000만 원을 지급하라”고 판결해 법원은 국가 책임을 인정했다. 그 죽음의 범인은 프락치를 강요한 무도한 국가권력이다. “뼈마디까지 남녀노소 평등을 생활 속에서 틀림없이 실천할 수 있도록 지혜를 주소서. 배려와 봉사의 여생을 보낼 수 있도록 힘과 용기를 주소서.” 내 페이스북 커버에 적혀 있는 글이다.

나는 내일신문사에서 1997년부터 20여 년간 근무하고 퇴사했다. 2017년 7월 천안시체육회 사무국장을 거쳐 2019년 1월 15일 초대 민간 체육회장에 당선되었다. 천안고등학교 총동문회장을 역임하고 천안문인협회 감사로 활동 중이다. 리맥보험중개(주) 회장, 보람상조그룹 직영 천안국빈장례식장 총괄 매니저로 일하고 있다.

2023년 가을, 평생 기억에 남을 아주 특별한 시간을 가졌다. 성민동 82학번 친구들과 울릉도에 간 일이다. 그 때 참 행복했다......

CHAPTER 02

25

그래서 난, 오늘을 산다

이동일

한국철학과

그래서 난, 오늘을 산다

이 나이 먹도록 살 줄은 몰랐다. 불꽃처럼 살다가 한순간 스러져 가기를 소망했던 젊은 날을 뒤로 하고, 문득 돌아보니 육십이 넘도록 살았다. 한순간도 여유롭지 못했고 종종걸음으로 살아왔건만 현재 또한 종종걸음이다. 아마도 그 걸음 멈추지 못한 채 종종거리다 떠날 모양이다.

산전

나를 시대의 투쟁 전선에 세운 건 이념이 아니었다. 막심 고리끼의 〈어머니〉와 〈사이공의 흰 옷〉에 가슴 적시고, 정희성의 〈저문 강에 삽을 씻고〉와 박노해의 〈이불을 꿰매며〉로 나를 돌아보는 시간이었다. 김남주의 〈전사〉와 '체 게바라'의 한 생을 동경하며 인간 예수의 십자가 짐을 피하지 않겠다는 정서적 결기였다.

학생운동은 내게 빨치산 전투 같은 느낌으로 다가왔다. 입산한 소대원이 되었다가 소대장이 되고, 중대와 대대의 전투에 참여했다. 전투에서 포로가 되기도 하고, 이력이 쌓이며 새로운 임무를 맡아 이 산 저 산을 넘나들었다.

그 시절까지는 오로지 나의 선택과 의지로 움직이는 줄 알았다. 문제는 노선투쟁이었다. 학원 자율화 조치 이후 정세분석을 둘러싼 전술 논쟁이 전략 논쟁으로 심화되며 사회구성체 논쟁에 불을 붙였고, 춘추전국 시대의 제자백가식 혼란을 거쳐 선명한 두 개의 정치 노선으로 분화되기에 이르렀다. 그 혼돈의 가운데 어이없게도 통으로 조직이 드러나며 국가

1987년 6월 24일 서울 중구 소공동 한국은행 앞 (사진출처: 민주화운동기념사업회)

보안법 위반으로 수배 상태에 놓였다.

단일한 조직이라 믿었던 윗선이 흔들렸다. 불안한 시간의 흐름 속에 그 선마저 끊어졌다. 가늠할 수 없는 내일에 고향 근처, 고등학교를 다녔던 수원으로 거처를 옮겼다. 지역 연고를 찾아 현장 취업을 준비하던 중 어이없는 실수로 검거되었다. 시경 대공 분실의 2주일은 윗선으로 지목된 선배의 거처를 부느냐 마느냐가 문제였고, 결국 무릎 꿇음으로서 절망과 좌절의 시간을 보내야 했다. 밟힌 다리를 절룩거리며 항소심까지 5개월의 시간 끝에 전신불수가 된 엄마를 업고 특별 면회를 신청한 아버지의 노력 끝에 출소했다.

수전

학생운동의 인연을 찾아 조직에 복귀하지 않고 거리를 둔 채 판을 읽기로 했다. 하지만 그 때는 87년이다. 무언가를 하지 않으면 견딜 수 없는 날들이었다.

엄마 돌아가시기 전까지 옆을 지킨다는 전제를 바탕으로 스스로 운동의 길을 만들기로 했다. 야학에 다시 가명으로 들어가고, 개척교회 청년들을 중심으로 한 문화패를 연결하고, 인근 대학생들을 소모임으로 묶었다.

그렇게 1년여, 우여곡절 끝에 열린 공간이라는 인문 사회과학 서점을 열고, 서점 뒤에 천막 공간을 만들어 '독서회'를 운영했다. 야학과 교회, 대학생들이 시작이었으나 인근 사업장들의 노동조합 결성과 운영 등에 관한 상담이 중심을 이루었다. 독서와 풍물 모임을 간판으로 해서 사업장 소모임들이 결성되기 시작했고 지역 노동운동의 거점이 만들어지기 시작했다.

89년, 임금인상과 단체협약 과정에서 3개의 사업장이 파업을 진행하게 되었다. 노동조합 결성 과정에서부터 관계를 맺어온 사업장도 있었고, 파업을 진행하면서 결합된 사업장도 있었다. 각 사업장 간의 거리가 있긴 했지만 연대 파업으로 발전시키면서 지역 노동운동의 새로운 구심점 역할을 맡게 되었다. 어느 정파의 노선과 조직에도 속하지 않았던 '독서회'는 전국적 노동운동의 흐름에 비추어 노선과 조직의 입장을 정하지 않으면 안 되는 상황에 이르렀다. 선진노동자들을 중심으로 한 변혁적 노동운동을 표방한 노동단체와 협력을 해 오던 터라, 조직으로 들어오라는 압박을 물리칠 수 없는 형편이었다. 때마침 공안합수부에 의해 노동쟁의조정법 3자개입금지 혐의로 또다시 구속되는 바람에 조직적 결합은 뒤로 미루어졌다.

6개월여에 걸친 항소심 재판 후 출소하고 나서 운동의 새로운 방향을 모색하면서 조직에 들어가게 되었다. 근거지였던 고향을 떠나 가명으로 경기남부 노동운동단체협의회 정책선전위원장 역할을 맡았다. 전국연합 산하 경기남부연합에 정책실장으로 파견을 나가기도 했다. 이때부터 나는 또 조직의 입장을 대변하고 관철하는 최전선에 서야 했다.

레닌 동상 철거 (사진출처 : 구글, 나무위키)

소련의 해체와 동구 사회주의권의 몰락, 3당 합

서울 종로구 대학로에서 열린 '민중 후보' 백기완 후보의 유세 (사진출처 : 한겨레)

당이라는 보수 대연합의 집권. 전노협의 출범과 탄압 등 격동의 90년대 서두에 조직 내에서 지도부 역할을 하게 되었다.

92년 총선 국면에서 안산지역에 노동자 후보를 독자 출마키로 하였다. 구속된 노동조합 위원장을 노동자 후보로 세웠다. 후보가 선거운동을 할 수 없는 상황에서 선거운동본부는 그 자체로 투쟁 지휘부였다. 선거 사무실의 총책임을 맡으며 대중 앞에 서는 역할을 했다. 각 정파의 정치 생명을 건 대중투쟁의 한복판에 서게 된 것이다. 그 과정에서 조직원과 신분을 숨겨야 하는 타 지역 노동조합 조합원들을 도구화(?)하는 투쟁방식에 이의를 제기하며 지도부와 부딪혔다. 대량 구속사태로 총선투쟁을 마무리하려는 것 아닌가 하는 의심이었다. 동지라는 신뢰를 잃었고, 그 경험은 조직을 떠나는 중요한 계기가 되었다.

당시의 상황은 흡사 해상 전투 같은 느낌이다. 미완의 87년 민주화 투쟁 이후, 대통령 선거를 앞둔 보수와 민주 진영의 재대결. 각기 진을 갖추고 맞대결을 해야 하는 상황에서 한

쪽은 이해관계를 중심으로 결속했고, 다른 한쪽은 진영 내의 노선과 입장에 따라 소군영으로 따로 움직였다. 리버럴 보수정당(민주당)에 대한 비판적 지지론, 독자 후보·합법적 대중정당론(진보 정당론), 대중 투쟁론(민중 주도에 방점을 찍은 민주대연합론). 이후 세 흐름은 각자의 길을 가게 된다.

이 해상 전투에서 적대적 진영 대결보다 더 중요했던 게 각 군영의 생존이었고, 그 심연에는 각 정파를 이끄는 수장들의 오만과 독선이 있었다. 어느 나라 혁명사에서도 이러한 내부 투쟁 과정은 피할 수 없는 일이긴 했다. 다만 그 과정에서 우리는 치명적인 상처를 입고, 입히며 역사에서 멀어질 수밖에 없었다고 생각한다. 나는 93년, 해상전의 상처를 고스란히 안고 조직을, 운동을 떠났다.

공중전

길을 잃었다. 많은 이들이 이 말을 곱씹었다. 90년대 중반, 운동가들은 기존 사회로 편입하면서 생존을 도모했다. 배울 만큼 배웠고, 정세 판단력도 뛰어났던 이들은 학원 및 출판계, 개인사업, 공무원, 정계 등 각 분야로 진출했다. 결혼도 했고, 자식들도 생겼으니 자연스레 사회 시스템에 적응했다.

나 역시 2년의 칩거를 끝내고 우연한 기회로 선배들과 함께 건축업을 시작했다. 아버지가 소유한 땅을 정리해 형제들에게 나눠주고, 나는 그 일부를 종자 삼아 노동자학교를 세우고자 했다. 이런 나의 꿈과 아버지 땅을 개발해 건축회사를 키우고 싶어하던 선배의 이해가 맞아 동업을 시작했다.

81학번 운동권 출신 선배 4명이 뭉쳤다. 그들은 대표로, 토목부장으로, 건축부장으로 그리고 마케팅 이사로 명함을 팠다. 나는 업무관리부 이사를 맡아 회사 살림을 했다. 이렇게 회사 모양새를 갖춘 후 토목과 건축 전문가 이사를 들였고, 전무도 두었다. 아버지 땅은 원룸이나 오피스텔 등 기획 건축물로, 다른 한편으론 대지조성 사업을 중심으로 하는 전원주택

단지 개발 사업으로 회사 전략을 세웠다.

자료출처 : 한겨레신문

'우리는 운동을 하는 게 아니고 사업을 하는 거다'라는 말이 목구멍에 걸렸다. 은행과 관공서, 인맥 등 기존의 사회 관행과 시스템에 잘 맞추는 회사가 되어가고 있었다. 내가 하는 일이란 관공서에서 허가 내고, 측량하고, 준공 내는 일. 절차마다 인사하고 접대하고. 현장에서 올라오는 기성 청구금에 어음 발행하고, 어음 메꾸고. 다달이 월급 맞추고, 어음 메꿀 돈 대출 받으러 이곳저곳 발품 팔며 은행 찾아다니고. 사채도 돌리고.

외형은 커지고, 그 외형을 유지하자니 더 큰 판을 벌여야 하고. 점점 더 깊은 수렁으로 치닫는 순간, 딱 그 시점에 IMF 외환위기가 터졌다.

분양은 안 되고, 이자는 치솟고, 이십 명 가까운 직원들 월급은 밀리고. 미룬 어음들이 내 부자에 의해 돌려지고. 겪을 건 모두 겪은 파산의 시점. 그 순간 깨달았다. 한바탕 공중전. 총알이 떨어졌다. 오직 추락하는 일만 남았구나.

지상전

예견된 파산이었다. 다행스러운 것은 혼자만 추락한 것이 아니라 전 국가적 비상사태에 어찌할 수 없는 일이었다고 얹혀 갈 수 있었다는 것뿐. 세상을 바꾸자고 말했던 건 국가 권력의 문제였을 뿐, 시스템을 넘어 일상의 삶을 바꾸려면 어떻게 살아야 하는지 우리는 질문하지 않았다. 사업이란 이름으로, 일상이란 이름으로 그저 살아남기 위해 살아가고 있었다.

두 딸과 함께

그때야 정신이 번쩍 들었다. 세상을 바꾸는 것, 혁명은 이데올로기가 아니라 변혁적 삶이라고. 인간다운 세상을 위한 일상의 실천이라고. 자본주의적 생활양식이 아니라 비자본주의적 태도와 삶의 확산이 본질이라고.

나와 회사 소유의 모든 부동산이 경매로 넘어갔다. 부도난 사무실에 6개월여 머물면서 채권 채무 관계를 정리했다. 넘어진 바로 그곳에서 다시 일어서야 한다는 믿음. 가까스로 머물 집을 구하기는 했지만 쌀이 떨어지고 전기를 끊겠다는 고지서가 쌓여갔다. 그 와중에 그동안 맺었던 인연과 신뢰 덕에 외상으로 땅을 매입해 현대 흙집 4개 동을 조성했다. 중산층의 게스트하우스 개념이었던 서구식 전원주택단지나 목조주택이 아니라 우리 살림집의 전통과 정서를 현대 흙집, 현대 한옥으로 구현해 보고 싶었다.

집은 교환가치가 아니라 사용 가치라는 점, 집은 인간의 삶을 담는 그릇이어야 한다는 점을 공중전의 교훈으로 삼았다. 그리고 지상전에서 그것을 실현하고 싶었다. 설계에서 인허가, 견적, 실행, 마감의 전 과정을 익혔다. 현장에서 등짐을 지고, 청소를 하고, 지방 현장의 여관 숙소에서 먹고 자며 일하는 이들과 함께 했다. 거래 관계로 맺어지는 계약 관행에서 건축주와 시공사, 현장 일꾼의 삼자가 주체가 되는 공동 집짓기로 변화되기 시작했다.

2002년부터는 회사 홈페이지에 '시로 쓰는 세상 일기', '수필로 쓰는 세상 일기', '건축 일기-흙집 이야기'를 연재했다. 월요일부터 토요일까지 현장을 돌고, 토요일 밤은 꼬박 새우며 새벽까지 글을 썼다. 전원주택 관련 잡지사에서 집을 지을 때마다 취재를 했다. 별도의 홍보 없이 홈페이지와 잡지 연재로 건축주들이 찾아왔다.

2004년 때맞추어 일자리를 찾는 젊은 친구들이 찾아왔다. 그 해 참으로 많은 일들을 해냈다. 하지만 2005년 일거리가 불투명해지자 회사가 다시 흔들렸다. 아이들이 아직 어려, 집 근처의 출퇴근 현장만 고집했으나 그때부터 지방 현장을 개의치 않았다. 진부 수녀원 신축이 고비를 넘기는 전환점이었다. 그로부터 한 시기 한 현장만 집중한다는 원칙을 세웠다. 처음부터 끝까지 내 손을 거쳐 이루어지는 집짓기가 시작되었다.

아마도 지상전 최후의 전투가 아니었을까 싶다. 거기서 나는 생존했다. 건축주와 현장에서의 일상적인 소통, 공정별 책임자인 오야지만이 아니라 전체 일꾼들과의 교감. 일상적인 자재 정리와 청소, 식사와 회식에 이르기까지 하나의 팀이 유기체처럼 움직였던 경험은 거래 관계가 아닌 동행자로 인식되기에 이르렀다.

마흔 중후반 언저리 그 7년여 동안 내가 짓는 집의 완성도는 높아졌고, 나도 웃음을 되찾았다. 현대 한옥의 일가를 이루었다는 평가도 받았다. 자신감이 생겼다.

어디를 가나 당당했던 날들에서 어느 곳에 가든지 허리를 굽혀야 했던 시절의 굴욕을 넘어 당당함을 잃지 않는 '나'로 돌아왔다. 그리고 다시 꿈을 꾸기 시작했다.

작은 숲에 이르다

시작은 〈살림집 목수학교〉를 만드는 것이었다. 젊은 목수들을 중심으로 한 1년, 생계의 수단으로 목수 일을 배우고, 가족 단위로 농사짓는 근거지를 확보할 계획에 맞춰 농사법도 익히고 말이다. 인문학 강좌를 통해 마을 공동체를 준비하는 일꾼으로 성장시키는 학교면 어떨까. 네다섯 명이 팀을 이루어 각 지역 마을로 들어가 집 짓고, 농사짓고, 아이들 가르치는 마을 학교도 만들고. 대안적 삶을 공유하는 이들이 교류하고 협력하면서 우리가 꿈꾸던 대안사회를 스스로 만들어 갈 수 있지 않을까?

2007년 강원도 횡성에 땅을 마련하고, 2008년 스텝들이 머물 살림채를 완공했다. 2009년 교육 공간인 강당 뼈대를 세웠다. 그리고 숙소와 일상생활이 가능한 서원 공사가 시작되었다. 강학당, 동재, 서재 3개 동의 뼈대 공사 및 지붕 공사가 완료되었을 때, 중고등 대안학교부터 시작하면 어떻겠냐는 제안을 받았다. 나는 현장 일을 통해 재원을 마련하고, 누군가 중고등 대안학교를 맡아준다면 그를 바탕으로 살림집 목수학교 전공부도 만들어 갈 수 있지 않을까 싶었다.

세 가족을 중심으로 '행인서원' 준비위원회가 만들어졌다. 급기야 2013년 7월 개원에 이르렀다. 나의 준비 상태에선 5년여 후의 일이었지만 동행자들이 함께한다면 서둘러도 좋은 일이었다. 그런데 개원식을 앞두고 예기치 않은 내부 동요가 생겼다. 이전처럼 대안학교 학생모집이 수월치 않다는 것이다. 마침 인근에 공립형 대안학교가 개교를 앞두고 있었다. 어린이 캠프와 청소년 여행학교 등 다른 방식의 대안을 찾자는 이야기가 오고 갔다. 기존 시설은 시민단체나 소그룹, 교회 등을 상대로 한 대관, 숙박 등으로 수입을 창출하자는 것이다.

행인서원이라는 공간을 세운 목표가 방향을 잃고 있었다. 2년여 애쓰던 이들이 떠나고 결국 행인서원의 운명은 나에게 돌아왔다. 여기서 멈출 것인지, 다시 길을 떠날 것인지. 2016년 초, 업을 접고 행인서원에 나의 운명을 걸기로 했다.

마음고생이 많던 때에 신영복 선생님의 글에서 길을 찾았다. '처음처럼– 여럿이 함께– 더불어 숲'. '각자 뿌리 깊은 한 그루의 나무가 되고, 그 나무들이 따로 또 같이 숲을 이루는 세상'. 2016년 사회적 협동조합 설립총회를 거쳐 공적 체계로의 전환을 모색했다.

공립형 대안 고등학교에서 노작과 자연 강사로 수업을 하며 청소년들과 만나게 되고, 그 기회 배움터 주선으로 안흥지역 청소년들과 인문학 수업을 하게 되었다. 지역의 복지사 선생님들 모임, 단체들과의 교류도 생겼다. 교육지원청과 지역 단체들과의 연계로 청소년 주말학교가 시작되었고, 그 결실로 어린이, 청소년, 청년, 어른들을 포괄하는 인생 학교를 계획해 위탁을 받았다.

자본과 권력에서 독립된 공간을 목표로 했던 행인서원이 재원을 조달받는 위탁 형태의 운영을 할 수밖에 없는 형국이 늘 위태롭다. 하지만, 제도권과 제도권 밖을 넘나드는 경계에 서 있음이 갖는 유리한 환경도 분명히 존재한다. 교육지원청 위탁이라는 공적 신뢰를 바탕으로 지역의 어린이, 청소년, 청년, 어른들과 만나고 그들의 성장에 힘입어 지역 공동체의 협력과 연대를 끌어낼 수 있으리란 기대를 하고 있다.

그래서

나는 '사랑과 우정', '돌봄과 나눔', '환대와 연대'라는 공동체적 가치로 어린 친구들, 청소년, 청년, 어른들을 아우르는 무형의 마을 공동체를 꿈꾼다. 작은 숲이다. 그건 아마도 내가 젊은 시절 독서회를 통해 이루려고 했던 꿈이기도 하고, 중년의 나이에 살림집 목수학교를 꿈꾸었던 소망이기도 하다. 이른바 장자가 꿈꾸었던 '자발성에 기초한 자유로운 인간들의 연합'인 대안 사회다.

스쳐 지나가는 인연인 줄 알았는데 그 인연들이 동행을 이루고, 함께인 혼자로 머무는 행인서원의 날들 또한 평온을 찾아가고 있다. 10년의 세월이 그냥 지나온 날들이 아니었음에 감사하는 날들이다.

드라마 '선덕여왕'에서 화랑들이 불렀다는 노래 가사가 목울대를 적신다.

> 싸울 수 있는 날엔 싸우면 되고
> 싸울 수 없는 날엔 지키면 되고
> 지킬 수 없는 날엔 후퇴하면 되고
> 후퇴할 수 없는 날엔 항복하면 되고
> 항복할 수 없는 날엔…그날 죽으면 된다.

그렇게 죽으면 좋겠다. 그래서 나는, 오늘을 산다.

CHAPTER 02

26

토목현장에서 일궈낸 인생 이모작

이성수

산업심리학과

토목현장에서 일궈낸 인생 이모작

노가다의 길

관악산수영장 터 BTS기념공원

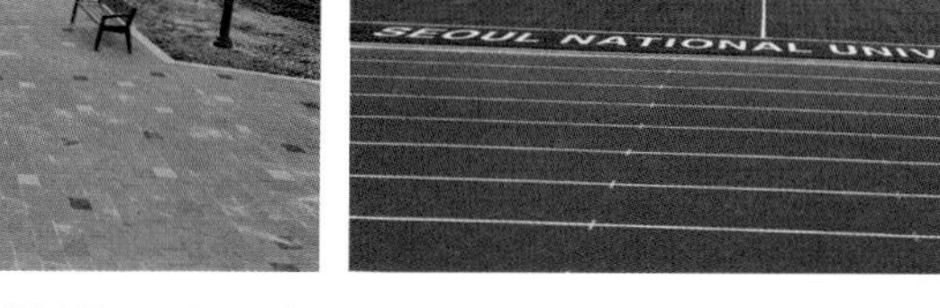

서울대 대운동장 전경

세찬 바람이 휘몰아치고 을씨년스러웠던 1995년 1월 어느 날, 서울대학교(이하 서울대) 순환도로 꼭대기 302동 신공학관 신축 토목현장에 이성수는 서 있었다. 목구멍이 포도청이라고 하였던가. 잠시 목이라도 축일 요량으로 들어선 현장이 나의 일터가 되고 평생직장이 될 줄이야!

서울대 관내 도로, 건물, 화단 곳곳에는 이성수의 피와 땀이 스며 있다. 서울대는 이성수를 찾았고 그 부름에 응한 세월이 20년이다. 자하연 연못에 놓여 있던 오작교를 철거한 사람도 나였고 관악산 중턱 언저리에 BTS '화양연화'의 배경이자 그들의 순례자들을 위한 작은 공원을 만든 사람도 나, 이성수다. 대운동장 지반을 조성해 인조 잔디 기반시설을 완벽히 꾸민 사람 역시 나였다. 그렇게 서울대 이곳저곳은 내 삶의 터전이었다.

꽃다운 나이에, 한 번은 학생운동(서울대연합집회)으로 3년, 또 한 번은 조직사건(남한 사회주의 노동자 동맹)으로 3년, 이렇게 6년을 선고받았다. 4년 반 징역살이를 했다. 이후 결혼도 하고 아이도 낳았다. 당시 소비에트 연방이 붕괴되어 세상은 어수선하고 나는 살길이 막막했다. 심란한 마음에 무턱대고 찾아간 OO보살집 어느 점쟁이가 나더러 대뜸 '나무와 관련된 일을 하면 좋다'고 말했다. 듣는 둥 마는 둥 했지만 결국 나는 토목의 세계로 발을 들이게 되었다.

용산 육군회관

안타깝지만 깜냥도 안 되는 후보가 대선에 당선되었다. 집무실을 옮기네 마네 난리 법석을 떨던 어느 금요일 오후, 한통의 전화가 날아들었다.

"이성수 소장님 되시죠? 국방부 근무지원단 윤 과장입니다. 내일 국방부 청사로 좀 와 주실 수 있나요? 급히 공사할 게 있어서요."

코로나 검사를 마치고 들어선 용산 국방부 청사는 전쟁터를 방불케 했다.

"육군회관 화단 제거와 주차장 확포장 공사를 진행해 주셨으면 해서요. 군무지원단에서 작전 회의를 했는데 대대장님, 주무관님, 그리고 저 역시 품질도 최상에다 공기를 맞출 사람으로 이 소장님을 추천했습니다."

내용을 살펴보니 민간공사와 달리 상상을 초월할 정도로 요구품질 수준이 높았다. 게다가 용산으로 옮기려고 하는 측의 불순한 의도가 괘씸해서라도 솔직히 응하기 싫었다. 그러나 프로 입장에서 흔쾌히 수락했다. 국방부 군무지원단에서 경험을 쌓은 기술자, 소장만도 수백 명에 이를 텐데, '이성수'를 떠올렸다는 것만으로도 어쨌든 영광스러운 일이기는 했다. 나는 최고의 기술자다. 최상의 품질로 화답했음은 말할 나위도 없다.

닥친 고비

비전공자로서 도로공사와 관련한 토목공사를 한다는 것이 그리 녹록한 일은 아니었다. 언젠가 성동구청에서 도로포장과 관련한 일을 맡은 적이 있다. 굳이 이명박의 말을 빌지 않고도 월화수목금금금을 반복하던 시절이었다. 주야장천(晝夜長川)으로 말

용산국방회관앞 주차장

이다. 2천 년대 초반만 하더라도 대한민국은 엄청난 개발의 시대였다. IT붐을 타고 통신망, 고압전선 지하화 작업 등등. 거기다 청계천에 대줄 물을 한강에서 끌어 올리는 상수관 작업까지! 서울시내 도로는 몸살을 앓아야 했다. 이런 사정에서 성동구 관내만큼은 이성수가 책임지고 깔끔하게 복구하고 복원했다.

그러던 중 묵묵히 버텨 줄 것만 같았던 몸에 사달이 나고 말았다. 어떤 일이든 하자 없이 완벽하게 해야 한다는 성정과 강박증으로 나는 번 아웃이 되고 말았다. 불규칙한 식사와 과도한 긴장 그리고 피로 누적으로 인한 위궤양이 심한 상태였다. 암이 의심된다는 조직 검사 결과를 듣고 나서 6개월 동안 암검사만 세 번을 해야 했다. 다행히 암은 비켜 갔다. 그렇지만 쓰린 속과 잦은 구토, 때때로 머리가 터질 듯 아파 오는 두통을 잠재우기 위해서는 약을 벗 삼아야 했다. 우울증인지, 공황장애인지 정확히 알 수는 없지만 몸과 마음이 꺾인 상황에서 1년 남짓을 버텨야 했다.

위기 너머 마라톤

40대 중반 무렵이었으니 억울한 생각도 들었다. 그렇다고 그대로 주저앉을 수는 없는 노

동아마라톤 주로에서

개인 기록조회

순위	4108 위
참가번호	B84090
이름	이성수
성별	남자
참가부문	서울국제마라톤(풀코스)
연령대	-
기록시간	3:45:49

동아마라톤 기록증

릇! 반복에 반복을 거듭하는 108배와 명상으로 상한 심신을 달랬다. 복약, 백약이 무효인지라 과감히 약봉지를 던졌다. 그리고 동네 뒷산인 신정산 배수지에 올라 무작정 달리기 시작했다. 처음엔 달리기도 겁나서 경보로, 나중엔 경보가 힘들어 달리기로! 어느 새 나는 마라토너로 거듭나기 시작했다. 쓰린 속도 두통도 온데간데없이 사라졌다.

달리기, 윗몸일으키기, 턱걸이 운동만으로 3개월을 버텼더니 몸도 마음도 멋진 '달림이'로 부활했다. 머리털 나고 처음으로 왕자 복근, 울퉁불퉁해지는 이두박근을 가지게 되었다. 섬세하게 굴곡지는 몸을 보는 즐거움이 쏠쏠했다. 거울을 보며 '관리의 미학'이 무엇인지 깨달았다. 무엇보다 3킬로, 6킬로, 12킬로, 하프, 풀코스로 이어지는 달리기는 나의 삶을 정상 이상 궤도로 다시 올려놓았다.

동마 2012년 최고기록 3시간 45분 49초. 그것은 새로운 삶이 내게 준 최고의 선물이었다. 평일엔 안양천을 달리고 주말엔 한강을 달린다. 봄엔 동아마라톤을 뛰고 가을엔 춘천마라톤을 뛴다. 완주 후 맛보는 짜릿함은 희열과 환희 그 자체다.

지금도 여전히 새벽마다 달린다. 8킬로! 기분 좋으면 10킬로! 턱걸이 15개, 윗몸일으키기 90개로 아침을 연다. 내게 삶의 리비도는 달리기다. 달리면서 명상하고, 반추하고, 나를 디자인한다.

철학에서 실용으로

한때 혁명전사를 자처했고 민주투사로 존재했지만 소시민으로 살아가는 내가 가장 좋아하는 테제는 '그것이 효과적인가? 아니면 비효과적인가?'이다. 옳고 그름으로 세상을 살아왔던 나날들은 보람 있었다. 그 옳고 그름이 여전히 정치 영역에서는 놓칠 수 없는 가늠자이긴 하다. 다만 그 외의 많은 영역에서는 모든 걸 그 잣대로 재단하는 버릇을 내려놓으려고 애쓰고 있다. 그러고 나니 그 뒤에 오는 묘미는 삶의 가벼움이다. 연결이다. 마음의 평화다. 자유다.

랜드마크포럼 로고

그렇게 나는 '사랑하는 데 효과적인가 아닌가', '건강해지는 데 효과적인가 아닌가', '행복해지는 데 효과적인가 아닌가', '일하는 데 효과적인가 아닌가' 하는 물음으로만 삶을 꾸려가고자 한다. 나는 오늘도 가볍고 행복한 삶을 살아가기 위해 오로지 그것이 '효과적인가 아닌가'의 잣대만 가지고 깃털처럼 날아다니고 있다.

CHAPTER 02

27

나에게 준 선물

이송지
동양철학과

나에게 준 선물

그렇게 암환자가 되었다

달력을 보니 오늘이 6월 26일. 암 진단을 받고 병원에 입원한 지 꼭 1년이 되는 날이다. 삶의 위기는 벼락처럼 온다더니 정말 벼락처럼 왔다. 투병환자가 된다는 것, 그것도 장기간 투병을 해야 하는 병기가 높은 암환자가 된다는 것이 어떤 변화를 가져오는지 그날은 몰랐다.

1차 병원에서 암 진단을 받고 최종 진단을 받기 위해 3차 병원에 간 그날, 기다렸다가 입원실이 비는 대로 바로 입원해야 한다고 의사가 말했다. 위중하다고도 했다. 난 이 상황이 무엇을 의미하는지 잘 몰랐다. 엉겁결에 입원하고 3일 뒤에 수술 받았다. 수술 후 조직검사, 의사의 병기 선언과 항암 일정 통보......수술 후 2주간 입원해 있으면서 의사의 빠른 수술로 생명이 연장된 걸 알았다. 앞으로 기약 없는 생명 연장을 위한 항암을 해야 한다는 사실을 깨달았다. 그리고 이 상황이 무엇을 뜻하는지도 알아차렸다.

그렇게 난 암환자가 되었다.

일상으로부터 단절과 새로운 삶의 시작

건강한 몸을 우선시하는 사회에서 건강하지 못한, 그것도 60대 암환자로 산다는 것은 내 삶에 어떤 변화를 가져올까? 암으로 세상을 떠난 지인들이, 친구들이 생각났다.

그 분들을 힘들게 했던 것은 무엇이었을까? 몸의 고통? 죽음에 대한 두려움? 관계의 단절? 외로움? 알지 못했고 보듬어 주지 못했음을 알고 가슴을 쳤다. 나는 어떤가? 직면할 수 있는가?

일하던 곳에 바로 병가를 냈다. 60세 정년까지 4개월 동안 병가처리를 하고 퇴직을 하는 것으로 배려해 주었다. 입원하기 며칠 전까지도 회의를 했었는데, 내 책상의 물건들도 그대로 있는데, 이제 시작이구나. 어떤 삶이 기다리고 있을까? 눈물이 그냥 흘렀다.

30대에 공동육아협동조합 설립에 참여하면서 조합원으로, 교사로, (사)공동육아와공동체교육 사무국 상근활동가로, 협동조합 설립과 운영지원을 하는 컨설턴트로 일해 왔다. 오류도 많았고, 사람들에게 상처 주는 일도 많았고, 그리 기여한 바도 없는 것 같아 회한이 없는 건 아니지만 참 쉼 없이 달려왔다. 그렇게 살아온 시간의 끝에 암환자가 되었다는 현실에 처음에는 그저 눈물만 났다. 이제는 그 시간들을 정직하게 돌아볼 수 있는 시간을 준 암에게 감사할 정도는 된 것 같다.

마음 내려놓기

수술 직후는 삶과 죽음의 준비, 절망과 희망, 기대와 내려놓음, 감사와 설움……때로는 신께 매달려보기도 했던, 온갖 감정과 느낌들이 오고 간 날들이었다. 그러다가 내 힘이 미칠 수 없는 강력한 사건이라 생각하고 그냥 시간의 흐름에 맡기기로 했다. (그럴 수밖에 없었다. '암'에 대해 무지했고 생명의 나이 듦과 질병, 죽음은 같은 선상에 있다는 인간의 유한성에 대해 무지했다.)

퇴원 후 우리 가족들은 현대의학으로 치료는 어렵다고 하니 표준 치료라고 알려진 항암치료는 받되, 우리 몸의 놀라운 자연 치유력을 믿고 우리가 할 수 있는 노력을 하기로 했다. 그 다음은 우리가 짐작조차 할 수 없는 또 다른 힘이 있다면 그에게 맡기고 어떤 상황이 오든지 받아들이기로 했다.

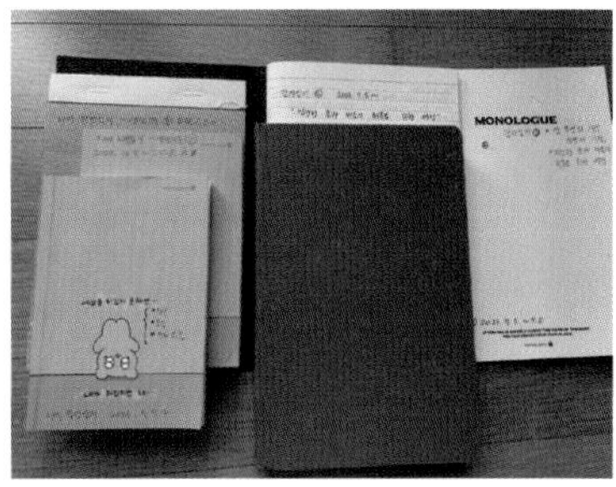

내가 할 수 있는 일, 치병의 기록

치병생활에 들어가자 병원과 집만 오가는 외로운 일상이었다. 그럼에도 모든 존재와 연결되어 있다는 느낌을 무엇보다 강하게 받았던, 고마움으로 흘러넘쳤던 날들이었다. 삶은 생각하지 못했던 또 다른 모습으로 내게 다가왔다.

퇴원 이후 나는 체중, 혈압, 몸무게, 변 상태, 식사, 운동량 등 생존을 위한 소소한 일상의 기록과 세 줄의 투병일기, 감사일기를 쓰기 시작했다. 내가 살아있음을 확인이라도 하려는 듯 매일 기록해 나갔다. 이 습관들이 치유에 도움이 되었다고 난 믿고 있다. 감사일기를 쓰면서 내가 얼마나 사랑스럽고 좋은 사람들과 살아왔는지 깨달았다. 또한 내 몸을 얼마나 방치했는지 미안해 하며 용서를 빌었다. 이 행동들이 루틴이 되어가자 암환자라는 사실을 자연스럽게 받아들이게 되었고 항암 중의 어떤 상황에도 담담한 나를 볼 수 있게 되었다.

암치병의 날들에 대한 기록 중 : 남편의 돌봄 노동

〈오늘은 좀 매울지도 몰라〉, 떠나는 아내의 밥상을 차리는 남편의 부엌일기.
대장암 말기, 병석에 있는 아내는 이제 어떤 음식도 제대로 소화시키지 못한다. 그나마 입에 대는 거라곤 남편이 마음을 다해 만든 요리뿐. 고통과 아픔 대신 음식으로 만들어내는 짧은 기쁨의 순간을 붙잡아두기 위해 쓴 남편의 부엌 일기. 한석규, 김서형 주연의 시리즈 드라마로 제작된 걸 남편과 둘이서 봤다. 여운이 길게 남아 책도 사서 읽었다. 남편은 강창래 씨. 아내는 세상을 떠났다. 그리고 두어 달 쯤 지났을까? 우리 부부는 같은 처지가 되었다.

퇴원 이후 남편은 본인 계획을 다 미룬 채 전담으로 5개월 동안 나를 돌봐줬다. 남편이 가장 잘하는 것은 밥상 차리는 일이다. 친환경 매장을 다니며 항암 식품들을 사고, 하루 세 끼 암환자에게 좋은 메뉴를 생각하고, 만들고, 밥상을 차리고, 치우고......60이 넘은 중년의 남자가, 그것도 허리가 좋지 않은 중년남자에게는 힘에 부치는 돌봄 노동이었다. 난 이 밥을, 이 정성을, 하나도 남김없이 1시간에 걸쳐 씹고 또 씹어 내 몸으로 흘려보냈다.

이 시간들은 남편을 새롭게 발견하는 시간이 되었다. 그동안 사랑도 했지만 미워하고 원망하는 마음도 컸다. 그러나 서로 밥을 차리고 먹는 시간을 통해 그의 헌신 위에 내가 있었고 나의 헌신 위에 그가 있었다는 사실. 우리 둘의 연결감을 확인하고 투병기간은 슬픔의 시간이 아닌 미안하고 고마움을 보내는 따뜻하고 귀한 시간이 되었다.

암이 나에게 준 선물 : 안 보이던 삶의 모습들이 보이기 시작했다

〈누구도 홀로 외롭게 병들지 않도록〉, 영국 프롬마을의 컴패션 프로젝트.
항암 중 벗들과 함께 읽었던 책이다. 투병생활 속에서 절실하게 느끼고 경험하고 있는 문제들을 담고 있어 공감하고 또 공감했다. '환자들은 다양한 사회적 관계, 다양한 활동을 통해 다른 사람과 살아있는 숨 쉬는 관계를 맺음으로써 훨씬 더 큰 치료 효과를 얻는다. 이런 활동은 개인적, 사회적 신뢰를 돈독하게 해 자신을 괴롭히는 문제를 해결할 방법을 스스로 찾도록 돕는다'.

암 진단 이후 나는 지금까지 느끼고 경험 못한 기적 같은 감사의 순간과 사랑, 사람들을 경험하고 있다. 암이 나에게 준 선물이다.

그 중 하나가 위에서 말한 '사회적 지지'다. 갑작스런 암 진단으로 난 실업자가 되었다. 동시에 가족들도 다 실업자가 되어서 경제적으로 막막했던 때가 있었다. 부모의 유산이라는 건 남 이야기고, 모아둔 돈도 없었다. 막막했다. 남편이 다시 직장을 찾을 때까지 5개월 동안 적지 않은 치료비와 생활비가 들어갔는데도 다 해결하고 살았다. 많은 분들의 물심양면 후원, 선물 덕이다. 끊이지 않고 이어졌던 지지와 응원, 그 기적의 순간들. 고맙고 또 고마울 따름이다. 이런 기적을 겪으면서 생각했다. 암이 내게 온 이유가 무엇일까? 나에게 주고 싶은 메시지가 있을 텐데, 아직 찾지 못했지만 난 그 답을 사회적 관계 속에서, 내가 할 일을 찾는 데서부터 시작할 것이다.

친구 한 명은 성모가 17번 발현하고 치유의 샘물을 찾아줬다는 프랑스 루르드에서 30년 전에 떠온 샘물을 나에게 가져다주었다. 난 가톨릭 신앙인은 아니지만 어떠랴. 내 친구의 사랑을 눈물겹게 느끼며 몸에 발랐다. 병으로 고통스러워하는 모든 사람들을 생각하며. 이 또한 암이 내게 준 선물이다. 내가 이 순간에 다른 이들의 고통을 생각하다니. 내가 이 순간 살고 있음은 다른 생명체의 희생과 헌신에 빚진 것이라는 소중한 깨달음.

지금 나는

아이쿱에서 진행하고 있는 라이프케어 의료복지 사회적협동조합의 암예방방지 상호부조활동을 시작했다. 아이쿱, 경기의료사회적협동조합 (재)치유재단에서 운영하는 '자연드림 암 재발 방지를 위한 요양병원'에도 다녀왔다. 우리나라에서 처음 시도하는 치유 위주의 병원.

그곳에서 난 절망 속에서도 씩씩하게 '존엄'을 지키며 살아가는 '품위 있는 환자'들을 만났다. 그들을 '환자'가 아닌 '사람'으로 대해주는 '품위 있는 의료인력'들과 힐러들도 만났다. 이런 치유의 공간을 만드는 일. '사회적협동조합'이 할 일이라 생각한다. 아픈 사람들과의 관계. 암이 내게 오지 않았으면 볼 수 없었던 삶의 또 다른 모습이다.

용인 문탁네트워크 나이듦연구소에서 1년간 일주일에 한 번 진행하는 '죽음탐구세미나'

자연드림 암재발방지 요양병원 환우들과 산행

에 참여하고 있다. 노화와 질병, 나이 듦, 죽음의 준비를 함께 할 수 있는 도반들을 만났다. 삶과 죽음의 연속성, 인간의 유한성, 불교의 가르침에 대한 새로운 공부를 시작했다. 티베트불교 독송 모임에도 참여하고 있다. 언젠가는 올 죽음에 두려움 없이 직면하고, 현재 이 순간의 삶을 지혜롭게 살고자 함이다.

그리고 수술 이전에 해왔던 일들, 하고 싶었던 일에 조금씩 시동을 걸고 있다. 상근자를 끝내면 자유롭게 하고 싶은 일들이 많았다. 그 첫째가 오랜 시간 같이 활동했던 '공동육아활동가' 샘들과 서로 돌보면서 자유롭고, 멋지게 늙어가고 노는, 환대의 공동체 '사회적협동조합 벗'을 만드는 일. 창립총회를 했고 인가 신청도 했다. 그러나 복지부와 여가부가 핑퐁으로 서류를 돌리는 바람에 아직 인가는 받지 못했다. 그러나 어떠랴. 협동조합이 그랬던 것처럼 우리끼리 먼저 활동을 시작하기로 했다.

얼마 전, 수술 후 1년 만에 첫 워크숍을 진행했다

긴장했는지 시작하기 전 어지럼증과 컨디션 난조를 보였다. 카랑카랑했던 내 모습은 없고 기운 없어 보였다고 함께 한 샘이 말해주셨다. 그래도 무사히 마쳤다. 아, 일을 다시 할 수 있겠다는 기대감이 생겼다.

항암 중 나들이 (2023. 12.)

혹독했던 1년이 지나갔다. 지금도 난 여전히 치병생활 중이다. 나에게 주어진 하루하루를, 순간순간을 충만하게 살아가는 것과 죽음을 준비하는 것이 최선의 삶의 방식인 4기암 환자이지만 지금 나는 참 행복하다.

암이 또 언제 활동을 시작할지 모른다. 그러나 몸이, 건강이 허락하는 한 암과 친구로 함께 살며 지금까지와는 다른 내 삶의 무늬를 조금씩 새겨보려고 한다. 기회를 주셔서 이 또한 얼마나 감사한지 모른다.

수술 후 첫 장거리 여행을 한 작년 10월, 속초 환갑여행이 생각난다. 동해바다를 본 순간 눈시울이 뜨거워졌다. 살아남았다는 안도였을까? 이 순간 살아있음에 대한 감사였을까? 삶에 대한 집착이었을까? 무엇이든 괜찮을 것 같다. 그 질문을 안고 또 삶을, 죽음을 마주 보려 한다.

CHAPTER 02

28

맛진 호떡 멋진 인생

—

보타니컬 아트와 여행스케치

이승령

조경학과

맛진 호떡 멋진 인생

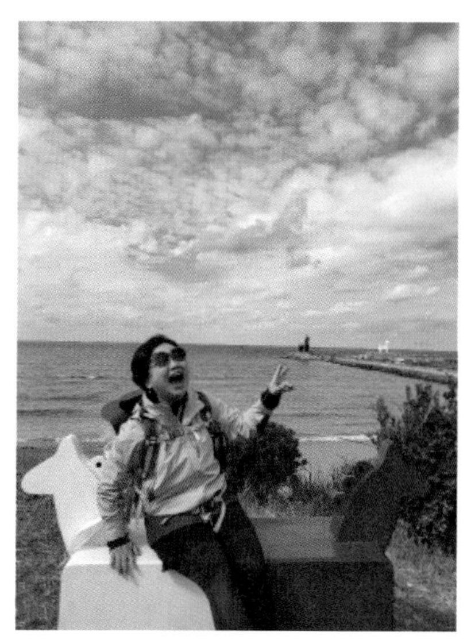

86년, 그해 아시안 게임 반대 싸움으로 구속되어 잠깐 살다 나왔다. 나오자마자 교통사고를 당해 3개월 반을 입원했다. 나에게 87년 6월 항쟁은 환자로 지내는 기간이었다.

퇴원 후 집을 나와야 했다. 그러려면 방 얻을 보증금이 필요했지만 버스비조차 없는 상황이었다. 그렇다고 집에다 손 벌리기에는 면목이 없었다. 내 한 몸 거두지 못하는 구차스러운 삶을 돌파해야 했는데 병원에서 나온 지 얼마 되지 않아 몸도 션찮았다. 공장에 들어갈 계획도 세울 수가 없었다. '어떻게 돈을 벌어야 하나?' 이 생각만 하면 가슴이 답답했다. 날은 서서히 추워지고 마음도 계절과 함께 움츠러들던 연말이었다.

그때 길가에서 사람들이 호떡과 고구마를 사가는 모습이 눈에 들어왔다. '그래, 저거다! 한번 해보자.' 싶기도 했는데 한편으로는 '근데 내가 할 수 있을까?' 하는 생각도 들었다. 나는 아르바이트를 해본 적이 없었지만 그때 무슨 용기였는지 자신감이 올라왔다. 마침 내 곁에는 든든한 선배인 두 명의 동업자가 있었다. 지금 생각하면 선배들도 어렸지만 그때는 그들을 따라만 가면 된다는 믿음이 있었다.

장사를 하기 전부터 필요한 것과 알아야 할 것이 많았다. 우선 구루마(리어카)가 필요했고 그걸 어떻게 만드는지 익혀야 했다. 무엇보다 호떡은 먹기 좋게 부치고 고구마는 순식간

에 잘 구울 수 있는 기술이 필요했다. 구루마는 동네에 굴러다니는 것을 가져다가 손을 좀 봤다. 앉아서 조리할 수 있는 자리까지 제법 근사하게 만들었다. 그렇게 장비를 갖춰놓고 호떡이냐, 고구마냐 고민하다 호떡 재료 파는 도매시장으로 갔다. 주인장에게 '호떡이란 무엇인가'에서부터 밀가루 반죽하는 비법까지 전수받았다. 생이스트를 녹여서 밀가루와 섞으면 발효가 일어난다. 비로소 우리가 아는 맛의 호떡 반죽이 완성된다. 거기에 바닐라 향을 넣어야 맛깔스런 반죽이 된다는 것을 알게 되었다. 주인장은 호떡의 고수였다.

이렇게 준비된 반죽을 하나하나 손으로 빚어서 앙꼬(팥소)를 가운데 넣고 두께를 일정하게 눌러서 펴주어야 호떡이 골고루 익는다. 호떡의 맛은 부치는 순간에 달려있다. 훈련을 위한 사전 연습이 필요했다. 먼저 벌집 같은 집에 살던 선배 집에서 호떡을 부쳐봤다. 세 살던 분들한테 돌리고 품평회도 했다. 그분들은 젊은이들이 열심히 산다며 우리를 격려해 줬다. 처음 해보는 건데도 맛있다며 기특해 했다.

신기하게도 호떡은 잘 팔렸다. 처음 주문을 받아 기다리고 있는 사람들 앞에서 바들바들 떨며 만들던 생각이 난다. "와, 내가 만든 게 정말 호떡이 되네." 하며 상품으로 팔게 된 호떡-아마도 1000원에 10개-이 마냥 신기했던 것도 떠오른다. 구루마를 끌며 사회의 첫발을 내딛고 나니 어른이 된 양 뿌듯한 뭔가가 가슴으로 올라왔다.

그때는 호떡으로 저녁을 때우는 사람도 종종 있었다. 다방 앞에서 호떡을 팔고 있는데 다방으로 사천 원어치 배달해 달라는 사람도 있었다. 갑작스러운 주문 폭주에 긴장한 나머지 동공에 지진이 일어나기도 했다. 추운 겨울, 호떡 수레에 앉아 있으면 측은지심의 눈길로 바라보며 "엄마 어디 가셨니?" 물어보는 분들도 계셨다.

매서운 날씨에 차가운 식용유에 손을 담가 호떡을 일일이 만들어야 하는 내 옆에서 군고구마를 팔며 따뜻하게 있는 노부부를 보며 엄청 부러워했다. 처음으로 돈을 버니 참 좋았다.

친구한테 만둣국도 쏘고 오빠 생일날 장갑과 목도리도 선물했다.

호떡 파는 일은 3개월 정도 했다. 얼마를 벌었는지 아득하지만 보증금 20만 원에 월세 5만 원짜리 방을 얻어 드디어 집에서 독립할 수 있었다. 이후 안양에서 지역 활동을 했다. 생활비가 필요하면 남편이 우유를 돌리고 난 수금을 하러 다녔다. 그러면서 애기들 한글도 가르쳤다. 아이 낳고 양육하면서 기존의 보육방식에 대한 문제의식을 갖고 공동육아 협동조합도 만들어가며 아이들을 키웠다.

그 후 20여 년간 자원봉사센터에서 일을 했다. 때마다 어려움이 없지는 않았지만 청춘의 특권으로 겁 없이 도전했던 힘이 지금의 나를 있게 해줬다. 오뚝이 같은 근성과 삶에 대한 열정은 여전한가 보다.

지금도 지역이나 주위에서 나를 필요로 할 때면 이것저것 따지지 않고 쿨하게 달려간다. 돌아보면 내 젊은 시절은 역동적이고 거침없었다. 멋졌다. 앞으로 내게 주어진 생이 얼마나 될는지 알 수는 없지만 견결하게 때론 도움이 되는 존재로 쓰이면서 살고 싶다.

보타니컬 아트와 여행스케치

그림을 그리는 것은 명상과 같다. 마음을 차분하게 하고 잡생각이 없어져 그냥 하던 일에 집중할 수 있게 해준다.

중학교 미술시간 이후 그림을 그려본 기억이 없다. 그런 내가 그림과 인연을 맺고 취업 전까지 계속 인연을 이어갈 수 있었던 것은 동네 주민자치센터의 저렴한 수강료(한 달 만원)와 너무도 훌륭한 선생님을 만났기 때문이다. 처음으로 접한 것이 보타니컬 아트이고 그 다음에 여행스케치로 갈아탔다.

보타니컬 아트는 식물세밀화, 꽃드로잉 등 다양한 이름을 포함한다. 보타니컬을 하다가 고된 작업에 계속할지를 한동안 망설였다. 그러다 직장 만료 후 여행을 다니면서 쉽게 그릴 수 있는 여행스케치를 하게 되었다. 앞으로 연마할 것이 많겠지만 지금까지의 수준에서 작품을 싣는다.

동자꽃

처음으로 그린 작품이라 어렵게 완성했다.
스케치, 색칠하기...... 모두가 두리번 두리번
하면서 완성되어서 다 완성되었을 때 신기하기도 했다.

튜울립 1.2.3

튜울립에 꽂혀서 3개를 내리 그렸다. 같은 듯 다른 것을 찾아내서 그렸다. 튜울립을 그리면서 그리려면 관찰을 해야 한다는 것을 알았다. 꽃에 대한 관찰을 본격적으로 하기 시작했다.

포인세티아

겨울, 화원에 엄청 많은 빨강과 초록의 강렬한 대비가 눈을 끌었다.
미처 빨갛게 다 되지 않은 잎이 눈을 끌어 그리게 되었고 선생님한테 칭찬받았다.

여행스케치

여행을 다니면서 수없이 사진을 찍었지만 사진과는 다른 질감인 스케치를 하고 싶은 맘이 있었다.
눈에 들어온 것만 그릴 수도 있고 얼버무릴 수도 있고 후루룩 빨리 완성할 수 있어서 좋다.

CHAPTER 02

29

나의 사랑, 아름다운가게

이 진

의상학과

나의 사랑, 아름다운가게

나에게 '아름다운가게'는 일터이자 놀이터였다. 그리고 일상을 대하는 가치판단의 지표이며 나침반이었다. 그곳을 떠난 지금도 여전히 나는 '아름다운가게'의 향기를 느끼고 그 안에서 호흡한다.

운명처럼 만났던 '아름다운가게'는 나의 4,50대에 올바름, 공동체, 공생, 환경, 인간애 같은 단어를 삶 속에서 느낄 수 있게 해주었다. 그곳은 깨달음을 주는 세례의 장이기도 했다.

앞으로도 그 깨달음들을 귀하게 여기며 그곳을 통해 맺은 선물 같은 이들과의 인연을 이어갈 것이다.

아름다운가게와의 만남

둘째를 낳고 6년여를 육아에만 집중하던 2002년 10월, 신문 사회면에 '아름다운가게' 관련 기사가 연일 도배되었다. '아름다운가게' 1호점인 안국점 오픈이 불러온 사회적 파장이 컸다. 시쳇말로 오픈런(open run)과 재고바닥이 기사의 주된 내용이었다. 당시엔 다소 낯선 언어였던 재사용, 리사이클(recycle)을 바탕으로 자원봉사자가 매장을 운영하고 거기서 모인 수익금을 필요한 곳에 나누는 형태였다. '사회적기업'이라는 이름의 새로운 지평이 획기적으로 열린 것이었다.

뉴스를 접하며 그곳에서 일하고 싶다는 생각이 들었다. 2003년 초, 드디어 '아름다운가게'에 입성하게 된다.

모든 것이 새로웠다. 아쉽게도 상품, 인프라, 운영시스템 등이 제대로 갖춰져 있질 않았다. 그렇지만 구성원들은 하나같이 생활문화운동 활동가라는 자부심으로 똘똘 뭉쳐 있었다. 열정과 패기만큼은 하늘을 찌를 듯했다. 사람들의 호응으로 1호점 안국점에 이어 2호점 삼선교점이 오픈했다. 나는 3호점인 독립문점이 오픈할 때 그곳의 매니저가 되었다. 상임이사로 우리를 이끌었던 고 박원순 변호사 그리고 30여 명의 동료간사들과 함께, 매일의 기적을 만들어가는 나날을 치열하게 보냈다.

그때의 나는 얼마나 뜨거웠던가!

기발하고 신선한 콘텐츠를 만들어내고 이를 매장에 적용하기 위해 밤샘도 서슴지 않았다. 비록 투박했지만 숱한 시도를 하며 도전해 보고 실험도 하다 보면 시간이 어떻게 가는지 몰랐다. 열정 가득한 순간들이었다.

잊히지 않는 에피소드 하나

리사이클의 역사가 깊은 영국이나 미국에서 생활한 경험이 있는 여성들이 자원봉사를 많이 했다. 독립문점은 특히 글로벌한 상류여성들이 많이 찾았다. 미국대사, 호주대사 부인이 통역을 대동해 활동하기도 했다.

어느 날, 대사부인들과 친분이 있던 디자이너 앙드레 김이 이들을 만나러 매장을 방문했다. 마침 중고생들의 하교시간이었다. 매장 밖에서 우연히 (특유의 금사무늬 화이트복장과 구두약으로 처바른 헤어, 펑키 스모키 메이크업으로 100미터 밖에서도 도드라지게 눈에 띄던) 앙드레 김을 발견한 학생들 중 누군가가 "앙드레 김이다!"라고 외쳤다. 사인을 받겠다며 좁은 매장으로 아이들이 우르르 들어왔다, 나는 "줄을 서시오!" 소리치며 줄을 세우고 매장 앞에서 기도를 봐야 했다. 그때를 생각하면 지금도 웃음이 나온다.

갤러리 특화매장 서초점

만 19년을 근무했다. 단일 매장 매니저로 때로는 여러 매장 총괄 팀장으로 오랜 세월 다양한 역할을 했다. 서초점의 매니저로 활동했던 경험은 잊을 수가 없다.

'아름다운가게'는 초창기 공간 기부나 독지가의 씨앗기금을 받아 매장을 오픈했다. 2003년, 서초동 국민은행 건물 3층에 공간기부를 받게 되었다(그 해에 10여 개의 매장이 줄줄이 오픈했다). 그곳은 강남권이라는 지역적 특수성과 건물 3층이라는 핸디캡이 있었다. 이런 부분을 살려 일반매장과 차별성이 있는 특화매장으로 꾸몄다. 예술품을 판매, 경매하는 '경매전문매장'이라는 새로운 콘셉트로 기획했다.

'아름다운가게'의 모든 물품은 기증받아 판매했다. 일반 기증품과 달리 고가의 그림이나 예술품을 어떻게 기증받느냐가 난제였다. 그렇지만 몽상가이자 추진력 갑인 상임이사 박원순 변호사의 역량으로 럭셔리한 경매전문 특화매장이 탄생할 수 있었다.

희극과 비극은 동어라고 했던가. 강남의 멋진 럭셔리 매장 탄생에 환호하며 기쁜 눈물을 흘릴 새도 없이 터프한 무수리과인 나에게 고상하고 럭셔리한 매니저로 변신하란 오더가 떨어졌다. 독립문점을 오픈하고 6개월 만에 서초점으로 옮기게 된 나는 보험설계사마냥 갖은 인맥을 동원해 화가를 섭외하러 다녔다. "아름다운가게가 미용실인가요?"라고 묻는 작가들이 많았다. 그들에게 사회적기업에 대해 소개하고 기증한 작품 하나하나가 사회적으

로 얼마나 빛나는 가치를 창출하는지에 대해 열변을 토하곤 했다.

어떤 작가는 자기 자랑은 입에 침이 마를 정도로, 작품 자랑은 날 새는 줄 모르고 하면서 정작 한 점이라도 기증받고자 하면 안색을 바꾸곤 했다. 게다가 작업실은 안성, 파주, 양평 등등 왜 그렇게 다 먼 곳에 있는지......

고단했던 일도 많았지만 열정적인 활동가로 날밤 새웠던 날들이 그립기도 하다. 그 시절, 전문 미술경매사를 초빙해 경매를 진행했던 경험 덕에 그림이나 도자기 같은 예술품 보는 안목도 생겼으니 얻은 게 더 많다. 예술품에 대한 남다른 애정은 힘든 일 속에서 피워 낸 한 송이 꽃의 열매이기도 하다.

수많은 기록은 역사의 페이지로 남았지만 바람은 현재진행형!

2022년 10월 정년퇴직을 끝으로 아름다운가게와의 인연은 역사의 한 페이지로 남게 되었다. 20년 가까운 시간 동안 입사시 단 한 군데였던 매장이 지금은 110여 개로, 30여 명이었던 동료간사들은 500여 명으로, 50여 명이었던 자원활동가들은 무려 5,000여 명으로 늘었다.

강산이 두 번 변하는 세월에 걸맞게 지속적인 성장과 발전을 해 온 아름다운가게는 이제 비영리 섹터를 이끄는 허브 NPO(Non Profit Organization)로 우뚝 서 있다. 물론 새로운 물

결과 변화된 환경이 아름다운가게를 위협하기도 한다. '오프라인 매장 중심의 마케팅이 과연 유효한가' 라는 문제의식이 제기되기도 한다.

이런 와중에도 변하지 않는 가치가 있다면 그것은 '그물코 정신'이라고 일컫는 '순환과 나눔'의 철학이다. 설립자인 박원순 변호사가 이루고자 했던(그분의 공과 과는 뒤로하고 '아름다운가게'에 대한 팩트만 얘기하자) 그 세상의 열차에 탑승하게 된 것을 내 인생 최고의 행운이라 생각한다.

지금도 '아름다운가게'의 로고인 초록색 이파리를 보면 마음이 따뜻해진다. 우연히 버스 안에서 옆 차선에 있는 '아름다운가게' 트럭을 본 일이 있다. 반가움 반, 설레임 반인 내 가슴에 여전히 식지 않는 지독한 사랑이 있다는 걸 느꼈다. 나도 모르게 미소가 번졌다.

'아름다운가게'가 선한 영향력을 실천하는 건강한 조직으로 이 사회에 튼튼히 뿌리 내리기를 염원하며 내가 좋아했던 문구로 끝맺음을 하고자 한다.

"나눔으로 함께 행복한 아름다운 세상을 꿈꿉니다. 아름다운가게 "

CHAPTER 02

30

백두대간 종주하며 육십 인생의 2막을 슬쩍

임병선

신문방송학과

백두대간 종주하며 육십 인생의 2막을 슬쩍

나는 산 위에 있다. 지난해 마지막 날에서 올해 첫날로 넘어오는 새벽, 나는 지리산 치밭목 산장에서 중봉을 향해 걷고 있었다.

33년 6개월 가족을 꾸리고 삶을 잇게 해준 신문사 일을 그만둔 다음날, 경남 산청 대원사 계곡을 찾아 이곳에 올랐던 터다. 그로부터 10차례로 나눠 백두대간 종주를 이어오고 있다. 얼마 전 문경 대야산 수직암벽에서 뜻하지 않게 갈비뼈 석 대가 부러지는 중상을 입고 집에서 칩거하며 키보드를 두드린다. 일출을 보기 위해 새벽 3시 숙소를 나서느라 잠을 설치고, 혼자 종주를 이어가느라 2월 눈 쌓인 곳에서 지쳐 주저앉아 목놓아 울기도 했지만 참 잘한 선택이라 생각한다.

백두산에서 지리산까지 1625km를 걸어야 하는데 북한 구간을 걸을 수 없으니 향로봉부터 지리산까지 690km를 걸을 수 있을 뿐이다. 그 중 대야산과 속리산, 점봉산 등 비법정 탐방로로 지정된 곳이 200km이니 490km 정도 걸어야 한다.

조상들은 산을 한 그루 나무로 바라봤다. 줄기와 가지, 그 중에 큰 가지와 곁가지로 나누고 큰 가지와 곁가지 사이에 강이 흐르는 것으로 봤다. 산수분할 또는 산자분수령의 원리다. 큰 것부터 작은 것으로 대간, 정간, 13정맥, 기맥, 지맥으로 나눈다. 따라서 백두대간은 연속된 산지체계이며, 백두대간 종주는 연속된 산지의 정상부 능선을 따라 걷는 것을 뜻한다.

처음 백두대간 개념이 문헌에 나타난 것은 10세기 고려 승려 도선이 지은 《옥룡기》다. 우리나라는 백두에서 일어나 지리에서 끝났으며 물의 근원, 나무줄기의 땅이라고 갈파한다. 이중환의 《택리지》에 대간이란 개념이 나오고, 이익의 《성호사설》에 백두대간과 정간이란 개념이 등장한다. 신경준의 《산수고》와 《동국문헌비고 여지고》에서 산줄기 흐름을 설명한 뒤 신경준의 《산경표》에 산줄기와 산의 갈래, 산의 위치를 일목요연하게 표로 나타냈다. 이런 선조들 노력에 터 잡아 김정호의 대동여지도가 편찬됐다.

그 뒤 우리 산하를 기록한 것은 일본인이었다. 태백산맥이나 소백산맥 명칭을 처음 사용한 사람도 고토 분지로였다. 1910년 최남선이 조선광문회를 설립해 택리지와 산경표 등을 간행했지만 일제의 식민지 교육과 민족상잔 등으로 명맥을 잇지 못했다.

그러다 1980년 산악인이자 고지도 연구가인 이우형(2001년 별세)이 《산경표》를 우연히 인사동 고서점에서 발견, 지도 제작에 나섰다. 그가 만든 산경도 검증에 나선 것이 대한산악연맹의 대학생 백두대간 등반대였다. 1988년 7월 2일부터 7박 8일 검증에 나섰지만 준비

소홀로 완주를 다음으로 미뤘다. 남난희와 권경업이 1990년 10월 6일 지리산 천왕봉을 출발, 이듬해 9월 1일 향로봉에서 종주를 처음으로 완성했다. 3년 뒤 광주 소아과 의사 조석필이 《산경표를 위하여》란 책을 출판, 대간 종주 붐을 일으켰다.

나는 대간 종주를 시작하며 세 가지 원칙을 세웠다. 비법정 탐방로는 택하지 않고, 택시나 숙소 등 지역경제에 도움이 되게 움직이며, 가급적 사람들을 많이 만나기 위해 산 아래 내려와 자자는 것이었다.

첫 번째 원칙이 가장 지키기 어렵다. 대야산에서도 비법정 탐방로에 발을 들였다가 뜻밖의 큰 부상을 입게 됐다. 네팔과 파키스탄의 히말라야 14좌를 완등한 국내 산악인이 여섯 명에 이르는데도 정작 뉴질랜드인도 마음 놓고 다니는 북녘 백두대간을 마음대로 오가지 못하고, 남한 구간마저 이렇게 많은 곳을 자유롭게 오가지 못한다. 그런데도 이런 문제를 해결하는 데 목소리를 내지 못하는 것은 개탄스럽다. 경작지와 하우스 농장, 공장, 채석장과 광산 등에 의해 대간이 할퀴어지는 참상을 목격하는 것도 안타깝다. 40년 이상 틈틈이 유명산 위주로 다녀 우리 산하의 아름다움을 알고 있다고 자부했지만 그 큰 산들을 잇는 고개와 작은 산, 구릉 등이 얼마나 아름다운지 새삼 절감하고 있다.

지금까지 3분의 1과 절반 사이를 종주했는데 지리와 덕유를 잇는 봉화산~백운산, 속리와 대야를 잇는 청화산~조항산 구간은 꼭 다시 찾겠다는 결심을 할 정도로 아름다웠다.

산과 물보다 더 기억에 남는 것은 따스한 사람들이다. 대간 종주는 기본적으로 인파가 북적대기 어려운 길을 걷지만 여원재 민박 할머니, 폐교된 분교를 펜션으로 고쳐 짬뽕 먹고 싶다는 나를 승용차에 태워 읍내로 데려다준 주인, 무척 친절해 나중에 꼭 다시 신세를 지고 싶은 택시 기사 등이다.

대간 길을 거닐면 뭐가 달라지느냐 물을 수 있을 것이다. 국토의 아름다움을 재발견하고 내 몸뚱아리가 건강하다는 것 말고 또 뭐가 있는지 모르겠다. 육십 일생을 돌아보겠다고 생각했는데 뭔가 비워진다는 것 말고 별다른 감흥도 없다. 많이 생각하지 않고, 그저 걷고 앞으로 내가 채워야 할 것이 무엇인지 생각하려 한다. 돌아보면 대학에서도 늘 비겁하고, 위험하지 않은 길을 택했다. 직장에서도 비교적 발언과 양심의 자유가 보장된 터라 자율적으로 창발적으로 살았지만 그렇다고 커다란 것을 걸고 싸우지도 않았다. 그저 주어진 것에 안주

하며 그냥저냥 편하게 살아온 것 같고, 제2의 삶에서도 그리 크게 달라지지 않을 것 같다. 그냥 그렇게 살아갈 것 같다.

가을에는 사랑하는 아내와 함께 요즘 웬만한 사람들은 간다는 스페인 산티아고 순례길로 떠난다. 10월 15일 파리로 출국, 약 35일 동안 하루 22km씩 걸어 860km를 완주하고, 남은 열흘 포르투갈을 관광하고 12월 5일 돌아올 예정이다. 9월에 백두대간 종주 남은 여정에 올라 연말에 향로봉에서 마침표를 찍으려 한다. 제2의 인생이라 해서 딱히 준비하거나 결심하는 것은 없다. 우리 부부는 몸뚱아리 건강한 10년 동안 여행 많이 하고 일하는 틈틈이 삶의 의미를 찾기로 약속했다.

언론사에서 일하는 후학들에게 문장을 제대로 쓰는 법을 가르치는 기회가 주어지거나, 언론 개혁의 방법론을 거시적이며 정치적인 것이 아니라 미시적이며 생활적인 것으로 바꿀 기회가 주어졌으면 좋겠다는 생각을 갖고 있다. 동문 동기들에게 너무 열심히 살지 않으려 한다는 타박을 들을지 모르겠다. 그럼 또 어떻고?

CHAPTER 02

60년의 성장통

얼치기 임송만의 환갑 회고록

임송만

사학과

60년의 성장통

얼치기 임송만의 환갑 회고록

파릇한 20대엔 60이 되면, 세상이 뭔지 내가 누군지 완전 마스터한 도사가 되어 있을 줄 알았다. 그런데 젠장, 갈수록 오리무중이다. 돌아보니 그래도 판타스틱은 아니더라도 버라이어티하게는 산 것 같다. 고1 무렵, 당시 유행했던 해외펜팔 분위기에 들뜬 촌놈 몇이서 외국인 주소 하나 들고 설레는 가슴으로 명동 한구석에 박혀 있던 사무실을 가까스로 찾아간 것이 첫 번째 서울 나들이였다. 그 후 두 번째인가 시내 방문이 대학이었다.

역사를 제대로 공부해서 역사 신학자가 되겠다는 인생 목표의 첫 단계로 사학과에 입학했다. 스무 살 이전 내 사상의 중심은 신이었고 공동체는 교회였다.

머릿속은 일반역사와 성경사를 잘만 연결하면 기독교 대중화에 큰 역할을 할 거란 기대로 꽉 차있었다. 나는 고3 때도 새벽기도에 나갔고 학력고사 휴식 시간에도 성경을 읽었다. 그뿐, 스무 살 청년이 갖춰야 할 내공이나 경험 등은 일천하기 그지없었다. 사회? 알 바 아니었다. 순진과 순수를 놓고 고민하던 정신적 유아. 그렇기에 대학 생활의 엄청난 반전은 한편 너무 힘들기도 했다.

고교 선배의 강압에 가까운 소개로 가입한 휴머니스트 서클은 모든 것을 뒤집어 놓았다. 82년 5월 10일 문과대 앞에서 서클 선배가 포승줄에 끌려가는 걸 본 후부터는 금잔디와 서클룸, 명륜당, 시골집을 뒹굴었다. 2학년 중반쯤이던가? 내 나름대로 고통스런 고민 끝에 '세상을 구하는 건 종교나 신이 아니라 혁명'이라는 신념으로 교회와 신을 정리했다.

큰 말씀 안 부린 탓에 조직 내에서 착실히 승진(?)해 중책도 맡았다. 종로 거리에서 폼 나게 학우여! 한 번 외쳐보려 했는데 아쉽게도 자취방에서 검거됐다. 남영동 대공 분실에서 20일 묵다가 서울구치소, 김해, 순천 교도소를 거쳐 2년 4일 만인 88년 2월 27일 출소했다.

슬기로운 감옥생활 덕에 학교 다닐 때 부족했던 사색도, 공부도 많이 했다. 2년 내내 6시간 이상 잔 기억이 없다. 평생을 가져갈 사상 한 개 챙겨 나온 기분이었다. 노동자 조직 운동이 대세였던 분위기에서 성남에 있던 구두 공장을 다니며 지역 노조 가입을 노렸는데 선배가 이천에서 활동할 것을 권유했다. 89년 3월, 몇 명의 동지들과 함께 시민운동의 불모지 이천에 첫발을 디뎠다.

군용 천막 공장 노동자로 이천 생활을 시작했는데 아지트가 필요하다는 권유를 받아 서점, 문구점 등을 운영하며 활동가 공간을 만들었다. 월급은 20만 원이었지만 4개의 택시회사가 하나로 묶인 지역택시노조 총무로도 취직(?)해서 이천 최초로 108일간 파업이라는 기록도 세웠다. 이 때 응원차 방문한 노무현 국회의원과 악수도 했다.

90년대 초반 소련의 해체가 가져온 세계사적 대격변과 문민정부의 수립, 하나회 숙청과 군부독재의 사실상 종식 등은 당시 변혁운동에 태풍급 회오리를 몰고 왔다. 운동의 근본 목표와 방향, 전술적 접근 등 모든 문제들을 원점에서 다시 생각해야 했다. 특히 현장에 몸담고 있으면서 노동자 대오를 건설하겠다는 꿈을 지녔던 수많은 활동가들은 커다란 혼란에 빠졌다.

당시 이천에서는 나와 김종필을 비롯해 외부 활동가 몇몇이 '이천노동교육원'을 설립했다. 노동자들에게 임금, 퇴직금, 산재 등을 무료 상담하고 노동조합 설립을 지원하는 활동을 했다. 그러다 우리가 속했던 전국 그룹은 93년 하반기에 노동현장 중심 노선에서 대중적 여론 운동으로 방향을 급선회했다. '내일신문'이라는 '별들의 언론, (당시 전국 지역사업부장 회의 때 누군가 "오늘 모인 사람들 빵에서 산 거 합치면 100년도 넘네"라고 우스갯소리 한 데서 비롯됐다.)' 탄생 배경이다.

나 역시 졸지에 기자가 되어 지역 활동 범위를 노동계에서 시민계(?)로 넓혔다. 95년부터는 지역신문을 직접 발행하는 지역 언론사 대표가 되기도 했다. 당시 현장에서 활동하던 동료들 역시 모두 퇴사하고 언론 운동에 동참하거나 아예 활동을 중단하기도 했다. 98년에는 내일신문 운영 방침과 견해가 달라 퇴사하고 독립적 지역신문인 '이천신문'을 창간했다.

돌이켜보면 '운동하는 나'라는 의식은 언론에 종사하면서부터 퇴색하기 시작한 것 같다. 안타까운 점은 변혁운동을 할 때 가졌던 생각들, NL이니 PD니 치고받던 논쟁들, 그 저변의 본류 사상들에 대한 체계적인 정리 없이 허겁지겁 새 물결에 빨려 들어갔다는 느낌이다. 운동은 조직적으로 했는데 생각은 혼자 해야 했다.

'이게 운동인가?' '그래서 뭐 하자는 거지?' '근본을 개혁하자 했는데 그냥 기성 정치에 합류되는 물줄기 한 가닥에 불과한 거였나?' 등등의 번민이 떠나지 않았다. 하지만 적자가 쌓여가는 신문사 경영에 매달리느라 원초적 고민은 점점 잊혀져갔다. 아쉬웠다.

살면서 생각이 망가진 듯 보이는 인사들을 보며 최소한 운동을 왜 했었는지, 본질이 무엇인지 잘 정리되었더라면 그리 되진 않았을 텐데 하는 안타까움이 있었다.

그러다 마흔이 될 무렵 생각지도 않게 도자기에 빠져들었다. 신문일도 바쁜데 매일 한두 시간씩 물레를 돌렸다. 감히 나 같은 비문화인이 문화와 예술 곁에서 알짱거린다는 사실 자체가 말이 안 되는 일이었지만 그렇게 됐다. 도자기로 유명한 이천의 도자기와 작가들을 소개하는 책을 만들다 그만 내가 빠져버린 것이다. 만든 책을 서점에 깔아야 했는데 아무것도 몰랐던 내게 교보에서 근무하던 사학과 동료 위성계가 결정적 도움을 주었다. 친구 덕분에 교보문고, 종로서적 등 국내 최고 서점에서 책을 판매할 수 있게 됐다.

어쨌든 나의 도자기 여행은 어느 정도 성과도 있었다고 본다. '비색'에 매달려 도자사를 공부하고 박물관들을 수도 없이 쫓아다닌 덕에 전통고려청자에 대한 어렴풋한 감식안을 얻은 것 같았다. 결국 "고려청자의 비색은 어떤 정해진 색이 아니라 청자흙 내면에서 유약과 함께 어우러져 발산하는 동일한 느낌 영역"이란 걸 깨닫게 됐다. 도자기에 관한 글도 쓰고 잠깐이지만 시민단체 같은 데서 '도자기란 무엇인가?' 강의도 했다. 말도 안 되는 일이었다……

미국 서부지역의 유일한 도자기 전문박물관인 아모카도자뮤지엄에서 2013년 전시회를 열었다. 한국의 전통도자기를 미국 현지인에게 소개하는 대규모 행사였는데 성황리에 진행했다.

그런데 큰 문제가 생겼다. 신문사를 운영하느라 빚이 좀 있었는데 청자를 재현한답시고 신문사 정리한 자금을 거기에 다 털어 넣은 탓에 더 큰 빚을 지게 된 것이다. 이때부터 7년은

세상과 담 쌓고 오로지 빚 갚고 생활자기 만드는 데에만 투자했다. 하루 12시간 노동은 기본이었다. 작품 도자기가 중심인 이천의 가마로는 큰 편에 속했던 2루베 가마에서 한 달에 초벌만 열 번 내외, 완성품을 만드는 재벌은 예닐곱 번 불을 땠다. 이틀에 한 번꼴로 가마불을 지핀 것이다. 가깝게 지냈던 도예인들이 그렇게 일하면 골병든다고 할 정도였으니 일을 많이 하긴 했다.

선거 때마다 후보들이 내 작업장을 들락거렸지만 한눈 팔 여지도 없었다. 다행스럽게도 생활도자기 사업이 그럭저럭 운영된 덕분에 빚도 다 갚고 임대로 들어갔던 150평 작업장도 내 소유가 됐다. 이때만 해도 이렇게 사회와 거리를 둔 채 계속 살게 될 줄 알았다. 빚 갚고 작업장도 가졌으니 본격적으로 작품 전시장도 만들고 사업도 넓히고.....하지만 또 반전이 일어났다.

2006년 이천 시장에 도전했던 한 분이 작업장에 찾아오면서 시작된 스토리가 결국 나로 하여금 도자기사업을 접고 공무원이 되게 만들었다. 세상과 다시 연결된 것이다. 12년 동안 공직생활을 들락거리며 세 번의 선거를 치렀다.

도자기축제를 비롯해 체험문화축제, 이천국제조각심포지엄, 이천춘사영화제, 월드뮤직페스티벌 등 다양한 문화행사를 기획, 운영했다. 1,200석 규모 공연장(이천아트홀)의 개관 책임도 맡아 극장을 운영하기도 했다. 지역의 종합 발전 전략을 수립하고 홍보하는 일도 해봤다. 대개의 정무직들은 비서실 일만 했는데 나는 정반대로 다른 공무원들과 똑같이 업무

에만 매달렸다. 일반직 공무원들과 한솥밥을 먹고 그들과 매사를 같이했다. 일로 승부하고 싶었고 그게 내가 할 수 있는 최선이라 여겼다. 그래도 정무직이었던 탓에 자유롭게, 원 없이 실컷 일했다. 나의 1차 전성기가 신문일을 하던 30대였다면, 12년의 공무원 경험은 새로운 세상을 보게 해 준 2차 전성기였다.

나는 공직에 있으면서 늘 일반 공무원들과 함께 했다. 그들이 깨어있지 않으면 변화를 기대할 수 없다. 행정은 고도의 전문직이다.

행정의 속살을 이해하지 못하면 정치는 반드시 실패한다고 생각한다. 국가 운영이든 지방 행정이든 마찬가지다. 진영적 관점으로만 판단한다든지 공무원 그룹을 하나의 컬러로만 인식하는 피상적 감식안으로는 실질적인 개혁을 한 발짝도 전진시키지 못한다는 확신을 갖고 있다. 나 또한 과거에는 '민간은 선, 행정은 악이자 고리타분'이라고 생각했다. 그러나 지금은 최소한 지방 행정에 관한 한 '행정이 몸에 밴 공무원들 중에서 철학과 역사 등 폭넓은 인식과 소양을 지닌 사람이 주도해야 한다.'고 믿는다. 지방 행정에서 진영은 별 의미가 없다. 전문성과 시민에 대한 봉사정신, 겸손함이 핵심이다.

2018년 이후 공무원 생활을 접고 다른 방식으로 정치의 영역을 개척하려 했는데 실패했다. 다 된 밥에 재 뿌리고 믿는 도끼에 발등 찍히는 일도 겪어봤다. 그래도 정치를 탓하지는 않는다. 지금은 아들이 일구는 사업을 도우면서 살고 있다.

지금까지 장편 독립영화, 단편영화, 할리우드 다큐 등 세 편의 영화를 제작했다. 그 중 〈천

년의 여정〉이라는 도자다큐는 미국 선덴스 영화제에 출품되기도 했다. 당시 다큐에 출연했던 평균 40년 경력의 도자 명장 다섯 분들과 함께……

60 고개가 시작될 쯤 '지금까지의 세상 체험과 질적으로 다른 일들이 앞으로 일어날 수 있을까?' 라는 생각이 들면서 사는 게 좀 지루해졌다. 심지어 '더 사는 게 특별한 의미가 있을까?' 라는 느낌도 간간이 들었다. 반대로 나이 든 탓인지 연륜 탓인지 눈앞에 벌어지는 여러 현상들이 작게 느껴지기도 했다. 또 그것들이 서로 연결되기도 했다. 설명하긴 어렵지만 재미있는 현상이었다. 금생에 다 알기는 어렵겠지만 이런 느낌들의 정체가 무언지 한걸음 더 들어가 보려고 한다.

나아가 정치의 영역에 직접 뛰어들진 않더라도 적어도 내가 믿어온 사상과 신념은 이어가려 한다. 다소 굴곡진 삶의 과정에서 놓치고 내려놓고 했던 '바로 선 정치'를 돕는 일을 쉬지 않으려 한다. 역사의 주인이 시민이라는 '참'이 점점 현실로 드러나는 과정을 지켜보고, 함께 하는 것은 정말 뜻 깊은 일이니까……

생맥주가 땡긴다.

CHAPTER **02**

32

아이들 마음으로 느끼고 세상을 보는 일

임어진

한국철학과

아이들 마음으로 느끼고 세상을 보는 일

그때 쓴 글들은 어떻게 되었을까

글쓰기를 좋아한다는 걸 처음 안 건 열네 살 때였다. 문예반 수업에서 5월이라는 제목으로 선생님이 글을 쓰게 했다. 쓴 글들을 읽고 선생님이 말했다.

"이런 글을 쓴 사람이 있네."

선생님이 글 한 편을 읽어 주었다. 내가 쓴 글이었다. 남이 내 글이 읽는 게 쑥스러워도 기분 좋은 일이라는 걸 처음으로 느꼈던 것 같다.

글을 계속 써보라고 더 앞서 격려했던 사람은 5학년 때 나를 잠시 키워준 숙모였다. 학교 숙제인 일기를 그림까지 스스로 곁들여 가며 날마다 열심히 썼는데, 고달픈 일과 중에 언제 그걸 보았는지 숙모가 칭찬을 했다. 긴 말도 아니었고 기대하고 있었던 것도 아닌데 유독 기억에 남았던 건, 어눌했으나 진실성 있던 사람에게서 들은 말이어서였다.

문학에 눈을 뜬 건 시(詩)때문이었다. 국어 책에 실린 시들 범위를 크게 넘지는 못할 때였지만 시가 좋았다. 시의 길을 소망하기도 했다. 그런데 예상치 않게 동화와 청소년소설을 쓰는 사람이 되었다. 시에서 산문으로, 서사를 다루는 작가로 걸음이 옮겨진 데는 조심이 없지 않았다.

첫 번째 기억은 깻잎머리 친구의 편지를 대신 써 주었던 일이다. 여고를 다니는 동안 백일장대회에 줄곧 이름이 올랐는데, 1학년 때만 해도 왜 그렇게 수줍음을 탔는지 상장 받을 일이 큰 걱정이었다. 전체 조회시간에 전교생이 다 보는 데서 교단에 올라가야 했기 때문이다. 제발 비가 오길 빌었는데 다행히 정말 비가 와 방송실 조회로 시상식을 마쳤다. 선생님들 눈에 띄지 않고 조용히 있고 싶어 할 때라 환경조사서 칸도 다 '없음'에 표시해 냈는데, 백일장 장원으로 선생님들에게 자꾸 이름이 불렸다. 아이들도 나를 글쓰기와 연관시켰다. 그런 어느 날 같은 반 깻잎머리 아이들 한 무리가 내 자리로 몰려왔다. 그 중 한 아이가 말했다.

"야, 편지 좀 써 주라."

나는 본 적도 없는 어느 남학생에게 제 마음을 담은 편지를 써 달라는 거였다. 사귀자고 하고 싶은데 자기는 글재주가 없어 못쓰겠다나. 얼토당토않아 거절했는데, 아이들은 계속 내 자리로 와 졸라댔다.

아무리 그래도 그런 걸 다른 사람에게까지 부탁해서 써 보내고 싶을까. 유치해 보이고 성가셨다. 그런데 거절에 시무룩해하는 모습이 평소 생각한 깻잎머리 아이들 인상과는 달랐다. 겉모습만 세 보였지, 요즘 일진들과는 달리 공부도 시원찮고 집안 '빽'들도 있어 보이지 않았고 폭력성을 드러내는 아이들도 아니었다. 나는 어쭙잖은 연서를 결국 써주었다. 편지를 대신 써 준 일이야 어린 꼬맹이 때도 집에서 할머니 심부름으로 종종 한 적이 있지만 연서는 처음이었다. 어떻게 생긴 남학생이었는지도 모르고 이름은 기억도 나지 않는다. 아마도 어느 이웃 남학교 아이가 아니었을까 싶다. 결과는 듣지 못했다. 어쨌거나 편지를 부탁한 아이는 고마워하며 흡족해 했다. 깻잎머리 아이들은 나를 더는 귀찮게 하지 않았다. 나로서는 처음으로 남 이야기를 대신 써 본 경험이었다.

'이야기', 그러니까 서사가 재미있다는 건 한창 골라 읽고 있던 명작 소설들로도 이미 알고 있었다. 또래들이 많이 보는 유명 문학 작품들을 이해하기 어려워도 붙들고 읽을 때였다. 그중 흥미진진하게 읽은 건 이야기 재미가 강한 책들이었다. 미국 노동 계층의 열악한 삶을 그린 존 스타인백의 『분노의 포도』도 오래 기억에 남았다. 이제 거기에 더해 주변의 다른 사람 이야기에서도 어렴풋이 재미를 발견하기 시작한 것이다. 물론 '사람 이야기'에 정말 공감하고 진지하게 받아들이기 시작한 건 나중에 현장생활을 하면서부터였지만 말이다. 하여간 그때의 부작용인지 징크스인지, 살면서 진짜 연서는 잘 써지지 않았다. 실은 한 번도 제대로 써 보지 못했다.

뜻하지 않은 대필 리포트로 결혼도 했다. 고교 때부터 활동한 학교 연합 불교 동아리가 있었는데, 타대학 공대에 진학한 남학생 하나가 독후감 리포트를 대신 써 달라고 하염없이 졸라댔다. 공대생이어서 글 쓰는 게 너무 힘들다는 거였다. 조세희 선생의 『난쟁이가 쏘아올린 작은 공』을 읽고 난 무렵이었다. 내가 살아온 코딱지만 한 세상이 깨지기 시작했다. 도시의 하늘이 흐려 보일 때가 많았고, 섣불리 눈물을 흘려서는 안 된다는 걸 배웠던 것 같다. 많은 생각이 들었고 하고픈 이야기가 많았는데, 내가 듣던 수업에서는 독후감 리포트를 요구하는 과목이 없었다. 공대생 동기에게는 이문열 작가의 『사람의 아들』을 비판적으로 읽은 독후감을 써주었다. 그 리포트를 공대 친구 집에 가끔씩 놀러가던 사회과학대 다른 남학생이 우연히 읽게 되었다. 이듬해인가 그 이듬해인가, 그 남학생이 말했다.

"그거 읽고 좀 놀랐어."

그때까지 나는 말도 두서없이 하고, 감성적이다 못해 감상적이고, 세상 이치도 잘 모르는 똑똑치 못한 여학생으로 보였던 것 같다. 학교는 달랐지만 운동 서클 활동을 하고 있다는 걸 서로 알고 있어 다른 동기들보다는 조금 더 신뢰를 하던 친구였다. 잊고 있던 리포트 이야기에 조금 민망해져 가볍게 대답했다. 사실은 진심이었다.

"나는 글쟁이로 살려고 해."

내 말을 그 남학생은 진지하게 받아 들었다. 오랜 시간이 지난 뒤 나는 먼 길을 돌아 정말 글 쓰는 일을 여한 없이 하는 작가가 되었다. 그리고 내 글을 의미 있게 읽어 주었던 그 남학생은 나중에 비평과 응원을 아끼지 않는 반려자가 되었다.

대필 경험 이야기를 연거푸 했는데, 사실 작가는 본연의 역할 자체가 남의 이야기를 대신

해 써 주는 사람이다. 자신의 이야기에서 출발하기도 하지만 거기에만 머물러서는 작품의 폭이 넓어지기 어렵다. 타인과 세상의 아픔과 슬픔과 바람을 온 마음으로 귀 기울여 듣고 공감할 수 있어야 한다. 그걸 또 다른 허구 인물들의 세계와 이야기로 빚어낼 수 있어야 한다. 그리고 동화와 청소년소설 작가는 아이들의 삶과 마음에 더 다가가 그걸 아이들의 이야기로 풀어내는 사람이다. 거기에 더해 아이들과 세상의 희망을 꺼뜨리지 않으려 노력해야 한다.

학창시절의 어설픈 대필 경험들은 훗날 고되었던 습작 과정에 비하면 사실 한두 차례의 치기어린 몸 풀기 연습에 지나지 않았다. 하지만 삶에서 연습과 경험은 어떤 것도 버릴 게 없는 것 같다.

진정한 대필 연습과 습작 훈련은 역설적이게도 문학의 뜻을 접고 운동에 열중하면서부터였다. 내 작은 세계 바깥의 부조리한 세상과 힘겨운 삶들과 모순된 역사들에 눈을 뜨기 시작했다. '죄 값'을 치르는 평범한 사람들과 몇 달간 비좁은 공간에 밀착해 지내고, 1년 반 가량 남 신분으로 성남 구두 공장 노동자로 살았다. 그곳에서 만난 이들은 이전과는 전혀 다른 환경의 사람들이었다. 노조를 만들다 신분이 드러나 해고된 뒤에는 성남 택시노련 사무실에서 일을 하고, 지역의 사회과학서점 광장을 맡아 꾸리기도 했다. 현장 안팎 생활을 거치며 세미나와 책으로 익혔던 관념과 의식들은 또 한 번 와장창 박살이 났다. 세상살이와 진짜 현실에 대해 배워야 할 게 너무 많았다. 정말로 대필해 주고 싶고 해야 할 '이야기'와 '사람들'이 거기 있었다. 뜻하지 않은 본격 습작 훈련이자 현장 수업이었다. 종이에 글자로 옮겨 쓰지 않았을 뿐.

아동청소년책 작가의 삶

20대 때 접었던 문학은 서른아홉에 다시 시작했다. 어릴 때는 시였는데, 다시 만난 건 동화였다. 문학에 마음을 두지 않고 지내는 동안도 엄밀히 말해 글쓰기와 멀리 있었던 건 아니다. 아이들을 키우면서 미디어시민운동 활동을 했고 관련 비평글을 조금씩 썼다. 그럼에

도 무언가 늘 아쉬움이 남았다. 그러던 어느 날 어린 둘째 아이에게 그림책을 읽어주다 가슴이 벅차 울컥했다. 류재수 화가의 『백두산 이야기』라는 책이었다. 고갈되고 옹글어있던 마음의 둑이 툭 터지는 느낌이었다. 아이들 책이 아이들 책이 아니었다. 한 권 한 권, 너무나 놀라운 세계였다. 뛰어난 작품들이 정말 많았다. 『라스무스와 방랑자』, 『알도』, 『100만 번 산 고양이』…… 정말 정말 사랑하는 책들을 끝도 없이 열거할 수 있다. 나는 물 만난 사람처럼 국내외 아동청소년 작품들과 그림책들을 섭렵하기 시작했다. 그러다 문득 나도 써 보고 싶어졌다. 짧고 소박한 동화들을 혼자 써보았고, 망설이다 아동문학 전문 잡지에 투고를 했다. 그게 시작이었다. 다달이 선정돼 2001년 한 해에 세 편이 실렸고, 출판사에서 바로 연락이 왔다. 뜻밖이었다. 하지만 책은 거의 5년 가까이 혹독한 습작 기간을 더 거친 뒤에야 본격적으로 내기 시작했다. 그게 오래 가는 방법이라고 배웠고, 그 말은 사실이었다.

처음 동화를 쓰기 시작했을 때 목표는 세 권이었다. 내 아이들에게 읽혀도 부끄럽지 않을 책 세 권을 쓰는 것. 그런데 쓰다 보니 재미있어서 또 쓰고 또 써서, 공저로 낸 책 11권을 포함해 50권 가까이 출판을 했다. 초등 1~3학년생이 주로 보는 저학년 동화, 4~6학년생이 주로 보는 고학년 동화가 각각 열댓 권씩이고, 중고교생이 주로 읽는 청소년소설이 10권정도이다. 유년부터 보는 그림책도 10권쯤 된다. 전체적으로 전집으로 들어간 책도 이 중에 10권쯤 있다. 2001년부터 지면에 동화를 발표하기 시작했고, 몇 해 지나지 않아 책을 내기 시작했다. 작가로 활동한 기간 약 25년 동안 평균 연 두 권 정도씩 책을 출판한 셈이다. 수십 권의 이 책들이 세상 밖으로 나와 어느 집 어느 도서관 서가 곳곳에 꽂혀 있다는 게 실감이 안 날 때가 많다. 이 책들에 아이들 손길과 눈길이 닿을 것을 생각하면 뿌듯하다가도 갑자기 등줄기가 서늘해지기도 한다. 아이들에게 부끄럽지 않은 글을 쓴 걸까, 책이 되어준 나무에게 미안하지 않은 글을 쓴 걸까 싶어서다.

초고를 순탄하게 쓰고 초고 상태 그대로 바로 책 계약을 한 경우도 없지 않지만, 모든 원고들에 이런 행운이 따르지는 않는다. 정말 써도 써도 잘 안 돼 몇 번을 수정하다 결국 접어야 했던 원고들도 있다. 대부분은 초고를 쓰고 몇 차례 수정한 뒤 편집자와 의논하며 조금 더 다듬어 출판을 한다.

삽화가 안 들어가는 청소년소설의 경우 몇 달 만에 책이 나오기도 하지만, 그림 비중이 큰 그림책이나 저학년 동화의 경우는 대개 1년 이상 수년까지 걸리는 편이다. 화가들의 작업 속도와 일정에 좌우될 때가 많기 때문이다. 담당 편집자가 교체되면서 차질이 생겨 7년 만에 출판된 책도 있다. 이럴 때에 무슨 일이라도 하든가 다른 원고를 열심히 쓰고 있지 않으면, 멘탈 건강 지키기가 쉽지 않다. 창작 분야들이 다 그렇듯 경제 수치로는 절대 답이 나오지 않는 일이다.

원래 싫증도 잘 내고 얽매이는 것도 싫어하고 지루한 것도 못 참는 성격인데, 나도 모르게 끝도 없이 이 일을 계속해 왔다. 아동청소년문학이 정말로 재미있어서였다. 쓸수록 피폐해지고 삶을 갉아먹는 것 같은 글 분야도 있는데, 동화와 청소년소설은 결코 그렇지 않다. 마음을 어루만져 주고 기운을 북돋아준다. 치유와 회복의 힘이 있는 예술이다. 아동청소년작가들은 그래서 대체로 웬만해서는 어두운 성정에 잘 사로잡히지 않는다.

작가라고 하면 기가 막힌 글 소재를 알려 주겠다는 사람들이 종종 있는데, 소재가 빈곤했던 적은 한 번도 없다. 오히려 지금은 버리고 간추려서 정말 골라서 쓰려고 조심한다. 쓸 수 있는 시간이 무한하지 않다는 걸 알기에. 아니 아주 한정되어 있다는 걸 알기에.

요즘은 원고 쓰는 시간을 줄이고, 작품 심사와 동화 수업에 더 많은 시간을 할애한다. 외부의 요청 때문이기는 하지만, 활동 경력이 이제 그럴 때인 것 같다. (나이 때문일지도 모른다는 의심도 가끔 들지만, 훨씬 젊은 작가들도 많아 그 생각을 얼른 떨쳐 내곤 한다. ㅎㅎ) 관련 잡지와 작가단체에서 책임을 맡았을 때도 열심히 했는데, 다른 작품을 평가하거나 쓰는 법을 가르치는 것도 꽤 재미있다. 보람도 크다. 그래도 가장 행복한 순간은 단연 작품 원고를 쓸 때이다.

지금은 세계시장이 넓어진 대신 2000년대 초반처럼 아동청소년 도서 시장이 활발하지 않다. 역대 정부의 교육문화정책에 영향을 받기도 했고, 독자인 어린이들 수가 급격히 줄

고 있는 것도 무관하지 않다. 그래도 동화를 쓰는 일은 여전히 감격스럽고 행복하다. 눈을 반짝거리며 내가 쓴 동화들을 읽고 있을 어린 친구들을 생각하면 마음이 절로 따뜻하고 행복해진다.

갸웃하던 사람도 좋은 동화 한두 편만 읽어 보면 금방 고개가 끄덕거려질 거다. 누구나 마음속에는 아이가 있으니까. 그 아이가 몇 살인지에 따라 누구는 그림책에서, 누구는 동화에서, 또 누구는 청소년소설에서 자신과 닮은 아이를 만나겠지. 그리고 위로받고 용기를 얻고 기운을 차리겠지. 그게 동화의 힘이니까.

20대 때 예상치 않았던 운동의 길로 접어들면서 내려놓고 잊었던 문학의 꿈을 아동청소년문학의 장에서 새롭게 다시 펼칠 수 있었다. 거센 사회변혁의 격랑 속에서 수없이 고민하고 깨지며 올바른 시대의식을 익히지 않았다면 과연 내가 작가가 될 수 있었을까. 더 나은 세상을 꿈꾸는 법을 배우지 않았다면 제대로 된 이야기를 쓸 수 있었을까. 내가 쓰는 동화와 청소년소설이 어떤 아이들의 곁을 지키는 글이어야 하는지 과연 똑바로 인식할 수 있었을까. 결코 쉽지 않았을 것이다. 그저 그 때에는 그 길밖에 없었고 그 길을 선택할 수밖에 없었지만, 그 과정이 있었기에 지금의 내가 있을 것이다. 운동이라는 문학 수련의 또 다른 긴 시간 덕분에 아마도 나는 앞으로도 지치지 않고 작가로 살며 계속해서 쓸 것 같다. 그리고 아이들과 함께 책을 읽고 동화 이야기를 하며 고요하고 충만하게 나이 들어갈 거다.

동화는 어린이와 약자의 편이어야 함을 잊지 않고, 전쟁과 폭력이 그치기를 염원하며, 사계절과 사과와 산호와 빙하가 사라지지 않기를 간절히 소망하면서…….

CHAPTER 02

33

해괴한 상상

장의현

섬유공학과

해괴한 상상

유기적 구성의 고도화

대학 1학년 때 사회과학 공부를 하던 중 '유기적구성의 고도화'라는 개념을 처음 접하면서 당황했던 게 생각난다. 자본주의 생산력이 고도로 발달하면 상품을 생산하는 데 있어 투입노동량은 절대적으로 줄어들고 기술로 대변되는 자본의 비중이 절대적으로 커지게 되어 그 결과 상품은 가치를 갖지 못하게 된다. 이로써 자본주의는 헤어날 수 없는 불황에 빠지고 종당에는 그 수명을 다한다는... 대략 이런 얘기였는데, 사람이 일을 하지 않는

데도 물건이 만들어지는 세상이 온다니... 그러면 그거 지상천국 아닌가? ... 난 조심스럽게 흥분했었고 이후에도 그 기대는 현실의 고단함에서 날 위로하는 몰핀이 되기도 했다. 상상만으로도 흥분되지 않는가........

실현 상상

지금, 다이소 테무 알리 등의 물건값 들과 함께 내 주변의 발 디디기 힘든 물건들을 보며 진짜 그런 날이 오지 않을까?........ 생각을 한다. 이미 전자동 무인 시스템으로 창고, 공장엔 사람이 없거나 최소한으로 움직이니 우리의 일하는 절대 시간 평균은 계속 줄어들어 8시간에서 6시간, 4시간 , 3시간 , 2시간... 그러다가 ..... 정말로 그렇게 되는 거 아녀? 여기에 먹을 것도 완전히 해결되는 농업혁명까지 온다면 .... 완전히 해방이지...노동에서 말야.

그렇게 된다면 달나라에서 키웠다는 토끼고기는 (아주 특별하게 그런 게 있다면) 얻어먹지 못해도 (빈부차?) 태양열로 해결되는 70층짜리 수경재배 스마트팜 건물에서 재배된 농

작물의 한끼 밥상을 받으며 영생불사(永生不死) 직전까지 가는 거 아냐?... 뭐 이런 억측을 해도 뻥이라는 생각이 안드는 요즈음이다. 여하튼 지금도 과잉인데 설마 살아 생전에, 입을 옷이 없겠어... 세탁기가 없겠어... 그저 식권만 나눠준다면... 별 걱정 안하고 죽을 때까지 살 것도 같다는 나의 해괴한 상상은 오늘도 계속 된다. 이렇게 또 잠시 흥분하고 하늘 보고......내 생활의 활력소다.

언제였던가, 시간은 40년 전쯤으로 흘러......

어느 작은 오르그의 말단 소조원으로서 강제와 감시 속에 우울하고 고통에 찬, 짧아서 다행이었던 현장 생활을 운 좋게(?) 졸업하고 (어디 갔다 오니까 조직이 해체되어 버렸음...... 니나노 닐리리야를 불렀던 거 같음 - 1986년 12월 완전 끝물) 한 선배에게 소개받아 간 곳이 노래패였다. 때는 아직 좀 쌀쌀한 날씨의 초봄 어느 공원. 반갑게 맞아주며 노래 한 번 해보라는 단원들 권유에 딱 일어서서 공장생활로 찌든 내 일상에서의 판타지 "이 산하에"를 열창하니 반응은 역시 예상대로였다. 누구 하나 한 마디 말이 없었다. '아... 이렇

게 벌써 내 열정을 드러내도 되나....' 라고 생각했던 내 착각에서 벗어나는 데는 오랜 시간이 걸리지 않았다. 얼마 후 봄나들이에서 단원 중 한 선배가 내게 해준 한 마디... "와, 정말 네 용기에 놀랐어. 노래를 그렇게 하면서 여기 들어올 생각을 하다니...." 알고 보니 감동이 아니라 그 반대였던 거다. 사람들이 너무 놀라 뭐라고 말을 할 수 없었다고.... 그렇다고 내가 그 조직을 떠날 리 없다. (사람들은 착하고 나는 뭐...... 좋으니까 계속 있고 ㅋㅋ~~) 물론 노래패엔 보컬만 있는 건 아니다. 보컬 안되고 반주로 비벼볼까 하다가 마지막 보직은 기획같은 거였다. 기획은 힘이 좋으면 된다. 기타 앰프 신디사이저 잘 들고 메고 매니저 역할도 좀 하면 되고 하여간 그렇다. 그래도 그게 좋았던 20대의 시절은 또 다른 형태의 질풍노도기였다. 방향 없이 닥치는대로 움직였던 시기... 그때가 참 좋았다.

지금도 음악이 참 좋다. 심금을 울리고 애절하고, 그러면서도 굵은 바리톤 풍의 여유로움이 풍겨나오는 릴렉스..... 그리고 그들의 '스스럼없는 자기표현, 자유로움과 넉넉함, 자기애'를 좋아하지 않을 수 없다. 그래서 행복하다. 부럽고 다가가고 싶다. 그 감정의 울림에 내 삶의 파동도 맞추고 싶다.

지금 아모르파티

산다는 게 다 그런 거지 누구나 빈손으로 와
소설같은 한 편의 얘기들을 세상에 뿌리며 살지
자신에게 실망하지 마 모든 걸 잘할 순 없어
오늘보다 더 나은 내일이면 돼 인생은 지금이야

해보고 싶은 게 있다. 작년부터 본의 아니게 널럴해진 하루하루에 빈 시간들 많아지니 진즉에 엄두내지 못했던 것들을 만져보게 된다. 악기도 한번 잘 다뤄보고 싶고, 발 닿지 않는 데서 수영도 해보고 싶고 뭐 그런 것들이다. 내둥 내 무의식 한 곳에 있으면서 나를 항상 힘들게 했던 것들.. 오르지 못할 산 같은 것들....... 의 언저리를 돌다가 혹시나 하는 마음에 한번 발을 디뎌보게 된 요즘이다. 순전 배짱이지 뭐.... 그런 지금이 좋다. 미래는 원래 항상 불안한 법이고 그렇지만 나는 생산력의 발전을 믿는다. 유기적구성의 고도화를 믿는다. 궁즉통을 믿는다. 분명히 좋게 될 것이다.

손을 잡고

환경에 대한 걱정이 크다. 이렇게 계속 망가져가면 복구 불능이라는데........ 이 원인은 자본주의다. 과잉생산 과잉소비 그리고 이 시스템의 에너지원인 거짓욕망, 가공욕망.... 이미 환경은 복수를 시작한 것도 같다. 아직 화성이주도 시작 안됐는데.... 환경운동가, 과학자들의 백마디 말보다 올 여름 더위와 지금도 이어지는 미국을 강타하고 있는 하리케인이 어쩌면 자본주의 시스템에 균열이 가게 할지도 모르겠다. 그렇게 되기를 소망한다.

개인적으로는 남들의 의식적 실천에 나도 습관을 들이려고 한다. 불필요 소비 멈추고 과포장 멈추고 고장 날 때까지 써보고 필요하면 가급적 중고 사고 이왕이면 자전거 타고 그렇게 하고 싶다. 고장 난 것도 고쳐쓰고 싶고 먹을 거 버려지면 죄짓는 마음에 내입에 넣는 우리 예전 할머니들 마음을 닮고 싶다. 여하튼 최적의 생산과 공유시스템으로 최소 자원 활용, 최적 환경 관리가 되는 내 머릿속의 미래는 올 것이다. 우리는 지금 상상하고 걸어가는 중이다.

CHAPTER 02

34

저항하지 않아도 돼

장진희

조경학과

저항하지 않아도 돼

요즈음 내 삶의 주제는 '인생이라는 소풍을 재미있게 즐기자'이다. 이 소풍에는 늘 친구가 함께한다. 친구들 중에서도 율풍회라는 이름으로 만난 친구들은 내 인생에 깊숙이 들어와 있다. 체면치레 필요 없이 개기고 징징댈 수 있는 율풍회 친구들과 오늘도 소풍을 즐기고 있다.

우리들은 학생운동으로 끈끈해졌지만, 학생운동을 마치고 이리저리 흩어져 살아왔다. 그리고는 다시 율풍회라는 이름으로 만나게 되었다.

친구의 재발견, 먼 길 돌아 재회한 친구들과의 우정은 새로운 발견이었다. 늙어가며 느끼는 친구의 매력들이 내 소풍을 풍부하게 해주고 있다. 그들과 만나며 내 이야기를 폼 잡고 해본 적은 없다. 하루하루는 소상히 공유하면서 요런 간지러운 이야기는 못한 것 같다. 아닌가? 술 취해 떠들어본 적이 있었을지도 모르지만 오늘은 좀 차분히 맨정신에 고백해 보련다.

나는 매일 발끈하는 싸움닭이었다

학생운동 때문만은 아닌 듯하다. 내 기질이 좀 그렇다. 하여 내 총구는 적에게만 향하지 않았다. 장삼이사도 예외는 아니었다. 사소한 다름이 내겐 틀린 것으로 보였다. 그러다 보니 어디에서도 사소한 불의(?)를 참지 못하고 쌈질을 해댔다. 내 눈에 의롭지 못한 조직은 가

오후에 진행된 학교별 장기자랑에서 '사랑배움터' 교사·학생들이 춤을 추고 있다. 피구·배구·줄다리기·800m이어달리기와 함께 여자축구도 오전 경기의 인기종목이었다.

성동지역 야학하던 시절

차 없이 떠났다. 안양 노동판을 떠나 자리 잡은 야학과 성동·광진지역에서는 새벽까지 논쟁을 그치지 않고 싸워댔다. 그렇게 싸움질을 통해 동지가 되고 친구가 되어갔다. 내 인생에서 가장 치열한 시기를 보냈다.

밥벌이로 시작한 기획사에서 또 불의를 발견했다. 동대문 패션상가 광고물을 작업하게 되었는데 노골적으로 뇌물을 요구하더라. '에라, 더러워라. 너 망신 좀 당해봐라'라는 심정으로 상가 사무실에 찾아가 대놓고 돈 봉투를 쥐어줬다. 그 후 공개입찰 시장에도 진출했는데 첫판의 성공 이후 계속 실패했다. 제안서 평가를 하는데 평가위원과 타 업체 대표랑 서로 인사를 하더라. 아, 이 시장도 공정하지 못하구나. 나는 이렇게 세상을 배우고 부패에 민감해졌다.

기획사를 정리하고 약간의 휴식을 가진 후 반부패 운동 단체에서 일하게 되었다. 지역운동에서는 느끼지 못했던 재미가 있었다. 더욱 폭 넓은 시야로 사회변화에 기여한다는 낙이 컸다. 매년 국제회의에 참석해 국제 반부패운동의 방향과 어젠다를 논의하고, 매일 아침 출근과 함께 영문 이메일을 보고 답하는 고난도 즐거웠다. 부족한 선문성 확보를 위해 박사과정 공부를 고민하니, '지냐 학비는 내가 대줄 테니 공부해'라며 밀어주는 친구 덕에 학위까지 땄다.

그런데 요래 재밌는 일을 하면서도 나를 발끈하게 하는 일은 생겨나더라. MB정권에서 약해지는 태도와 노선에 대한 차이는 다시 나를 발끈하게 만들었다. 한국이 유엔반부패협약을 비준한 2008년, 부패방지위원회는 국민권익위원회로 후퇴했다. 이에 대한 대응 과정에서 조금씩 노선의 차이가 생겼다. 이런저런 잡다한 이유가 추가되면서 그 싸움은 제법 길고 치졸했고 그래서 아팠다.

국제반부패회의에서 발표

지금은 반부패 지식을 팔아먹는 연구자로 살고 있다. 사회적협동조합을 만들어 밥벌이와 함께 공익적 사업을 하겠노라 다짐했건만, 쌈질도 못하고 그저 내 주장을 보고서나 논문으로 써대는 정도에 그치고 있다. 돌아보니 나는 발끈하고 싸움 거는 것은 잘하는데 싸움에서 이기는 기술이 부족하다. 지구력도 없다. 전략적인 작전을 세우지도 못한다. 다시 태어나면 쌈질 잘하는 방법을 배워야겠다. 발끈하는 기질은 바꿀 수 없으니 세련된 싸움꾼이 되어야겠다.

내 오지랖은 성질만큼 넓다

발끈하는 성질만큼 오지랖도 넓다. 이것저것 참견하며 훈수질을 하거나 누굴 돕는답시고 밤 놔라 배 놔라 하는 기질이 내 인생을 번잡하게 만들어온 것 같다. 학교 때 별명 중 하나가 '사선의 대왕'이었다. 나의 투쟁도 크게 보면 오지랖이기에, 젊을 때는 이 기질의 부작용을 인식하지 못했다. 스스로를 세상에 호기심 많고 사람에 대한 애정이 넘치는 훌륭한 사람이라 확신(?)했다. 내 오지랖에 고통 받는(?) 후배나 친구들을 이해할 수 없었다.

내 오지랖의 부작용은 이해력의 부족이다. 특히 학생운동을 마치고 제각기 다른 인생을 살아가는 친구들에게 내 잣대로 참견해왔다. 너는 왜 인생에 대한 태도가 그러냐고, 너는 왜 계속 나를 기다리게만 하냐고 투덜댔다.

욕망의 발견, 내 총구를 어디로 겨눠야 할지 알 수가 없네

5년 전 크게 아프고 난 뒤로 내가 갖지 못한 것들이 보이기 시작했다. 살면서 크게 욕심내지 않았던 것들이 끄집어져 나왔다. '돈도 사랑도 명예도 다 싫다' 노래 부르던 내가 세상의 온갖 욕망을 쳐다보게 되었다. 나는 이렇게 살아왔는데 내게 남은 건 왜 이것뿐이지? 나는 꼿꼿이 살아왔는데 사심 가득히 살아온 저놈들보다 힘들게 살아야 하지? 왜 자본의 법칙에 순응한 놈들만 득세하는 거야? 환갑을 코앞에 두고 마음은 번뇌와 욕망으로 들끓었다. 그와 동시에 자존감이 조금씩 무너지기 시작했다. 쌈닭같이 용감했던 나는, 세상 모든 일에 참견하던 나는 움츠러들었다.

지난 5년은 나의 욕망과 무력함을 발견하고 욕망을 다스려가며 내 총구가 겨눌 과녁을 찾아 나서는 시간이었다. 팩트 체크, 확률과 사실을 온전히 받아들이고 노화에 순응하는 것부터 시작했다. '그간 허우적대며 살아왔구나. 그래도 참 많이 다듬어지고 자아알 견뎌냈구나'라며 스스로를 다독였다. 내가 잃은 것보다 내가 얻은 게 많다는 거, 내게 후회할 일보다 자랑스러운 일이 많다는 것이 보인다. 나는 아직 욕망과 싸우는 중이다. 큰 욕망, 이상(理想)의 나무를 키우려는 욕망을 다듬고 있다. 지치지 않게, 피로하지 않게 좀 더 작은 나무를 키우는 것으로 내 욕망을 다스리고자 한다.

'그냥 살자'라며 나를 토닥인다

얼마 전 좋은 볼펜을 선물로 받았다. 어디 한 번 써볼까 하고 종이에 몇 자 적었다. '그냥 살자'라고 적었다. 스스로 인생에 대해 내린 결론을 나도 모르게 손으로 써낸 모양이다. 그냥 살라는데, 그냥 사는 것이 가장 자연스럽다는데, 나는 그게 안 될 뿐 아니라 주변에 왜 그냥 사냐고 시비를 걸고 있었는데, 내 손은 그냥 살라고 한다. 그래, 이제는 좀 살살 살아도 될 것 같다.

인생 소풍을 함께하는 '율풍회' 친구들

못 할 이유, 못 가질 이유는 수없이 많다. 그게 다 내 책임은 아니다. 내가 짊어질 필요도 없고 가능하지도 않다. 내 선택은 내 몫이되, 탓하지는 말자. 내가 이리 신나게 힘차게 살아왔으니 그냥, 기운 나는 만큼 재미있게 살면 된다.

아직도 새로운 것에 매혹당하는 나는 작은 욕망을 잘 채워나갈 것이다.

아마 나는 내일도 발끈하며 훈수 두고 살아갈 것이다. 그런 내 곁에 내 소풍을 함께해 주는 너희가 있어서 고맙다.

CHAPTER 02

35

아직 할 수 있는 일이 있어 좋다

제갈순수

산업심리학과

아직 할 수 있는 일이 있어 좋다

마침내 2021년 12월 i-AWARDS KOREA[1] 2021 시상대에 올랐다. 소식은 들어 이미 알고 있었지만 막상 그 자리에 서니 감회가 남달랐다. '아! 내가 여기까지 온 건가……' 지나온 시간이 머릿속에서 주마등처럼 스쳐갔다. 30년 전 살기 위해 을지로 인쇄골목을 전전하며 여기저기 뛰어다녔던 시절이 떠올랐다.

1985년과 1986년, 집시법과 국가보안법으로 두 번에 걸친 수감생활을 했다. 대다수 친구들이 겪어야 했던 과정이었다. 우리를 더욱 단단하게 하는 밑거름이었지만 나에게는 아픔이 많은 시기였다. 수감 생활 중인 87년 옥중에서 어머님이 돌아가셨고 아버님도 출소 직후인 88년 초에 돌아가셨다.

참 힘들었다. 막막한 상황에서 살길을 찾아야 했다. 을지로 인쇄골목에서 시작했다. 1990년경 컴퓨터 조판시스템을 배우면서 IT업무와 조금 친해졌는데……이 짧은 경험이 자산이 되어 지금의 나를 있게 했다.

여러 번의 아픔을 겪었다.

1991년, 어렵게 입사한 첫 회사는 대다수 직원들이 학생운동권 출신이어서 서로 의지하며 힘이 되었다. 그런 시간도 잠시였다. 얼마 지나지 않아 모기업의 부도로 회사 문을 닫게 되었다. 1995년, 10여 명의 임직원들이 퇴직금을 모아 주주 회사인 법인을 만들었다. 그렇게 기존 사업을 계속하게 되었고, 회사도 상당한 규모로 성장했다. 2000년 초, 붐을 일으켰던

1) 웹어워드 코리아는 과학기술정보통신부 산하 사단법인인 한국인터넷전문가협회가 주최하고 아이어워즈위원회가 주관하는 국내 최고 권위의 시상식이자, 웹 전문가 페스티벌 행사이다. 국내 인터넷 전문가들로 구성된 40,000여 명의 회원 및 3,800여 명의 아이어워즈 평가위원단이 온라인 집단지성 평가 방식을 통해 수상작 심사에 참여해 인터넷 관련 우수 웹사이트 서비스 사례들을 선정해 시상한다.

벤처 열풍에 편승해 코스닥 입성을 노렸으나, 사전 준비가 부족해 결국 실패하고 말았다.

2009년, 자의반 타의반으로 회사를 그만두고 신규 법인을 설립해 기존 회사에서 준비했던 데이터분석 사업을 시작했다. 특히 소매유통산업의 데이터 분석 분야에 집중했다. 거래처 간 주문서, 거래내역서, 납품명세서 등 다양한 정보를 엄청난 규모로 주고받는 특성이 있어 다량의 정보를 얻을 수 있었다.

이렇게 축적된 정보를 분석해 유통업체와 공급업체가 지역별, 계절별, 연령별로 수요를 예측하고 생산과 공급을 조절할 수 있도록 지원하는 시스템 개발에 주력했다. 그러나 이르게 시작한 데이터분석 사업은 고객의 요구와 동떨어진 부분이 있었다. 게다가 회사의 영업력 부재와 재정난까지 겹치면서 타 회사에 흡수, 합병되는 쓴 맛을 보게 되었다.

지금은 하고 싶은 일을 하고 있다.
인공지능 기반의 데이터 분석 환경을 구축하기 위한 시스템을 개발하고 있다. 고객의 업무 담당자와 IT 인력을 대상으로 데이터 분석 기법이나 방향에 대한 컨설팅도 한다. 한마디로 고객이 비대면 업무를 효과적으로 수행할 수 있도록 모바일 앱을 개발해 금융권에 공급하는 일이다.

팬데믹 이후 금융권은 스마트뱅킹의 확대와 핀테크[2] 산업의 성장에 따라 비대면 온라인채널 중심의 고객기반 확대사업이 이전에 비해 훨씬 강력해졌다. 그렇다보니 스마트폰 앱을 통해 언제 어디서나 다양한 금융거래가 가능하다. 요즘은 챗GPT 형태의 생성형 AI를 적용, 방대한 금융데이터를 활용해 고객들에게 더욱 개인화되고 차별화된 금융상품도 제공한다.

특히 몇 년 전 데이터 관련 법안의 정착으로 빅데이터, 마이데이터 산업이 활성화되면서 개인정보와 인공지능을 활용한 고객 맞춤서비스가 혁신적으로 확대되고 있다. 바로 이 같은 새로운 환경이 내가 운신하고 먹고 살 수 있는 길을 열어 놓은 셈이다.

그런데 참 어렵고 힘이 든다.

산업특성상 혁신적으로 발전하는 IT산업 영역에서 새로운 기술과 전문용어를 이해하고, 고객에게 아는 척해야 하는 게 솔직히 너무 부담스럽다. 잘 알지도 못하는 영역에서 전문가인 척하다가 혼쭐난 적도 많았다. 미숙하게 대답하다가 '다음에 말씀드리겠다'며 슬그머니 도망친 적이 한두 번이 아니었다.

이곳도 치열한 전쟁터다.

더구나 아날로그 시대에 익숙한 내가 AI, 디지털 신기술로 무장한 젊은 친구들과 전문 인력들을 따라가기 위해서는, 많은 학습과 노력을 해야 한다. 이 고충을 앞으로도 견뎌내야 할 판이다. 다행히도 업무가 아직까지는 재미있다.

코로나19로 많은 변화가 있었다. 금융권도 예외는 아니었다. 대면업무가 갑자기 마비되자 비대면 방식이 불가피한 상황이었다. IT산업[3]은 비약적으로 발전했고 이 시기에 데이터 분석 요구가 급격하게 는 것 같다. 예컨대 '현재 고객이 보유하고 있는 재산을 분석해 어느 분

2) 핀테크는 금융(Finance)과 기술(Technology)을 합쳐 만든 신조어로 금융과 기술이 융합된 새로운 금융 서비스를 의미

3) 컴퓨터 하드웨어, 통신장비, 소프트웨어 관련 제품과 서비스를 생산하는 산업을 통칭

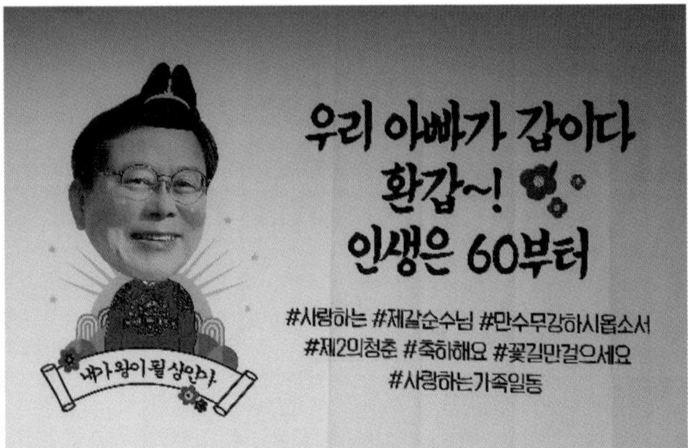

야에 투자하면 더욱 가치를 높일 수 있을까?' 등의 다양한 데이터 분석 요구가 생긴 것이다. 이런 환경이 생성형 AI[4] 라는 기술을 나오게 한 배경이 아닐까 한다.

지금은 이 같은 변화에 대응하기 위해 긴장의 끈을 바짝 조이고 있다. 그렇다 보니 아직까진 한눈팔지 않고(?) 바쁘게 산다. 비대면 채널, 데이터 분석, 빅데이터, 마이데이터, 생성형 AI 등 새로운 용어와 기술을 공부하는 재미가 쏠쏠하다.

때때로 보람도 느낀다.

엄청난 데이터 무덤에 빠져 허우적거리는 담당자들의 일손을 덜어주고 업무 압박감에서 조금이나마 해방될 수 있도록 기여하고 있다는 자부심이 있다. 손쉽게 접근할 수 있는 챗GPT 기반의 데이터 분석 시스템 제공으로 담당자들의 효율적인 업무처리를 돕고 고객 만족도를 향상시킬 때 크게 기쁘다.

특히 회사를 같이 만들어가는 동료, 후배들이 업무를 통해 만족을 느끼고 나아가 보상받는 체계를 유지하고 있는 것도 나의 보람 중 하나다. 아직까지 우리 가족의 삶에 기여하고 있어서 그것도 좋고......

고객을 대하고 직원들과 어울릴 수 있는 체력이 있다는 것도 큰 위안거리다. 여기저기 아픈

---

4) 생성형 인공지능(생성형 AI)은 대화, 이야기, 이미지, 동영상, 음악 등 새로운 콘텐츠와 아이디어를 만들 수 있는 AI의 일종

곳이 많아 고단하긴 하다. 그래도 15년 넘게 해온 배드민턴과 주말마다 걷는 둘레길 덕분에 아직 버틸 만하다.

2008년, 산을 오르다 우연히 배드민턴장을 들렀다. 어르신들에게 겁 없이 달려들어 처참하게 패배를 당했다. 놀림을 무시하고 근처 고등학교 배드민턴 동호회에 가입한 후 1년 정도 레슨을 받았다. 지금까지 일주일에 두세 번씩 하고 있는 운동이다. 시작하길 잘했다는 생각이 든다.

아직도 할 일이 많다.

요즈음 혹시나 인공지능 시스템이 인간의 통제를 벗어나 인류를 지배하지 않을까 걱정하고 있다. 실제로 데이터 분석 분야는 AI의 잘못된 분석으로 일어나는 사고와 실수가 적지 않다. 챗봇이 독재자 히틀러를 찬양하는 일이 벌어지기도 한다. 차선과 적색 신호를 무시하는 자율주행 자동차, 의료 산업에서 오작동하는 로봇, 흑인과 여성을 차별하는 챗GPT의 답변 등은 AI의 미래를 걱정하게 만든다.

또한 특정 세력이나 집단이 미래에 정보를 독점하거나 유출된 빅데이터를 이용해 인간을 통제하고 감시하는 '빅브라더 사회의 도래'도 우스갯소리로 치부할 수 없는 문제가 된 것 같다. 이러한 부분도 관심을 가지고 세세하게 따져 볼 생각이다.

이런 최첨단 기술에 윤리적이고 도덕적으로 개입할 수 있도록 IT산업 종사자, 전문가들과 함께 고민하려 한다. 쓰레기 데이터를 걸러내고 데이터의 학습과정을 통제할 수 있는 시스템이나 규율을 만드는 일은 그 예가 될 수 있겠다.

어쩌면 이러한 작업들이 나에게 부여된 마지막 사명일지도 모르겠다. 힘이 미칠 때까지 기업의 사회적 역할과 책임도 충실히 이행하려 한다. 회사의 모든 구성원이 각 영역의 중심축이 되어 함께 성장하는 IT 혁신기업, 이런 회사를 만들고 싶다는 나의 생각이 이 글을 쓰면서 더욱 공고해진 것 같다.

아직 할 수 있는 일이 있어 좋다. 순수는 이제 거침없이 소신대로 미래를 향해 달려간다.

CHAPTER 02

36

구례 귀촌기

조영신

국어국문학과

구례 귀촌기

"왜 이혼을 한 거야?"

10여 년 전 송년회에서 나의 이혼소식을 듣고 전화를 걸어와 만난 자리에서 선배가 물었다. 우리는 내가 25살 때, 학교를 다 마치지 못하고 고향 인천으로 내려와 지역운동을 하며 만난 사이다. 지역서클 선후배들과 집까지 쳐들어가 밤새 먹고 마시며 새해를 맞을 만큼 막역했던 친분이어서 그 같은 질문이 그리 이상할 것도 없었다. 더욱이 나의 결혼생활이 순탄치 않았던 것도 알고 있었으니.

"성남 와라. 저녁 먹자."
"직장은 왕십리고 집은 부평인데 성남으로 저녁을 먹으러 굳이……"
"생일 밥 혼자 먹기 그래서."
그럼 회사 앞으로 온단다. 쓸데없는 생각들이 스멀거렸지만 손바닥만한 케이크 하나를 사 들고 선배를 만났다.
"같이 살래?"
나랑 선배가 같이 아는 사람이 400명은 될 텐데 다시 한 번 남자와 엮여 복잡해지기 싫다는 내 얘기에, 자기 마음은 밝혔으니 고민해 보란다. 산 좋아하고 영화도 잘 보니 심심한 주말 같이 노는 정도로 타협이 이루어졌다.

"우리 결혼식 하자."
30년 지기 선배가 6개월이 지나 남자가 되었고 1년 후 남편이 되었다. 나서기 싫어하는 선배 성향에 결혼식을 하자고 해 놀랐지만, 우리를 오래 알았던 지인들이 많아 결혼한 걸 알려야 깔끔할 거란 말에 동의했고, 살아보니 옳았다 싶다.

“화양마을이래. 여기 참 좋다”

50 중반 나름대로 잘나가던 직장을 그만두고 용감하게 축제감독으로 복귀하며 나는 프리랜서가 되었고 남편이 퇴직을 하면서, 꿈꾸던 귀촌을 조금 일찍 실행에 옮길 수 있었다. 지리산이 좋았고, KTX역이 있어 서울 일 보기도 편하고, 읍내가 멀지 않은, 섬진강 옆 집터가 우리에게는 아주 ‘딱’ 이었다. 동네 이름도 화양마을이란다.

“섬진강 사랑채, 어때?

‘내가 알던 남자 중에 선배가 돈이 제일 많아’라며 물색없는 말을 했던 나는 땅을 사고 집을 지으며 현실을 자각했다. 도봉구의 아파트 전세 값으로 빚 없이 집을 지었으니 그나마 다행이다 싶었지만, 처음이자 마지막인 내 집을 지으며 욕심을 내려놓는 건 결코 쉽지 않았다.

기본설계부터 콘센트 위치까지 직접 그렸고, 지붕부터 조명기구까지 크고 작은 모든 것을 발품 팔아 결정하면서 기대와 걱정을 왕복하는 시간이었다.

그래도 이삿짐을 창고에 두고 임시거처를 옮겨 다니는 고생은 하지 않았다. 맘고생으로 없던 병이 생기거나 폭삭 늙지도 않았으며, 하자보수 실랑이도 없었으니 이만하면 귀촌 집짓기는 성공이지 않을까?

'구례이트, 화양마을 콘서트'에 초대합니다!

귀촌을 하면 집들이 비용을 지원해준다는 솔깃한 정보에 얼른 면사무소를 찾아갔으나, 그 해의 지원금을 다 소진했단다. 현주(국문과 친구)네 산안농장 유정란을 주문해 안지마을 이장님 댁이며 바로 이웃한 구성마을까지 신입인사를 하는 것으로 내돈내산 집들이를 잘 끝냈건만, 다음해 면사무소에서 이사 2년까지는 집들이비용 지원이 된다며 전화가 왔다. 일 만드는 게 일인 내가 그 기회를 놓치랴. 노래하는 선후배들이 놀러오는 날을 맞춰 집 앞마당에서 집들이 겸 작은 콘서트를 감행했다. 따뜻하고 행복한 봄밤이었고, 우리가 구례군민이 되었음을 기분 좋게 실감한 날이었다.

우리 집 마당에서

"언니, 뭐해?"

올해로 3년째 행사 총감독을 맡고 있는 부천국제판타스틱영화제를 마치고 여기저기서 너무 많은 감사와 축하인사를 받았다.

그런데 반 토막 난 예산으로 행사를 만드는 게 무리가 되었는지 나는 7월 중순에 구례에 내려와 그만 번 아웃이 되고 말았다. 자문이며, 심사며, 강의까지 미뤘고, 톡이며 문자에도 무뎌진 상태로 늘어져 지냈다. 그러다 어제는 의자매를 맺은 같은 마을의 언니, 여동생과 특별할 것 없는 수다에 깔깔대며 지리산 화엄사 내에 있는 연기암을 걸었다.

사실 나는 여자형제가 없어 자매간의 살가움을 잘 모른다. 남동생들과 부대끼느라 여자들끼리 어울리는 것도 익숙하지 않다. 그런데 이 언니들(!)은 틈만 나면 닭죽을 끓여오고, 왕복숭아를 사서 상자째로 갖다놓고, 열무얼갈이김치에 입맛 돋으라며 멸치고추짜글이 반찬통 등을 들고 와 뭐하냐며 안부를 물어준다. 그래서인지 정이 많이 든 것 같다. 구례에 정착해 비로소 실감하는 이 같은 삶의 정겨움이 너무 좋다.

소소한 안부를 물어주는 평안한 하루! 지금 '화양마을'에서 느낀다.

CHAPTER 02

37

둥글게 인생을 즐기는 내가 챔피언

주형길

경제학과

둥글게 인생을 즐기는 내가 챔피언

인생에서 '도(道)'란 무엇인가. "갑자기 거시기하게 수준 높은 말을 쓰고 그러는 겨?" 하고 울 친구들이 핀잔을 줄 것만 같다. 거시기해도 하는 수 없다. '도'가 무엇인지 한마디로 말하기는 어렵겠지만 '삶이 여행길 같다'는 뜻이 담겨 있다. 이런 의미를 곱씹어볼수록 맛이 나고 좋았다. 60년이 넘는 세월, 나는 나답게 살아온 것 같다. '좌충우돌', '희로애락'하며 지금껏 걸어왔던 길이 도 닦는 것과 별반 다르지 않음을 알게 됐다.

3형제 중 막내로 태어났다. 어릴 적부터 지방에서 갓 올라온 어린 식모와 보모의 손에서 자랐기에 여느 친구들의 따뜻한 가정은 늘 선망의 대상이었다.

돌아가신 아버지와 어머니는 동대문종합시장에서 원단장사를 하며 신설동에서 양장점을 운영했다. 부모님은 내가 초등학교 2학년 때 이혼했다. 어머니의 빈자리는 늘 나를 외롭고 힘들게 했다. 겉으론 밝았지만 그분의 따뜻한 보살핌이 많이도 그리웠다. 그러던 중학교 시절, 구석에서 움츠리고 있는 나에게 기술선생님은 적극적이고, 밝은 마음을 갖도록 도움을 줬다. 〈적극적인 사고방식〉, 〈신념의 마력〉 같은 책을 추천해줬다. 선생님의 사려 깊은 배려로 마인드컨트롤 하는 방법을 배울 수 있었다. 불안하고, 외로운 정서가 차츰 극복되면서 태도도 적극성을 띠게 되었다. 자존감은 그렇게 회복되었다.

고3 때, 박정희 대통령의 죽음과 전두환 12·12 쿠데타를 경험했다. 그 당시는 그야말로 격동기였다. 방과 후 학습을 마치고 제3한강교나 영동대교를 넘어가려다 생뚱맞은 통행금지에 학교로 되돌아오는 일도 있었다. 집에 갈 수 없었던 우리들은 하는 수 없이 학교 도서관에서 묵어야 했다. 그런 시대에 형들이 집으로 가져온 〈연세춘추〉라는 대학신문을 접하며 사회에 대한 인식이 생기고 세상을 보는 눈이 뜨였다.

1982년 성균관대학교에 입학하고 보니 사회이슈로 여기저기 술렁거리는 모습이 거의 매일 눈에 들어왔다. 부마항쟁과 군사 쿠데타, 5·18광주항쟁의 영향이 워낙 컸던 시기였다. 고등학교 때부터 한국 사회에 대한 문제의식은 있었으나, 운동에 적극적으로 참여하지는 않았다. 1학년 1학기를 마친 여름, 밀린 숙제하듯 군대를 갔다. 삼수를 한 탓에 군 입대 연기가 안 되었다. 서클 친구들만 대부분 알고 지내다 다른 동기들과는 제대 후 만났다. 그렇게 친구들과 다시 교류하며 학생운동에 뛰어들었다.

기억이 좀 가물가물한데 1980년대 중반 같다. 노동운동을 하기 위해 울산 현대자동차 하청공장에 취업했다. 사상공[1]으로 일하던 중 위장전입 행불 수배가 떨어졌다. 부산에서 피해 지내다 1년 6개월 만에 서울로 돌아와 다시 현장진출을 준비하던 중 노동해방투쟁동맹(이

1) 사상공은 용접 작업으로 인해 발생한 돌출된 부분을 그라인더를 이용해 매끄럽게 갈아주는 업무를 수행하는 기능직공으로 조선소, 제조업, 주물공장, 건설 현장 등에서 주로 활동

하 노해투)과 연결된다.

참 밤낮없이 활동했던 시절이었다. 노해투의 선봉편집부로부터 기관지인 〈선봉〉 제작 및 배포를 요청받았다. 낮에는 필요자금을 만들고 밤에는 제작과 배포를 했다. 그 고단함은 이루 말할 수 없었다. 당시 김원웅 청년국장님(민정당)과의 만남은 지금도 잊을 수가 없다. 그분은 기관지 제작을 독려하며 아낌없는 경제적 지원을 해줬다. 그런 인연으로 나의 결혼식 주례도 선뜻 응해줬다. 세간의 평이 어떻든 나에겐 따뜻하고 귀한 분이었다. 그런 선생님이 광복회장이 되고나서 언론의 십자포화를 받고 세상을 떠났으니 애석한 일이다.

시간이 그렇게 또 흘렀다. 결혼도 했으니 좀 더 먹고사는 문제에 매달려야 했다. 국내에서는 초창기였던 일러스트 캘린더를 만들어 롯데제과, 씨티뱅크, 대우로얄피아노 등에 판매했다. 서울대와 홍대 미대 출신의 작가그룹(일러스트뱅크)과 함께 한 것이 시장에서 주효했다. 여전히 난 젊었고 에너지가 넘쳤다. 캘린더를 팔아 대우로얄피아노 담당자에게 리베이트까지 주었으니 그때 내가 얼마나 의기양양했을지 한번 상상해 보시라.

1994년경 탁무권(사학 76)선배와 인연이 닿았다. 선배와 함께 300평 되는 대형서점인 노원문고와 문구점 3개를 개점했다. 마음을 다해 주도적으로 일했다. 부동산뱅크, 출판사업 등의 경험과 축적된 노하우가 큰 도움이 됐다. 국내 최초로 초중고 참고서 전문 인터넷서점도 만들었다. 당시 얼마나 인기가 대단했는지 서버가 다운되기도 했다. 인터넷 참고서 할인판매를 최초로 진행했더니 학생, 학부모들이 몰려와 연매출 100억이란 큰 성과를 냈다. 그때의 활약은 지금 생각해도 가슴 뻐근할 정도로 좋다.

현재는 사단법인 겨레사랑이라는 단체에서 사무처장으로 일하고 있다. (사)겨레사랑은 북한 전역에 의료 진료소 14개를 건립해 지원 사업을 하고 있다. 2019년~22년까지 북한에 의료기기 70대, 콩기름 180톤, 교과서 용지 430톤을 정부의 남북교류협력기금으로 보냈다. 이 밖에도 북측에 20년 동안 미국(4개 지부)과 한국에서 의약품, 보건의료 기자재, 산림녹화사업(묘목지원), 분유, 밀가루, 라면, 모포 등을 꾸준히 지원하고 있다.

그런데 윤 정부가 들어서며 어처구니없는 일들을 겪고 있다. 다른 곳에 비해 가장 많이 북한을 지원했다는 이유로 2년 동안 각종 감사기관으로부터 감사란 감사는 모조리 받고 있다. 답변서, 소명서, 근거자료 등 문서 작성 및 대응을 숱하게 하고 있다. 이제는 대응 방면의 프로급 선수가 되었다. 소가 웃을 일이다. 일상의 업무가 마비될 지경의 이 기막힌 현실에 안타까움을 넘어 분노가 치민다. 하루빨리 (사)겨레사랑이 정상화되기를 간절하게 바랄 뿐이다.

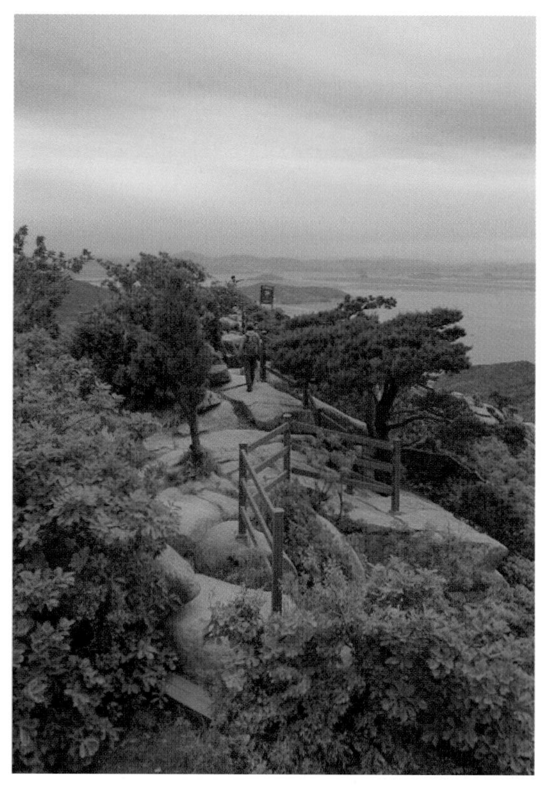

벌써 5년 전이다. 지인의 소개로 해외 선물 트레이더라는 직업을 얻었다. 주식을 조금 하게 된 동기였는데 요즘은 그와 관련된 일이 소소한 일상이다.

이 밖에 갑장산악회와 4050 산악회에서 운영자, 산행대장으로 활동하고 있다. 덕분에 매년 100~150회 산을 다니며 심신을 단련 중이다.

여기서 자연을 만나고, 동료들과 땀 흘리며 같이 웃다가 울기도 하는 참 인생을 맛보고 있다.

이제 남은 목표는 내 생애 마지막 버킷리스트 '코리아둘레길(해파랑/ 남파랑/서해랑/DMZ 통일의 길, 총 260코스 4,500Km)'를 완주하는 것이다.

이런 나야말로 인생을 즐길 줄 아는 진정한 챔피언 아닌가.

CHAPTER **02**

38

나의 고백

최용규

한국철학과

나의 고백

지금껏 살면서 이룬 것이 없다. 잘 살아온 것 같지도 않아 언감생심 이렇게 글을 쓰는 것이 부담스럽다.

언제부터였을까? 단톡방에 올라온 친구들의 글을 계속 읽어나갔다. 공감되는 부분이 많았다. 글들을 모아 문집 낸다는 소식도 듣게 되었다. 문득 나 같은 인간도 있다는 것을 문집에 한 꼭지 남겨볼까(?) 싶어 이 글을 쓰게 됐다. 살면서 여러모로 대학 친구들과 선후배들의 도움을 받았다. 이 지면을 통해 감사의 인사도 꼭 남기고 싶다.

인생 1막

81년, 용산공고를 졸업하고 한해 재수해 성균관대(이하 성대)에 들어갔다. 이듬해 여름방학이 끝날 때까지 행복한 시간을 누렸다. 그러고 보니 살면서 그 무렵이 가장 좋았다.

부산에서 대학과 고등학교를 졸업한 부모님의 2남 2녀 중 막내로 태어났다. 유년기를 어려움 없이 살았다. 청소년기를 지나 성인이 된 이후로도 철이 덜 들고 부족함이 많은 막둥이였다. 뒤돌아보니 물에 물탄 듯 술에 술탄 듯 제대로 된 삶을 살지 못한 것만 같다. 부모님 슬하에서 평탄하고 적당한(?) 삶만 살려 했지, 야무지게 살 생각은 못했던 것 같다.

82년, 1학년 1학기는 특히 자부심이 넘쳤다. 유학대학 역사 및 철학계열을 지원할 때 오로지 한국철학을 공부해보겠단 생각밖에 없었다. 타 학과는 애당초 고려하지도 않았다. 세 번째로 원서를 접수했다. 합격 후 입학성적우수 신입생에게 주는 양현재 장학금도 받았다. 그렇게 성대생이 되었으니 문무를 겸비하면 좋겠어서 검도부에 들어가 죽도도 휘둘러 봤다. 여름방학이 되자 재수하며 그렇게도 바랐던 무전여행을 하며 국내 이곳저곳을 다녀 보기도 했다. 그때가 내 인생의 황금기가 아니었을까. 행복한 시간은 이토록 짧았다.

1학년 2학기가 시작되는 9월, H 선배의 손에 이끌려 사회과학대 식당에서 점심을 먹고 나오던 참이었다. 바로 앞 금잔디에서 "으쌰!" 하는 소리가 들렸다. "와!" 하고 손뼉을 치자마자 사복경찰에게 끌려가게 되었다. 참 나 원(!) 그때 간 곳은 학교 대학본부였다. 처음에는 몰랐는데 나중에 알고 나서 정말이지 어처구니가 없었다. 곧 동대문경찰서(이하 동경)로 이동했고 그곳 지하실과 정보과에서 영문도 모른 채 세게 당했다.

그 일이 있은 후 검도부를 관두고 대학생활 대부분을 휴머니스트 서클 생활로 채웠다. 83, 84년은 1년에 한 번씩 동경에 잡혀가 때리면 그냥 맞고 유치장에서, 지하실 방에서 며칠씩 지내고 나왔다. 그래도 젊을 때라 그랬는지 견딜만했다.

84년, 3학년을 마치고 휴학계를 냈다. 휴학을 하고 나서 학교와 단절하고 살았다. 그러다 85년, '미문화원 점거사건'이 있었다. 그 사건과 맞물려 '구미유학생간첩단(이하 간첩단)사건[1]'과 연루, 안기부에 연행되어 한 달 넘게 고생을 했다. 거기서 정신을 완전 해부당했다. 이후 사람들은 잡혀가고 난 도망치다 혼자 남았다. '간첩 끄나풀이다'라는 소리까지 듣는 사면초가 상황에 몰렸다. 그때 도망 다니는 것이 과연 어떤 의미가 있을까(?) 수없이 고민했다. 무엇보다 주변이 크게 다칠 것 같다는 생각이 들었다. 그래서 자수했다. 안기부에서 모진 심문을 받은 후 어느 정도 시간이 흐르자 불구속으로 풀려났다. 그 기억은 내가 살아있는 동안 지워지지 않을 것 같다.

1) 1985년 국가안전기획부가 구속영장도 없이 약 60여일 이상 자의적 구금, 불법적인 고문을 자행했으며 미국 일리노이 주립대학인 WIU 유학생과 관련자 15명을 간첩과 방조자로 발표한 사건. 당시 양동화와 김성만은 사형을, 황대권과 강용주는 무기징역을 선고받는 등 15명이 실형을 선고받았다. 당사자였던 강용주는 항소이유서에서 이 사건에 대해 국가안전기획부의 주장과는 전혀 다르게 진술했다. 강용주는 양동화를 고등학교 동문 동아리에서 처음 만나서 가깝게 지냈으나 1984년 9월경 미국 유학을 마치고 돌아온 양동화를 만난 것은 평소 친분에 따라 오랜만에 귀국한 선배의 안부를 묻고 미국 생활에 관한 호기심에서 그 사람에게 여러 가지 이야기를 들으려는 것이었을 뿐이라고 밝혔다. 당시 국가안전기획부가 주장하듯이 혁명을 획책하거나 무장봉기할 마음을 품은 적이 없고 그 사람에게서 어떤 것을 지령받거나 지시받은 적도 없다고 주장했다. 2020년에 와서 재심이 이뤄지면서 서서히 윤곽이 드러나기 시작했다. _출처, 나무위키

서울시설공단 노조활동

3학년 때 나는 전민중 〈예속과 함성(이하 예함)〉 팸플릿의 논리적 선명성에 매료되어 있었다. 어쩌다 '간첩단 사건'에 휘말리게 된 것도 이런 부분이 도화선이 되었다.

정권 보위를 위해서라면 조작도 불사하는 안기부한테는 '미문화원 점거투쟁'을 희석시킬 뉴스로 '간첩단 사건'은 확실한 특종이었을 것이다.

북측과 관련되는 일은 군부독재 타도 운동에 독이 되고 외려 정권에 이롭게 돌아간다는 것을 잘 알아 경계하고 있었다. 그럼에도 이렇게 엮이게 될지 상상이나 했겠는가! 무척이나 두렵고 또 안타까웠다. 어쨌든 '간첩단 사건'으로 당시 이십대 후반이었던 3명의 청춘은 사형, 무기징역을 받았다.

2년 전이던가? 37년이 지난 후에야 비로소 재심에서 간첩무죄 선고를 받았다. 고통스런 세월을 살아야만 했던 당사자들을 생각하니 애석하다. 전두환 군사독재정권이 아니었으면 그렇게 한이 서린 삶을 살지 않아도 되었을 텐데 말이다.

이외에도 할 말은 많지만 다 묻어둔다. 단, 이 한 마디는 하고 싶다.

그때 '간첩단 사건'으로 빨리 깨진 게 얼마나 다행인가!

안기부에서 조사받을 때 나는 학내 사건과는 아무런 관련이 없었다. 학교에서 맺은 인연 때문에 치러야 할 정신적 고통도 없어 그나마 힘든 시간을 견딜 수 있었다. 다행스러운 일이었다.

한편 도피생활을 할 때 아무것도 모른 채 선의로 나를 도와준 선배가 한 명 있었다. 내가 연행된 후 이런 사실이 밝혀져 선배는 엄청난 대가를 치러야했다. 그 생각만 하면 미안하고 송구해서 고개를 들지 못하겠다.

이런저런 고생을 했음에도 안기부에서 나온 이후, 주위에서 프락치가 됐을 거란 의심을 받았다. 엄혹했던 군사독재시절이었기에 그런 오해도 있을 수 있겠다는 생각을 많이 했다. 이런 이유로 대학 선후배들 그리고 동기들과의 만남도 끊을 수밖에 없었다. 세월이 흐르면 언젠가는 그들이 나를 믿어 줄 날이 올 것이라 믿었기에……

'간첩단 사건'으로 더 이상 아무것도 할 수 없었다. 나의 인간적 한계를 절감했다. 여기까지가 나의 젊은 날, 짤막한 운동사이다.

인생 2막

86년, 4학년으로 복학했다. 그땐 학업도 신경 쓰면서 '사회에 나가 어떤 경제활동을 할 것인가' 미래에 대한 고민을 하던 중 87년 가을, 친구의 추천으로 사회과학출판사들의 단체인 한국출판문화운동협의회 간사로 일을 시작하게 됐다. 사회과학 출판사 대표와 편집자, 영업자들을 두루 알게 되었고 미래에 대한 새로운 설계도 할 수 있었다. 그 인연으로 전에 몸담았던 서클 H의 친구들과 출판사를 설립해 책을 출간했다. 얼마 지나지 않아 여러 사정이 생겨 회사를 포기하고 다른 출판사의 편집부원이 되었다. 결혼 후에는 다니던 회사를 그만두게 되어 결국 친형 밑에서 건축자재 일을 하게 되었다.

그렇게 세월은 무심히 흘러가고 있었다. 나는 거대한 톱니바퀴처럼 돌아가는 사회 속에 푹 빠져 하루하루 몸을 내 맡긴 채 즉자적인 삶을 살았다. 한마디로 그냥 닥치는 대로 열심히 사는 무지렁이 인생이 된 것이다. 대학을 왜 나왔나 싶었다. 거쳐 갔던 직업들을 생각해 보면 고졸 학력으로도 충분했던 것 같고……용산공고 졸업하고 바로 사회에 나갔으면 밥벌이가 훨씬 나았겠단 생각을 문득문득 했다.

서울시설공단에서 따릉이 재직 중일 때

건자재 판매 사업을 친형과 함께 하다 일이 손에 익을 무렵, 나 혼자 꾸려가게 되었는데 IMF 때 망했다. 당시는 국가부도 상태라 너나할것없이 다들 어려웠다. 각자도생, 독자생존해야 하는 세상에서 먹고살기 위해 보험영업에 뛰어들었다. 그때도 그저 돈을 벌기 위해 일했을 뿐 아무 생각 없이 살았다. 사회적 신분도 재력도 없던 그 시절, 인간관계를 비롯해 삶이 바스러진다는 게 어떤 것인지 뼈저리게 느꼈다. 하루하루가 모래알 같기만 했던 나날이었다.

친구와 선후배들이 자력갱생하며 삶을 개척해 나갈 때 이렇다 할 능력도 없는 나는 건자재 자영업도 완전 폭삭하고 말았으니......절망 그 자체였다. 지인들을 치대야 먹고 사는 일 가운데 보험은 단연 으뜸이었다.

어느 날 한 친구가 나에게 "너는 볼 때마다 명함이 바뀐다"고 농담을 했다. 맞는 말이었다.

건자재 사업, 보험 영업, 막간에 국회의원 선거운동과 후원회 일을 거쳐 트럭 끌고 꽃 배달, 음료수 배달, 의류 배달, 그리고 연해주 고려인을 위해 청국장을 팔기도 했다. 이 또한 여의치가 않아 팔던 청국장 내려놓고 출판사 세 곳을 다니다가 다시 보험 영업......숨 돌릴 새가 없었다. 밥 먹고 사는 일이 고단하기만 했다.

쨍하고 해 뜰 날이 돌아온다고 했던가. 54세 되던 해 비로소 직장다운 곳에 취직을 하게 된다. 그곳에서 6년9개월간 현장직 월급쟁이로 살다가 작년에 정년퇴직을 했다. 2024년 올해도 운 좋게 구청의 단기 기간제 직원으로 채용돼 일하고 있다.

2016년 9월 7일 서달산 산행 때

굴곡진 삶의 여정을 지나 온 것 같다. 서른 중반부터 오십 중반까지 20여 년을 바닥에서 살았다. 주관적이지만 낮은 곳에서 오랜 시간을 살다보니 '어떤 일도 나는 다 할 수 있다'와 '월급 받고 사는 삶이 최고'라는 것을 절감했다. 54세에 이르러 서울시설공단 공공자전거 직원 모집 공채에 합격해 처음으로 장기간(?) 월급쟁이가 된 것은 내게 행운이었다. 덕분에 내 삶도 조금은 평안해졌다. 취업 후 초반에는 급여가 최저임금 수준이라 동료들과 따릉이 노조도 만들었다. 임금과 복지 향상을 위해 부단히 노력해 결실도 맺었다. 일터가 서울시 산하 공기업이고 고 박원순 시장 재임시절이라 말이 잘 통해서 가능한 일이었다.

우리 성대사람들이 집회 후 늘 모여 한잔했던 광화문 호프집 (2016. 11. 19)

인생 3막을 열며

살아오면서 성대 친구들과 선후배들의 도움을 많이 받았다. 이들의 관심과 배려가 없었다면 나는 더 힘들었을지 모른다. 얼마나 고마운지 모른다. 내가 능력은 없어도 인복은 있었나 보다. 다시 한 번 그간 참으로 감사했다는 인사를 드린다.
"여러분, 정말 정말 감사드려요!"

덕분에 안정적인 시간을 보내고 있다. 이제는 주변도 돌아보며 지내려 한다. 막연하지만 소망이 하나 있다. 언제가 될는지 알 수는 없지만 서울생활을 접고 귀어귀촌으로 인생 3막을 열어보고 싶다. 물 좋고 공기 좋은 곳에서 노후를 보내면 얼마나 좋을까? 친구들과 선후배들이 들렀다가 힐링하고 갈 수 있는 곳 말이다. 그런 청량감 있는 공간에서 살아보는 것이 나의 목표이다. 생각대로 될까? 실천할 수 있을까? 나이가 점점 들어가다 보니 한편으론 걱정도 따른다. '그래도 뭐, 잘 만들어나가면 되겠지'라고 생각한다.
아주 아주 긍정적으로……

CHAPTER **02**

39

40년 만의 재회

최진성

한문교육학과

40년 만의 재회

대학동기들이 문집을 만든단다. 글 한 편 써내라는 말이 많이 부담스러웠다. 이유가 무엇인지 생각해봤다. 나를 내보이기가 부끄러워서? 멋진 글로 겉치레를 해야 해서? 이순(耳順)을 넘긴 나이에도 자기 정립이 부족하다고 느껴서? 아니면 자신과의 대화조차 귀찮은 나태함인가? 어쨌거나 조심스러웠다. 나는 글이 자기 자신이라고 여기는 사람이다. 어쩌면 한 번의 선언도 책임을 묻는 나의 결벽성 때문일지도 모르리라.

이런 이유로 82동문회장 김병일(신문방송)의 문자도 씹고 짐짓 모른 척 했다. 그러나 우리 동문회장은 포기를 모르는 캐릭터였다. '욕먹어도 좋다. 우리에게 필요하고 좋은 일이면 나는 하고야 말겠다'는 불굴의 정신으로 무장한 행동가의 화신! 마침내 나를 두 손 두 발 들게 만든다. 우리들에게 일일이 연락해 모이게 했듯이, 회갑여행을 이끌었듯이 말이다.

요즘 게으름을 만끽하고 있었건만 마감 시간을 앞둔 글쟁이처럼 마지못해 꾸역꾸역 컴퓨터 앞에 앉아 지난 세월을 돌아보게 되었다. 거칠고 부끄러운 글이지만 82문집 한 면에 장식된다면 모든 게 김병일 회장 덕분이다.

2022년 5월 21일, 대학 입학 후 40년 만에 성균관대학교(이하 성대) 82학번은 한자리에 모일 기회가 있었다. 입학 30주년 홈커밍데이 때는 참석하지 못했고, 또 50주년은 기약할 수 없기에 마음을 내어 참석했다. 재학 중에도 편하게 대화 한 번 나누어 보지 못했던 82학번 동기들이 30명 이상 한자리 모였다. 이를 계기로 지난해에는 일명 회갑여행으로 함께 울릉도도 다녀왔다. 류지호(동양철학)의 울릉도 성인봉 등반을 마침표로 230좌 완등 기념을 겸해 저마다 의미 있는 여행이었다.

모든 일에는 수고하는 사람이 있게 마련이다. 82민동회장 병일과 총무 조영신(국어국문),

지호의 통 큰 여행비 지원뿐만 아니라 김방식(수학교육)의 여행 섭외까지 여러 친구들의 헌신이 있었다. 흔쾌히 함께 한 친구들까지 인연이 닿은 값진 여행이었다. 참으로 어려웠던 시절의 대학 동기들과 40여 년을 뛰어넘어 이렇게 여행도 다녀오다니……생각할수록 비현실적이고 묘한 기분이 든다.

울릉도 성인봉 산행을 계기로 여산회(여성산악회 '女'가 '與'의 의미로 확대되어 82산악회로 자리 매김)가 결성되었고, 매월 등반이 이루어지고 있다, 이진(의상) 회장과 홍순영(한국철학) 등반대장의 노고로 82민주동문회의 활력소 역할을 톡톡히 하고 있다.

1982년, 한문교사가 되거나 남들이 선호하지 않아 블루오션인 한문학자가 되리라는 각오로 유구한 역사와 전통에 빛나는 성대에 입학했다. 고등학생 태가 아직 가시지 않아 순진무구하고 사회에 대해 무지했던 나였다. 모든 게 낯설기만 했을 때 고등학교 선배가 마련한 신입생 환영회에 반가운 마음으로 참석했다. 그곳에서 막걸리 한 사발을 들이켜고 머릿속이 핑그르르 했던 기억이 난다. 알딸딸한 틈을 타 역사와 철학을 공부해보지 않겠냐는 선배의 꾐(?)에 아무런 의심 없이 학생운동에 입문하게 되었다.

그 후 우리 사회의 엄혹한 현실을 인식했고 학교에 널려있는 짭새도 알아낼 수 있게 되었다. 늘 마음이 조마조마했다. 날로 부당한 현실에 대한 저항은 당연하다고 생각하게 되었다. "지식기사가 될래, 지식인이 될래?"라는 질문에 나의 순수한 열정이 지식기사를 선택할 순 없었다. 그 무렵 5·18광주 학살 만행이 암암리에 전해지며 전두환 군사독재 정권의 실체를 알게 되었다. 〈전태일 평전〉을 접하면서 변혁운동에 대한 마음을 다져나갔다. 물론 물리적 폭력이 두려웠고, 부모님 뜻에 부응하지 못하는 것이 때때로 마음에 걸렸다.

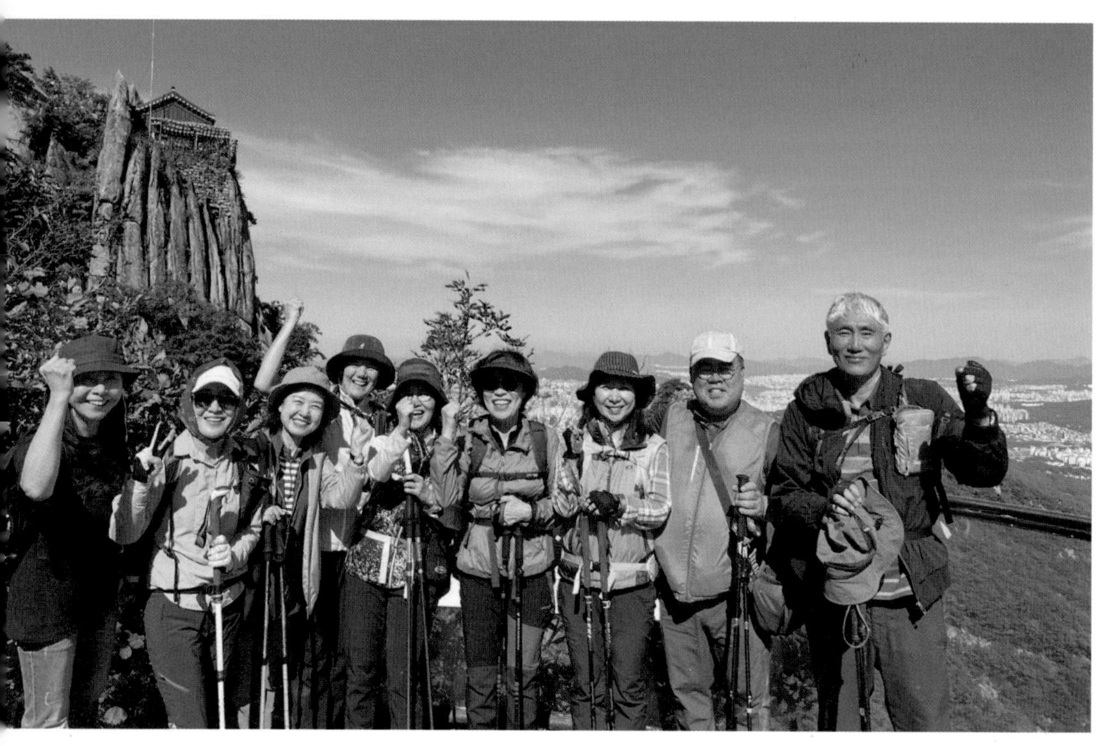

그럼에도 불구하고 당시 대학에 다닌다는 것은 그만큼 사회에서 혜택을 받은 것이기에 세상에 대한 책무도 있다고 믿었다. 재학시절 운동권에 속해 있으면서도 자기 정체성을 찾기 위한 치열한 노력과 나를 온전히 내어놓고 동료와 함께 깨쳐나가는 용기가 부족했다는 반성을 하게 된다.

1985년 늦가을, 청량리에서 연합 가두시위를 하다가 집회및시위에관한법률 위반으로 구속되었다. 도중 사면복권 조치로 1988년 복학해 졸업하게 되었다. 이듬해 수원에 위치한 사립중학교에 한문교사로 임용되었다. 물론 공립학교 임용은 불가했고, 사립학교에서 급하게 교사를 구하는 바람에 신원조회도 하기 전에 신학기가 되었다. 담임과 수업을 맡아 하고 있던 터라 요행히 교직에 자리를 잡았다. 사실 사면복권되었으니 결격 사유는 없었으나 전교조를 구성했다는 이유로 대량 해직되는 엄혹한 시기였으니 말이다. 여하튼 사면복권과 별개로 블랙리스트에 올라 감시는 계속되었다. 34년이 지나 퇴직할 때에도 1985년 구속 당시 재판 판결문을 요구하며 훈장 포상 대상자를 심사하겠다는 실정이었다. 그래서 더 악착

같이 정당성을 찾고 복권하는 데 힘써야 됨을 여실히 느꼈다.

교직 초창기에는 전교조 사무실도 찾아다니고 사립학교 교사들 모임에도 참여했다. 지역 한문교사들과 전국한문교사모임에 참여하는 등 교육운동에 힘쓰고자 했다. 시간이 지나면서 관계가 유지되지 못해 혼자 고뇌해야 하는 외로운 교직생활을 했다. 시대의 아픔을 함께할 직장 동료가 없으니 아쉽고 재미없는 일상이었다. 교육운동을 마음에 품고 교직에 들어섰으나 현실에 안주하는 동료교사들 틈에서 나는 어정쩡하게 관계 맺으며 그들을 닮아가기도 했다. 뜻을 같이하는 사람들과의 지속적이고 다양한 만남은 사람살이에서 가장 필요한 일이라고 본다.

2023년 2월, 34년간의 교직생활을 마무리하니 마치 굴레에서 벗어난 듯 홀가분하다. 어깨의 무거운 짐을 내려놓고 자유로움을 만끽하는 한편, 반려자 김태영(경제) 덕분에 성대민주동문회 행사에 자연스럽게 참석하게 되어 인원을 보태는 데 일조하고 있다. 2023년도 이천 민주화운동기념공원의 성대 민주열사 추모식 참석, 성대민주동문회의 이태원분향소 지킴이 활동, 82학번들과의 구례지역 축제와 지리산 등반, 감동적이었던 성대동아리 '소리사랑' 공연 등 졸업 후 40년 만에 한풀이하듯 버라이어티한 한 해를 보냈다.

2024년 4·19기념탑 참배, 5·18광주 망월동 묘지 참배, 에코성균 봉사활동 등 다양한 성대민주동문회 활동에 지금이라도 함께할 수 있어 그간 마음의 짐을 조금은 내려놓고 있는 중

이다. 가열했던 대학시절의 경험은 일생에 걸쳐 지대한 영향을 미쳤다. 그날의 동지들과 40년의 세월이 흘렀어도 이렇게 인연을 맺어가고 있어 감사하다.

참사랑은 상대방의 기쁨은 물론 서러움, 번민, 고통까지 함께 나누는 것입니다. 그의 마음속 어둠까지 받아들이고 끝내는 그를 위해 목숨을 바치는 것이 참사랑입니다. 그래서 참사랑은 행복하지 않습니다. 남의 고통을 자기 것으로 삼아 함께 괴로워할 줄 알아야 하기 때문입니다.

- 김수환 추기경

CHAPTER **02**

40

자기 질문을 가지고 살 수 있는 삶

최혜자

역사교육학과

자기 질문을 가지고 살 수 있는 삶

소 스윗, 병일

82학번 문집에 글을 써 달라는 병일의 전화를 받았다. 그와는 두 번째 통화였는데 첫 통화보다는 훨씬 나았다. 학교 다닐 때 기억이 전혀 없는 '친구'와 어떤 말투로 이야기해야 할지 머뭇거리는데, 다정하게 말을 잇는 병일의 찰떡 사회성(!)이 도리어 어색했던 첫 통화는 '대략 난감'이었다. 그러나 두 번째 통화는 좀 달랐다. 서로 농담도 주고받으면서 즐겁게 통화하고 나는 기어이 글을 쓰겠다는 약속까지 하고 말았다. 그 시절 친구라는 것은 하나의 특권이며 의미 같은 것인가 보다.

물론 글 쓰는 일이 직업인 나에게 그 정도 글은 큰일이 아니라고 생각했었다. 병일에게 낚이는 와중에도. 그러나 실제는 달랐다. 글을 쓰자니 물밀듯 뭔가가 요동치며 터져 나오고 조절해서 쓰자니 말이 자꾸 꾸며지거나 꼬였다. 그러다 문득 어느 영화의 소개 글이 생각났다. "......사랑도 잊혀지고, 우정도 변하고, 가족마저 흐려져도 변하지 않는 하나가 있다. 삶은 여전히 이어진다는 것....." 앞뒤로 뭔가 멋진 이야기가 있었던 것 같은데 기억은 대체로 이렇다.

나는 이 말의 반에 동의하고 반에 동의하지 않는다. 삶이라는 생명력이 어떤 것보다 강인하다는 것에 동의하지만 그것이 이어진다는 수동적 어감에는 동의하지 않는다. 그렇다. 삶은 이어지는 것이 아니다. 어떤 형태이든 삶에는 페달을 계속 밟는 '노고'가 있어야 한다.

사람마다 그 페달을 돌리는 동력은 다를 수 있다. 일테면 욕망, 분노, 질문, 사랑 등. 나의 경우는 '질문'이었다. 세상에 관한 질문 그리고 나에 관한 질문, 그것이었다.

전혀 예상하지 못한 시간

나는 오랫동안 '신념' 같은 것이 나의 동력이라고 생각했다. 20년 전의 일이다. 같은 과를 다닌 은영, 양숙, 승선과 오랜만에 만난 적이 있었다. 그 만남 자체가 학교 졸업하고 거의 처음 만나는 것이기에 우리의 이야기는 금잔디, 대성로라든지, 피네 다방, 올가 레스토랑, 유정집과 같은 이야기로 시작했다.

그러다가 누군가가 질문을 했었다. 아마 은영이었던 것 같다. 아니, 성격상 은영에게 혐의가 보인다. "너희 지금의 상황을 알았다면 그때 운동하지 않았을 것 같니?" 물론 한 치의 오차 없이 승선의 핀잔이 뒤따르기도 했다. "그게 말이 되니?" 그들의 티격태격조차 정겨웠던 시간으로 기억난다. 당시가 2000년 전후였으니 전혀 예상하지 못한 시간에 서서 인생의 결정적 순간을 떠올리게 된 것이다.

그 시간 속으로

나는 학생운동을 비교적 늦게 시작한 편으로 2학년 때부터 본격적으로 모임에 들어갔다.

대학에 입학하자마자 나의 대학 생활은 즐거웠고 이런 나를 다른 사람들은 '아무 생각이 없는 애'로 취급했다. 그러나 질문이 생기고야 말았다. 날이 풀리면서 시작된 학교 내 시위, 불과 몇 분 동안의 몸싸움이 남기고 간 질문 '왜?'. 질문은 나에게 어떤 화학 작용을 만들고 말았는데 걱정, 안타까움, 부끄러움 그런 종류였다.

결국 질문을 쫓아다닌 결과 나는 뒤늦게 모임에 들어가게 되었다. 학과를 중심으로 활동하게 된 나에게 '뭔가 칙칙하고 어두침침한 분위기의 애들이 있는' 민동이나 심산은 겁나는 곳이었고 '열정 넘치는 난희와 지호가 활동하는' 오픈 서클은 힘든 곳으로 느껴졌다. 나는 당시 활동을 만들어가던 단과대학에 결합하여 조신하게(!) 활동을 하게 되었다.

학과 활동을 하다 보니 학과 수업을 잘 들어가야 했고 고적 답사 활동은 후배들을 만나는 장이었다. 당연히 성적이 좋았다. 그나마 수업에 들어오는 '운동권 학생'을 교수님들은 알아보고 기특하게 생각하셔서 보너스 학점에 해당하는 점수도 주신 것으로 기억한다. 결국, 이 우수한(?) 성적으로 인해[1] 4학년 2학기 때는 총대의원회 의장 선거[2]에 나가 2학기 학내 시위를 주도해야만 했다. 첫 시위를 주도하고 심장이 쫄깃하던 내게 '팔 흔드는 각도가 좋았다'고 칭찬한 승렬이 형의 한마디는 2학기 내내 힘이 되기도 했다.

결국 나는 (빨리 잡히면 고생을 덜 하겠지만) 끈질기게 잘 피하고 다녀 다음해 졸업식 시위를 끝으로 구속되었다.

---

1) 기억하는가? 총학 활동을 하려면 성적이 3.0 이상이 되어야 하는 학칙이 있었다. 지금 대학생들은 3.0이 그리 어려운 점수가 아니지만 당시만해도 성적에 엄격했고, 대부분의 운동권 학생들은 수업일수를 채우기 어려울 정도로 공사다망했다.

2) 전학련 의장인 수진이가 긴 도주 생활을 했고 현주를 제외한 광우 등 1학기 총학이 여름 방학 때 전원 구속되었다. 따라서 2학기 총학을 구성하기 위해 학칙에 있던 총대의원회 구성을 하게 되었다. 총대의원회 의장이 된 나는 수진이가 보낸 편지(실제 보내지 않았지만)에 따라 2학기 총학생회를 인준하는 방식으로 2학기 학내 진영을 준비했다.

또 하나 선택의 순간

은영이 이야기하는 그 시간의 선택에는 두 번째 선택도 포함된다. 바로 노동 현장에 가는 것이었다. 물론 은영의 질문을 들은 우리 세 명 모두 유사한 이야기를 했다. 비록 세상의 변화가 예측된다고 해도 그때는 그 선택이 옳았다는 것. 우리가 살았던 그 시대의 맥락과 시대정신이 그러했다는 것을 우리 모두 알고 있었다. 시간이 아주 많이 흐른 뒤에도 말이다.

그러나 학생운동을 했던 첫 번째 선택에 비해 두 번째 선택은 쉬운 일이 아니었다. 첫 번째 선택은 여전히 학생의 범위, 시간 속에서 움직이는 것이지만 두 번째 선택은 이번 생의 근간을 만드는 일이며 결국 다른 선택을 할 수 있는 시간의 기회를 포기하는 일이기도 했다. 그런데도 그것은 여전히 갈 수밖에 없는 길이었다.

다시 그 시간 속으로

나는 학생운동과 구속이라는 일종의 '의례'를 마치고 노동 현장으로 들어갔다. 안양은 친구들이 많이 갔던 부천이나 성남과 달리 외로운 곳이었다. 그런데도 1987년부터 1997년까지 노동 현장에 있었고 일본회사 산쿄에서 노조를 만들어 활동하다가 노조 위원장을 했다. 이 시간을 단지 몇 줄로 쓰기는 불가능하다. 이곳에서 어른이 되었고 삶의 난관에 부딪혔을 때 해결하는 방법을 배웠다.

내가 긴 시간 동안 현장에 있었던 것은 사실 신념만은 아니었다. 하나의 사건에 대한 나의 태도이기도 했다. 1988년이었다. 회사가 노조 방해 공작을 가속하면서 '학생 출신 활동가가 학력을 속이고 북한의 지령에 따라 회사에 잠입했다'는 소문을 퍼뜨리면서 노조 집행부와 500명의 조합원을 분리하려 한 일이 있었다. 회사의 작전 초기 어떤 친구가 내게 와서 "혜자야, 네가 대학생이었대. 북한 공작원이라는데, 뭐 이런 엉성한 공작원이 있나 싶어. 아니지?"라는 질문을 해서 급하게 대응하게 되었다. 지금 생각하면 일부 사실이지만 북한의 지령이라는 것은 적극적으로 해명해야 하는 일이었다. 당시 고민 끝에 '진실만이 힘이 있다'고 생각하여 조합원 총회를 열고 내가 왜 학력을 위조해서 공장에 들어왔는지를 적극적으로 해명하기로 했다.

2시간의 총회는 '외로워도 슬퍼도 나는 안 울어……'로 시작하는 만화영화 〈캔디〉의 노래를 끝으로 해결되었다. 당시 내가 학력 위조의 의도를 설명하면서 눈물 콧물을 터뜨리고 해명하는 동안 조합원들은 깊은 시름에 쌓였다. 마이크를 잡고 이야기하는 내게 조합원들은 모두 고개 숙인 머리통만 보였으니 말이다.

그런데 그들의 깊은 시름은 그것이 아니었다. 바로 조합원 대부분이 초졸을 중졸로, 중 중퇴를 중졸로, 고 중퇴를 고졸로 학력 위조한 사람들이었기 때문이었다. 대졸을 고졸로 위조한 혜자가 그리 큰 문제라면 우리는 더 큰 문제라는 생각을 한 것이었다. 그렇게 조합원 임시총회는 학력 위조자들의 커밍아웃 장이었고 그걸로 울고불고 고백하는 내게 '……웃어라 혜자야, 혜자, 혜자야'로 끝나는 캔디 노래를 불러주는 것으로 회사의 방해 공작은 실패로 마무리되었다. 나는 진짜 친구가 되고 이웃이 되어 그야말로 신념보다 더 강한 '의리'로 그 시간을 보냈다.

질문의 성장

나는 10년이라는 긴 시간 동안 매년 봄 임금 투쟁과 가을 단협투쟁을 하고 더 길고 긴 시간 동안 지루한 일상 투쟁을 했다. 그러니까 짧고 치열한 투쟁과 길고 긴 관계 활동을 한 것이다. 그 일상 투쟁이 곧 관계 활동이며 이것이 투쟁의 근본이라는 사실은 일상 문화 활동의 중요성을 의미한다. 나는 전사 같은 태도로 현장에 들어갔지만 결국 친구, 이웃되기가 더 중요하다는 사실을 알게 된 것이다. 내가 '문화'라는 영역에 관심을 가지게 된 이유였다.

현장을 나온 이후 나는 지역에서 문화영역의 일을 시작했다. 사람의 변화, 관계의 변화는 의식으로만 되는 것이 아니라 문화적 전환으로 이루어진다는 생각에 문화영역은 또 다른

질문을 찾는 과정이 되었다. 그러나 문화영역은 마냥 즐거움이 넘치는 영역이 아니었다. 이 영역은 담론투쟁과 상징투쟁의 치열한 영역이며 새로운 언어와 이미지, 상징, 메시지가 생산되는 영역이었다.

질문을 충족하기 위해 나는 다시 공부를 시작하며 활동가에서 기획자, 그리고 연구자가 되어갔다. 2008년부터 성공회대학교에서 줄곧 문화예술 관련 강의를 하고 문화다양성 영역에 관한 공부를 하고자 캐나다에서 연구 활동을 했다.

지금 나에게 가장 중요한 주제는 '문화다양성' '젠더' '일상문화' '도시(urban)' '외로움'이다.

지금 '문화디자인 자리'라는 회사를 만들어 문화기획과 정책설계를 하는 나는 정부나 지자체 정책과 시민 활동 영역에 관련된 일을 하고 있다. 긴 질문의 과정이었지만 20대에 품은 '왜'라는 질문에서 한 걸음도 벗어나지 않는 삶을 살고 있다. 20대에 세팅된 가치관이 질문을 통해 지속해서 재구성되고 있다는 표현이 맞을 것이다.

마무리하며

이쯤에서 글을 마칠 준비를 해야겠다. 친구들 모임에 소원한 것에 대해 사과부터 해야겠다. 꼭 보기를 원하지 않았더라도 최소한 몇몇 친구들에게는 도리가 아니었다.

내가 우리 학교 82학번 카톡방에 초대된 것은 작년이었다. 카톡에 등장하는 친구들을 보면서 느낀 첫 느낌은 '낯섦'이었다. 학교 때 친하게 지내던 친구들도 그 '낯섦' 안에 있었다. 왜 그리 낯설까 생각해 보니 내가 인생 과정에 시간 계산식을 제대로 적용하지 못했기 때문인 듯하다. 나는 질문을 따라 살고 있는데 그 세월이 벌써 '40년'이었던 것이다. 낯설고 이상했다. 시간을 인식하게 하는 장이 바로 82학번 카톡방이었다. 물론 아이들에 대한 책임을 마쳤다는 것이 그 낯섦을 발견하게 된 원인이겠지만 오롯이 40년을 건너 만나는 친구들의 존재도 그러했다.

그런데 정작 이야기하면 모든 것이 친근하다. 놀랍도록 그러하다. 은영이, 양숙이, 승선, 난희도 20살 때와 똑같고 정수 장례식장에서 만난 성수, 기나, 현철도 놀랄 정도로 친근하다. 40년을 건너 만나는 어린 시절 친구들이 존재한다는 것에 든든하다는 느낌이 있다. 그것으로 마음이 따듯해지는 온도감도 느껴지다니.

마치기 전에 두 가지. 언젠가 봉환이가 문자를 보냈다. 마치 조선시대 내외하듯이 보냈기에 '얘가 왜 이러지?' 하고 답문을 끄집어내지 못했다. 잠시 잊고 있었는데 글을 쓰다 보니 생각이 났다. 봉환이를 만나면 내 이것부터 따져야겠다. 또 다른 한 가지는 성환이가 얼굴 보기로 하고서 씹었다. "이 놈도 만나면 따져야겠다."

CHAPTER **02**

41

편집자는 무엇으로 사는가

한필훈

유학과

편집자는 무엇으로 사는가

왜 책을 만드는가

출판편집인의 시조새라 할 수 있는 공자의 어록 〈논어〉로 이야기를 시작한다. 〈논어〉 전체를 요약하면, 맨 첫머리에 있는 학이편 1장의 말이 된다. 학이편 1장은 다음 세 문장으로 되어 있다.

1) 배우고 때로 익히면 기쁘지 않겠니?(배우고 익혀라. 네게 기쁨을 주는 일을 찾아서.)

처음 출판사에 입사해서 책을 만드는데, 이 일이 하면 할수록 재미있었다. 처음에는 거친 원고를 책으로 완성해 가는 과정이 신기하고 즐거웠다. 연차가 좀 쌓인 다음에는 하나의 발상, 문제의식, 아이디어를 가다듬어서 책의 기획안과 원고로 만드는 과정이 재밌었다. 그렇게…배우고 익히면서…이 일의 수렁에 깊이 빠졌다.

2) 벗이 먼 곳에서 찾아오면 즐겁지 않겠니?(그 일의 기쁨에 공감하는 사람들과 교류하며 즐거움을 나눠라.)

여기서 벗(朋)은 동네 친구가 아니라 어떤 가치에 공명하는 동료, 동지를 말한다. 사람 좋고 생각 잘 통하는 저자들과 만나서 책을 기획하고 만드는 재미가 참 컸다. 편집자로서 각 분야의 전문가, 교육자들과 교류하는 즐거움이 이 일을 지속하게 했다. 그렇게 살았더니, 책이 남고 사람이 남았다. 좋은 분들과 일을 하면서 '내가 좋은 사람들 속에 있구나.', '내가 성장하고 있구나.' 하는 느낌을 받아서 행복했다.

3) 남들이 알아주지 않아도 원망하지 않으면 군자가 아니겠니?(그렇게 살면 남들이 알아주든 말든 행복할 수 있다.)

군자가 아니라서 이건 잘 안 되었다. 책이 팔리든 안 팔리든 초연할 수 있는 사람은 못 된 것이다. 많이 팔릴 책을 내려고 아등바등하기도 했다. 다행히도 안 팔린 책보다 잘 팔린 책이 더 많아서 이 일을 오래도록 할 수 있었다.

어떤 책을 만들었나

편집자로 일한 30여 년을 10년 단위로 구분해서 간략하게 이야기해 본다. 첫 10년은 1987년부터 2000년까지, 1990년대다. 두 번째 10년은 2001년부터 2010년까지, 2000년대다. 세 번째 10년은 2011년부터 2020년까지, 2010년대다. 2024년인 지금까지 이 일을 하고 있으니 네 번째 10년도 이미 진행 중이다.

첫 10년은 생산자(저자, 편집자) 중심의 출판 시장에서 활동했다. 좋은 책을 내면 그것을 읽을 사람들이 준비되어 있었다. 창비시선, 동녘선서, 학술총서 하는 식으로 번호를 붙여 가며 책을 만들던 시절이었다. 이 시기에 내가 만든 책은 다음 세 가지 흐름을 갖는다.

① 젊은 철학 연구자들과 함께 만든 학술서와 교양서
② 1세대 여성학 연구자들과 함께 만든 학술서와 교양서
③ 중고교 선생님들과 함께 만든 청소년 교양서

이 중 가장 자랑스러운 책은 〈동양철학에세이〉(1993년)이다. 〈동양철학에세이〉는 인류 역사에서 학문적으로 가장 자유롭고 화려했다는 춘추전국시대 제자백가의 사상을 알기 쉽게 소개한 책이다. 이 책의 기획 의도는 다음 두 가지였다.

1) '한자를 쓰지 않고 동양 고전을 일상적인 우리말로 풀어내자.'

고전을 번역해 본 사람은 이것이 얼마나 까다로운 작업인지를 안다. 아무튼 여기에 어느 정도 성공했다. 그리고 이 책은 쉽다. 글 한 편 한 편마다 만만치 않은 학문적 뼈대를 갖추고 있으면서도, 이야기하듯 알기 쉽게 써 내려갔다.

2) '동양 철학은 고리타분하고 신비로운 그 무엇이라는 통념을 깨자.'

골동품 감상하듯 과거의 유산을 정리하는 것이 아니라 지금 우리 시대의 문제를 해결하는 데에 그들의 사상이 어떤 역할을 할 수 있을지를 따져 나갔다. 이런 작업을 하는 것이 통쾌하고 즐거웠다. '통념을 깨자.', '과감하게 바꿔 보자.' 이런 생각이 나를 힘나게 했다. 달리 말하면, 나는 '혁신적 교육콘텐츠' 개발하는 일을 즐기는 체질이었다.

두 번째 10년에는 '독자' 중심의 시장이 펼쳐졌다. 이 시기에는 '독자와 소통하며 책을 기획하는 재미'를 느끼며 일했다. 독자와 소통하는 일이 즐거우려면 '내가 애정을 가질 수 있는 독자층'을 선택해야 한다. 나는 주로 어린이 독자, 청소년 독자를 상대하는 것이 즐거웠다. 그들과 교류하며 실용적 학습서를 시리즈로 내는 데 주력했다. 이때 낸 책들 가운데서 〈TRY AGAIN! 중학교 교과서로 다시 시작하는 영어〉 시리즈(2003년~), 〈행복한 초등학교〉 시리즈(2006년~), 〈살아 있는 과학 교과서〉(2006년) 같은 책이 기억에 오래 남아 있다.

세 번째 10년에는 직접 책을 만들지 않았다. 굳이 말하자면 '편집자를 편집하는 것'이 내 일

이었다. 각 팀의 편집장들과 함께 출판 전략을 짜고 실행하는 것, 새로운 분야에 진입하기 위해 좋은 편집장을 물색해서 모셔오는 것, 편집자들이 좀 더 만족스럽게 일할 수 있도록 정책과 제도를 만드는 것...이런 일은 매우 어렵지만, 그만큼 즐겁기도 하고 성취감도 컸다.

세 번째 10년에는 '지속적으로 적정 성장할 수 있는 출판사 모델'을 만들기 위해 나름의 역할을 했다. 이 직무를 처음 시작할 때 "내 아이들에게 '거기 좋은 회사야. 다닐 만해.' 하고 추천할 수 있는 출판사 하나 만드는 데 일익을 담당하자."는 마음을 먹었다. 돌아보면 부족하고 부끄러운 점이 많지만, 지금까지 그 기준을 염두에 두고 일해 왔다고 생각한다.

어떤 책을 만들고 싶은가

"독자와 동행하며, 성장과 행복을 돕는 책을 만든다." 편집자 후배들과 토론하면서 만든 길

벗출판사 편집자의 직무 미션이다. 우리가 뭐가 좋아서 이 일을 계속하는 거지? 우리가 집중해야 할 가치는 뭘까? 하는 토론을 통해 정의해 본 문구다. 앞으로 내가 만들 책도 이 가치에서 벗어나지 않을 것이다. 현재 한국 출판 산업은 독자와 동행하는 것을 넘어서서 '책을 매개로 독자, 출판사, 저자의 지식문화 공동체를 만드는' 단계로 접어들었다. 이런 흐름이 매우 흥미롭게 느껴진다.

처음 출판을 시작할 때부터 출판의 다양한 영역 가운데서 '교육 콘텐츠'에, 콘텐츠를 크게 지식과 서사로 나눌 때 '지식'에 속하는 책에 관심과 열정을 가졌다. 지난 30여 년 동안 내가 만든 책은 대부분 이 범주에 드는 것들이다. '생애 주기별로 부딪히는 절실한 문제를 해결하는 데에 도움 되는 책'. 이것이 지금까지 만들려고 노력했고, 앞으로 만들고 싶은 책이다. '평생 학습 시대의 대중 교육 콘텐츠'라고도 할 수 있다.

기성세대로서 내 아이들이 살아갈 한국 사회와 후배들이 일할 한국 출판계에 결핍된 것, 아쉬운 것, 안타까운 것들이 눈에 자주 걸린다. 그런 결핍을 채우는 데 조금이라도 기여할 수 있는 책을 내면 좋겠다는 생각을 한다. 예를 하나 들면, 우리 사회 전반의 '교양의 거대한 결핍' 같은 것이다.

CHAPTER 02

42

카미노 데 산티아고 길 위에서

홍순영

한국철학과

카미노 데 산티아고 길 위에서

2022년 5월 12일부터 6월 13일까지 한 달간, 나는 카미노 데 산티아고 순례길 위에 있었다. 이 길을 늘 꿈꾸어 왔기에 행복하고 설레는 마음으로 여정을 시작했다. 사십 초반부터 '언젠가는 카미노 길을 꼭 걸으리라' 맘먹었다. 일종의 버킷리스트였다.

큼지막한 배낭을 둘러매고 육십 중반인 친언니와 단둘이 길을 나섰다. 그 꿈을 펼치는 날 공항에서 '카미노가 어떻게 나에게 와 줄까?' 하며 기대하니 사뭇 마음도 떨렸다. 지금도 카미노 포르투게스, 아름다운 마을들, 낯선 여행자들과의 저녁식탁, 모든 것들이 생생하다. 또다시 떠나고픈 그 길을 떠올릴 때마다 인생은 참으로 아름답고 황홀한 여정이라는 생각을 하게 된다.

2023년 4월 25일부터 5월 7일까지 스페인 카미노 북부 길을 걸었다. 여행 기간이 짧아 소도시 중심으로 걸었다. 그 이외에는 버스, 기차를 타고 도시를 이동하며 최대한 트레킹과 여행을 즐겼다. 포르투게스 길과 북부 길은 느낌이 좀 달랐다. 비슷한 계절에 찾았지만 풍경은 확연히 달랐다. 그러나 카미노 북부 길도 포르투게스 길 못지않게 아름다웠다. 산세바스티안에서 산티아노 데 콤포스텔라까지 이어지는 북부 길은 스페인 사람들의 자유분방함과 멋을 한껏 느낄 수 있는 곳이었다. 특히 피코스 데 에우로파 국립공원 트레킹은 인생에서 잊지 못할 몇몇 곳 중 하나가 되었다. 지금껏 두 번이나 카미노 길을 걸으며 말로 표현할 수 없을 만큼 행복을 만끽했다.

결혼하고 출산, 육아에 힘쓰느라 사회활동은 뜸할 수밖에 없었다. YMCA생활협동 참여를 하며 겨우 사회성을 유지하고 살아갔던 것 같다. 그러다가 일을 시작했고 2022년 코로나가 발생한 지 3년 후 일터를 떠났다. 육십을 바라보는 시점이라 '이제 드디어 때가 되어 은퇴

포테스마을 (피코스 데 에우로파)

하는 것이구먼.' 하며 순리에 따르면서도 한편으론 아쉽고 허전했다.

배 과수원 집 막내딸, 홍순영. 성균관대학교에 합격했을 때 부모님은 입학금을 보자기에 똘똘 말아 내 허리춤에 채워주셨다. 그 손길을 지금도 잊지 못한다. 기차타고 서울로 향하며 고향집을 떠나는 그 뿌듯함이란.

들떠서 시작한 서울에서의 대학생활! 하지만 82년 봄, 명륜동 대자보에 붙어있는 5·18 광주민주화운동의 참혹한 사진과 실체를 접하게 되었다. 너무도 끔찍한 독재정권의 폭력과 무자비함에 치를 떨었다. 그렇게 시작한 독재타도와 민주화운동, 그리고 야학……안양에 터를 잡아 결혼을 하고 아들 둘을 낳아 지금의 가족을 탄생시켰다. 소중한 가족을 위해 난

포르투게스 시작점

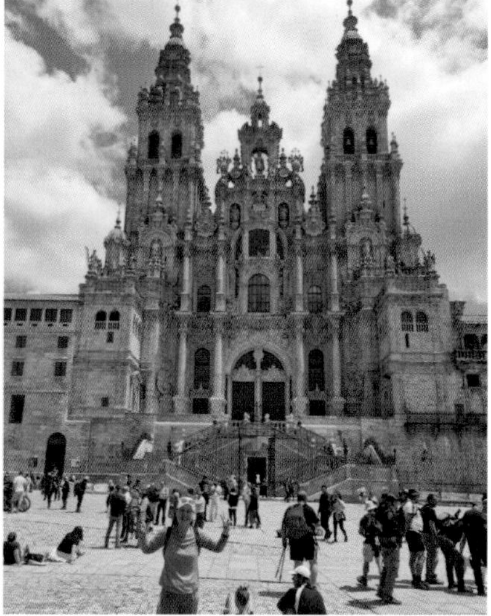
산티아고 데 콤포스텔라 대성당

정말이지 무던하고 묵묵하게 일하며 지냈다. 논술지도를 하며 학원부원장으로서 쉬지 않고 일을 해왔다. 그러면서도 자식들 양육과 교육에도 열심인 엄마였다.

사십 후반 무렵에는 지자체 일자리사업담당 임기제 공무원이 되었다. 10년간 후회 없이 일하고 퇴사했다. 은퇴가 되어버린 퇴사. 평생 일을 하고 살았던 나로서는 '이제 뭘 할까?'가 가장 큰 고민거리였다. 내 나름대로 인생을 10년 주기로 나눠 설계하며 잘 살았다고 자부했건만 막상 일을 그만두고 나니 속이 허했다.

80년대 격동의 시기에는 이십대 젊은이이자 의식 있는 젊은이(!)로서 잘 살았다. 삼십대에는 일하는 386세대 초보엄마로 살았다. 그리고 사오십대 중장년 시절엔 열심히 돈 벌었다. 일자리정책을 운영하며 빡빡한 시청 근무도 힘든 줄 모르고 했다. 거기다 유방암 투병도 하며 격렬하게 살아왔다. 앞만 보고 달려가다 정작 일을 그만두니 허전함이 꽤 컸다. 60대에는 봉사도 하고 여행도 여기저기 다니겠노라 미리 인생설계도 했었지만 은퇴의 허전함은 여전했다. '일하지 않으면서 사는 중년여성들도 많건만 내 팔자는 일하는 팔자인가?' 하며 위로도 해봤다.

이런 나를 응원하는 가족들의 사랑에 힘입어 내가 하고 싶었던 것을 하나하나 하기로 한 것

킹가스 데 오니스

이다. 그 첫 번째가 카미노 트레킹이었다.

카미노 데 산티아고는 코스가 다양하다. 우리나라 사람들이 가장 많이 걷는 길은 프랑스 길 800km인데 그 외에도 포르투갈 길, 북부 길, 은의 길 등등 참 많다. 그 중 나는 포르투갈 길, 포르투게스를 선택했다. 한 달간의 일정 중 열흘 남짓 파리여행을 자유롭게 할 요량으로 보름 정도 트레킹하는 포르투게스 길을 찾았다. 포르투게스 해안 길이는 총 284.5km다. 상당히 긴 거리였다. 나는 포르투갈 리스본을 들렀다가 포르토에서 시작해 스페인 산티아고 데 콤포스텔라 대성당 광장까지 걸었다.

하루 평균 20km 정도로 14일간 걸었다. 힘든 구간은 달리 없었다. 산행이 없으니 힘들 일이 없었다. 걷는 내내 아름다운 자연과 함께 하고 지나가는 도시마다 오래된 성당과 건물,

빌라 프라이아 데 앙코라

빌라 도 꼰데

색다른 마을들이 지루할 틈을 주지 않았다. 길 위의 꽃들은 또 얼마나 예쁜지! 보는 즐거움으로 다리가 아픈 것도 잊힐 만큼 황홀했다. 포르투갈의 아름다운 도시 포르투, 에스포센데, 카스텔로, 앙코라, 구아르다, 모우가스, 비고, 레돈델라, 폰테베드라, 칼다스, 파드론, 오밀라도이로 등등을 지나며 오래된 도시와 시골마을은 어찌 그리 아름답고 평화로운지 감탄했다. 무념무상 걸으며 길 위의 모든 것들을 오감으로 느끼는 것만으로도 하루하루는 충만했다.

산티아고 데 콤포스텔라에 도착한 후 3일간 머물며 스페인 갈라시아 지역 서쪽 땅끝마을 피스테라, 묵시아, 폰테마세이라 등을 여행하며 해안절벽과 대서양 에메랄드빛을 한껏 즐겼다.

야고보 성인의 무덤이 있는 산티아고 데 콤포스텔라로 향하는 길은 다분히 종교적인 의미가 있었다. 스페인 사람뿐만 아니라 독일, 스위스, 이탈리아 등 유럽인들도 그 길을 많이 걷는다. 나도 그 길 위에 두 발을 올려놓았다. 오로지 걷고 싶다는 이유였다. 300km, 800km 등등 긴 카미노 길은 조가비와 카미노 표지로 연결되어 있고 길목마다 이국적인 풍경을 만날 수 있었다. 걷는 내내 나만의 고요한 시간을 가지며 내 안을 들여다봤다. 한없이 눈물이 흐르기도 했다. 이 경험을 무엇이라 말하리……

인생 버킷리스트 하나 꺼내들고 준비도 미흡한 채 떠난 길이었다. 코로나 시국에 비행기 타는 것부터 파리 입국, 포르투갈을 거쳐 스페인 카미노 순례길까지 걱정 반, 기대 반으로 시작한 카미노 포르투게스! 경로 정하는 것부터 비행기 티켓 구매, 알베르게 숙소 예약, 현지에서 식사 해결까지 모든 걸 언니랑 둘이 알아서 해결한 자주적이고 만족스러운 트레킹이었다.

나는 요즘 다시 일을 하고 있다. 일하며 호시탐탐 여행하고픈 곳을 메모하고 버킷리스트에 넣어 둔다. 아직도 나의 버킷리스트엔 빗금치지 않은 항목이 많다. 나의 가족들은 '그렇게 하고 싶은 게 많아서 어쩌요?' 하며 부러움 섞인 염려를 한다. 버킷리스트 작성만으로도 행복하지만 언제가 나는 또 그 길에 다시 오르며 기뻐할 할 것이다.

추모글 01

먼저 간 친구 임정수를 생각하며

박양숙 · 최혜자 · 김은영

먼저 간 친구 임정수를 생각하며

선하고 다정한 청년 임정수

산을 좋아했던 생전 정수 모습

문집에 실을 글들이 속속 단톡방에 올라오던 어느 날, 은영이와 양숙이는 정수를 떠올렸다. 그냥 넘어가기가 아쉬웠고 그를 기억하는 것에 일종의 소명감을 느꼈기 때문이다. 역사교육과는 48명 정원에 소위 빵잽이(?)가 5명이나 나온 극성 학과였다. 5인 클럽의 구성원인 정수를 기억하기 위해 은영과 양숙은 또 다른 구성원 혜자와 승선에게 의사를 타진했다. 은영과 양숙이 먼저 혜자에게 전화했다.

"네가 글을 좀 쓰면 어떨까?"

그들의 전화를 받은 혜자도 정수가 마음에 걸렸다. 승선도 혜자의 마음과 다르지 않았다. 이들 4명은 정수 장례식장에 모여 그에 관한 이야기를 서너 시간 동안이나 했었다. 불과 몇 달 전 일이었다.

그러나 문제가 있었다. 우리가 기억하는 정수는 학교에서 봤던 4년 정도의 모습이 대부분이었다. 그동안 어떻게 살았는지, 무엇을 사랑하고 얼마나 행복했는지 알 수가 없었다. 무심한 친구들임은 분명하다. 그래서 네 사람은 그 모든 것을 잘 모르더라도 자신들이 기억하는 '선하고 다정한 청년 임정수'를 친구들과 공유하기로 했다.

양숙의 남자 사람 친구, '임정숙'

성균관대학교(이하 성대) 역사교육학과는 1981년에 신설된 학과였다. 우리가 입학한 1982년도 역사교육학과는 2/3 이상이 여학생인 여성 초과 학과였다. 정수는 그런 우리 과의 대표를 맡으며 학회를 기반으로 학생운동을 했다. 나는 이른바 '이념 서클' 활동을 했다. 학교 다닐 때는 서로 활동하는 영역이 달라 함께 할 수 있는 일들이 그리 많지 않았다. 그러나 학과에서 진행하는 고적답사와 같은 자리에서 함께했던 기억이 있다.

좌측 2, 3번째 박양숙, 임정수 (1982년)

도리어 정수에 대한 기억은 학교를 졸업한 이후 더 인상 깊다. 성대 역사교육학과에는 학생 때부터 운동권 학생들에게 애정이 많은 교수님들이 몇 분 있었다. 특히 성대경 교수님은 우리에게 아주 각별했다. 교수님을 찾아뵙는 일이 연례행사처럼 진행되곤 했는데 정수는 이 모임을 살뜰하게 챙겼다. 오랜만에 교수님께 인사드리거나 친구들을 만날 때 연락하는 것부터 소소한 궂은일은 정수가 도맡아 했다. 그래서 무슨 일을 도모하려고 하면 우선 정수부터 찾게 되었다.

먼저 나서서 궂은일을 하는 것도 있지만 우리가 '임정숙'이라고 불러야겠다고 할 정도로 정수는 함께하는 여성 동기들과 합이 잘 맞았다. 그는 부드러운 성격의 참 좋은 남자 사람 친구였다. 요즘으로 말하자면 '성 인지 감수성'이 매우 높은 친구였다. 정수가 하늘나라로 갔는데도 부재가 실감되지 않는다. 늘 먼저 "양숙아!" 하며 전화했던 것처럼 어느 날엔가 정수로부터 전화가 올 것만 같다.

혜자의 남자 사람 친구, '리버럴 정수'

좌측 2번째 최혜자, 4번째가 임정수, 역교과 고적 답사 때(1983년)

나는 정수와 과 활동을 함께 했다. 학창 시절의 정수를 가장 잘 아는 사람이라 해도 과언이 아니다. 정수는 아담한 키에 농담과 진담의 경계가 모호한 친구로서 '운동권' 같은 느낌이 적은 다정한 친구였다. 운동하지 않은 1학년 시절의 나에게는 '성불회'에 참여하는 친구로, 언제나 웃긴 말을 잘하는 친구로 인식되었다. 그래서 '재는 머리만 보면 이미 성불했네' 하는 느낌이 있었다. 극심한 곱슬머리인 정수의 머리카락은 곱슬곱슬한 컬이 송골송골하게 구슬을 만들어 부처님의 머리모양을 연상하게 했다.

함께 과 활동을 하며 나와 정수는 꽤 잘 다투었다. 정수는 싸우기도 힘들 정도로 유연한 친구라서 싸움의 끝은 기억도 나지 않는다. 나긋나긋한 성격의 소유자인 정수는 학교에 친구들이 많았다. 지금 내가 기억하는 친구들의 면면은 모조리 정수를 통해 알게 되었다고 해도 지나치지 않는다. 보안이 중요했던 시절, 더구나 과 활동 기반을 만들어가던 그 시절 정수의 사회성은 나에게 언제나 걱정거리였다. 여학생이 많던 우리 과 친구들의 '슬기로운 연애 생활'을 주선해 주려던 정수의 노력(!)도 한몫 했다. 정수는 언제나 많은 사람과 교류하는 요즘 시대 사람이었다.

장난기 많던 그도 진지할 때가 있었다. 3, 4학년이 되어서는 정수가 단대 학생회장을, 나는 조직 보는 일을 했다. 그때 서로 걱정을 많이 해 주었다. 자기 힘든 거 말하는 데에는 소질이 없던 정수도 때론 힘들어 했다. 나도 정수도 힘겹지만 예정된 듯 가야 할 길을 갔다. 감옥으로, 현장으로 그렇게 우린 흩어졌다. 나는 정수가 힘들 때 노래하는 버릇이 있다는 것을 잘 안다. 나중에 정수 장례식장에서 현철의 이야기를 들으니 산을 많이 찾았다고 한다. 속 이야기 잘 못 하고 남과 갈등을 피했던 정수는 노래 속에, 탁 트인 하늘 위에 아마 자기 어려움을 녹여냈을 것이다. 그리고 정수에게 사과하고 싶다.

"정수야 유정집에서 노래 못 하게 해서 미안해. 노래도 이야기인데, 말로 이야기만 하자고 했네. 나중에 만나면 너의 노래 잘 들어줄게. 잘 지내."

은영의 남자 사람 친구, '기억 한 조각으로 남은 정수'

정수 하면 떠오르는 이미지는 다음과 같다.

동글동글 말려 올라간 곱슬머리, 네모난 얼굴, 쌍꺼풀진 커다란 눈, 이마와 인중 사이에 곧게 내리뻗은 코, 두툼한 입술로 환하게 웃을 때의 유쾌한 인상……

여선히 호탕하게 웃는 그의 웃음소리가 들릴 것만 같다. 입학 면접시험을 보던 날, 북적대던 역사교육과 면접장에서 유난히 눈에 띄었던 아이로 기억한다. 자그마한 체구에 방금 파마하고 왔나 싶을 정도로 진한 곱슬머리는 눈에 안 띌 수가 없었으니까.

최근 도봉산에서. 정수와 찍은 사진이 없다는 사실에 은영이 느끼는 그 시절의 아쉬움

입학 후 1학기가 시작된 지 얼마 되지 않았던 어느 날, 정수를 비롯한 몇몇 친구들과 혜화동 성당에 간 적

이 있다. 정수가 놀러가고 싶어 하는 곳은 다른 곳이었는데 어쨌든 그날, 같이 성당에서 미사를 드렸다. 이후 정수는 그날 일을 내내 투덜대곤 했다.

"놀자고 했는데, 성당에서 미사라니."

미안하다 정수야!

신입생 환영회로 들떠 있던 3월 어느 날, 술이 약했던 정수는 서클 신입생 환영회에서 토하도록 술을 마셔야 했다고 한다. 그 이야기를 전하면서도 새로운 세계에 대한 호기심으로 눈빛을 반짝이던 모습이 눈에 선하다.

풋풋했던 3월이 지나고 학교생활에 적응할 무렵, 우리는 각자 서클로, 학회로 흩어지게 되었다. 역사교육과에 남학생이 적은 탓인지는 몰라도, 남자 동기들과의 교류에 정수는 진심이었다. 서클이며 학회며, 유난히 붙임성 좋게 관계를 넓혀갔던 아이였다. 선후배 동기들과의 유대관계에도 정성이었다. 복학생 형들과 연결을 이어나가는 등 여러 모임에서 접착제 같은 역할을 했던 정수였다. 그렇다 보니 사람들은 정수를 중심으로 끈끈하게 모였다. 우리 과대표, 정수가 주선한 모임을 통해 서로의 안부를 물으며 관계를 이어나갈 수 있었다.

언제부터인가 정수의 모습을 볼 수 없었다. 그러면서 모임도 뜸해졌다. 홀로 투병 생활을 한다는 소식에 깜짝 놀랐다. 문병이라도 가고 싶었지만 정수가 원치 않는다는 이야기를 전해 들었다. 이렇게라도 안부 건네 본다.

"정수야, 그곳에서 잘 지내고 있지?"

추모글 02

박종찬을 기억하며

김은영

박종찬을 기억하며

82 문집에 실릴 글들이 속속 올라오며 카톡방을 채워나가고 있었다. 휴대폰을 무심히 들여다보던 중 한때 나의 반려자였던 친구에 대해서도 기억의 단편들을 남기고 싶다는 마음이 싹트기 시작했다. 그 또한 성대라는 둥지에 날아온 한 알의 밀알이었고, 젊은 날들을 뜨겁게 불사르는 역사의 현장에 함께 어깨 걸고 나갔던 동지였고, 우리가 사랑한 친구였다. 그러나 불의의 사고로 안타까운 죽음을 맞이한 슬픈 사연을 지닌 친구였기에, 어떤 형태로든 그가 남긴 인연의 흔적을 더듬어 살리고 싶은 마음으로 이 글을 쓴다.

1963년 6월 15일, 충청북도 충주시 앙성면에서 3남 2녀의 차남으로 종찬이는 태어났다. 손 위형과 손아래 여동생 둘, 남동생 하나가 있다. 어린 시절 친구들의 말에 따르면 종찬이는 안 친 장난이 없을 정도로 동네에서 유명짜한 개구쟁이였다.

아버지는 광산업을, 어머니는 미용 기술을 익혀 마을을 돌며 파마를 말다가 나중에 장터목에서 미용실을 운영했다. 해마다 재산이 불어난 덕분에 유복한 어린 시절을 보냈다 한다.

종찬이가 초등학생 때 소아마비에 걸린 남동생의 치료를 위해 어머니가 서울 중랑구 중화동에 터를 잡게 되었다고 했다. 독실한 가톨릭 신자였던 어머니의 영향으로 그도 중랑구 묵동 성당의 터줏대감이 되어 독실한 가톨릭 청년으로 성장해 간다.

동네에서 어려운 사람들을 보면 집으로 데려와 먹이고 씻기고 입혀서 보내는 어머니를 보고 자란 그 역시 사랑을 나누고 실천하는 가톨릭 신부의 꿈을 키워나갔다. 그러나 모친의 반대로 뜻을 이루지 못하고 1982년 3월, 성균관대학교(이하 성대) 행정학과에 입학한다. 형제자매들 사이에서 머리가 좋고 영특했지만 둘째 아들인 탓에 아버지의 강권으로 성동기계공고 전기과에 진학할 수밖에 없었다고. 고교 시절에는 기타와 드럼을 치며 학업보다는 다른 데에 관심을 기울였다고 한다. 그러다 3학년 때 공부 잘하는 친구 한 명과 짝을 이뤄 집에서 먹고 자며 입시 준비를 하고 독서실에서 독하게 공부해 성대 행정학과에 입학한다. 행정학과를 선택한 이유는 군수가 되어 집안을 일으키라는 어머니의 소원을 들어드리기 위해서였다고 들었다.

종찬이는 과대표를 맡아 학과 일에 관심을 보인 정도로 지내다가 묵동성당에서 사회과학 학습을 하면서 사회문제에 관심을 갖기 시작한 것 같다. 가톨릭학생회 서클 활동을 했었는지는 나도 잘 모르겠다. 3학년이 되면서 종찬이를 만났기 때문에 그 전의 일에 대해서는 이 정도밖에 나눌 수 없었다는 게 안타깝다. 대학교 3학년 때부터 과 활동을 본격적으로 하지 않았을까 추측할 뿐이다.

4학년 2학기 무렵, 전반기 집행부가 날아간 후 후반기 집행부 준비를 하고 있던 차에 조직이 털리게 됐다. 한여름 중화동 집에서 연행되어, 그 길로 구금되고 재판까지 갔던 것으로 기억한다. 한동안 면회도 할 수 없었다. 어디에 있는지조차 알지 못한 채 발을 동동 구르며 여기저기 쫓아다녔었다. 그때부터 어머니는 민가협 어머니들과 교류하며 거리에 나서게 되었다. 나는 종찬이의 출소도 보지 못하고 11월, IMF 방한 반대 시위를 안양에서 주동하고 구속되었다. 1985년도는 여름부터 겨울까지 기억에 공백이 있다.

성동구치소에서 수감생활을 한 종찬이는 1심 재판에서 집행유예를 선고받았다. 오랜 단식으로 제대로 걷지도 못하는 몸으로 차에 실려 집으로 돌아왔다고 들었다. 출소 후, 이어진 병역 문제 해결을 위해 도피 생활을 하는 중 부천지역 노동현장 진입을 준비했고 경기도 부천에서 자리를 잡게 된다. 86년도의 일이다.

노동자 대투쟁이 불러온 나비효과가 부천지역에서도 들불처럼 번져나가며 노동조합 결성 움직임이 봇물처럼 터져 나올 때였다. 종찬이도 부천 원미구 원미동 작은 공장에 나가며 노조설립을 준비했다. 그때 허리를 다쳐 평생 허리 디스크를 지병으로 안고 살아야 했다. 그럼에도 부천지역 작은 공장들이 연대하여 지역노조를 꾸릴 때 참여하여 활발한 활동을 벌여나간다.

종찬이는 '조직의 귀재'라는 별명이 있다. 현장에 들어가 엄청난 친화력으로 사람들을 불러 모았다. 밤새 이야기를 나누며 노동 현장의 문제점과 해결 방안에 대해 토론하는 일이 부지기수였다. 하루 12시간씩 일해야 하는 최악의 근무조건을 감수하면서 현장 동료들과 나누는 시간을 아까워하지 않았다. 몸을 사리지 않는 헌신을 그에게서 보았던 시절이었다. 덕분에 원미동 단칸방은 그의 전현직 현장 동료들로 문전성시를 이뤘다.

맨 처음 현장에서 친해진 친구 둘과는 '평온한연'이라는 이름을 붙여가며 모임의 결속력을 유지하려 노력했다. 이 친구들과는 지금까지도 연락이 닿는다. 지역노조 간사로 활동하던 무렵에는 연배가 비슷한 또래들의 모임을 만들어 마치 '두레'와 같은 성격의 친목과 상호부조의 모임을 이뤄냈다. 처음에는 63~64년생 또래 모임에서 시작된 것이 손 위, 손 아래 모임으로 확장되었다. 부천지역 노동 현장에서 활동하는 사람들끼리의 자연발생적인 동아리 모임이었다. 모임들은 질적 변환을 일으키며 성장하는 실마리를 만들었다.

가족보다 동지를, 친구를, 나보다 어려운 사람 돕는 걸 우선시하는 삶을 살았던 영원한 젊은이 82학번 종찬이. 신부가 되고 싶었던 어린 시절의 꿈은 하늘나라에서 이루었을까? 무엇이 급해서 그리도 일찍 가버렸는지, 이생의 운명 과제를 다 풀어 갈 때가 되었던 것이었을까?

생각하면 언제나 가슴 아린 기억을 선사하는 우리들의 좋은 친구, 박종찬을 기억하며 월곶 물가에서 김은영 씀.

추모글 03

그리운 내 친구 종찬이를 기리며

김태영

그리운 내 친구 종찬이를 기리며

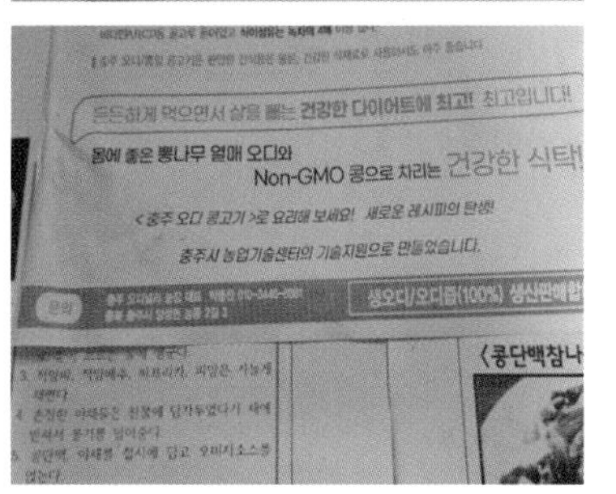

지난주 이사하며 묵은 짐 정리하다 오디로 만든 콩고기 '오디 알콩달콩'을 발견했다. 이미 유통기한이 한참 지나 있었다. 제품 전단지의 '충주 오디널리 농장 대표 박종찬'에 눈길이 멈췄다. 불현듯 종찬이에 대한 기억이 되살아났다.

1985년 4학년 가을학기부터 시작된 3년 반의 수배기간, 긴장과 고난의 시절이었지만 나름대로 재미도 있었다. 즐거운 추억을 남겨준 친구 종찬이가 있었기 때문이다.

수배 중 종찬이네 본가에서 한동안 신세진 적이 있다. 내가 지명수배 중임을 알면서도 종찬이네 가족들은 그런 나를 모두 반겨주었다. 어머님과 아버님 그리고 동생들까지도.

어머님은 어려운 이웃을 보면 집으로 데려와 씻겨주고 먹여주었던 분이라 했다. 그런 가족들이니 나 또한 그분들 입장에선 돌봐주어야 할 사람인 셈이었다. 덕분에 편안하게 지냈다. 동생들이 학교에서 돌아오면 나더러 집 잘 지키고 있었냐고 놀려대곤 했었다. 비록 수배 중이었지만 가족처럼 정말 마음 편하게 지냈다.

수배 중이라 놀러갈 곳도 마땅찮은 나를 종찬이는 태릉 어딘가 한적한 개천으로 데려가기도 했다. 빈손으로 물고기를 잡다가 버려진 족대를 이어 붙여 꽤 많은 피라미를 잡았다. 인천지역에 피신해 있을 당시는 종찬이와 소래포구에서 망둥이도 잡았다. 종찬이는 물고기 잡는 솜씨도 좋았지만 요리도 잘했다. 그가 끓여준 망둥이매운탕은 무척 맛있었다. 나는 먹는 건 가리지 않고 잘 먹지만 요리에는 관심이 없다 보니 영양을 고려하며 그저 한 끼 때우면 된다고 생각하는 사람이다. 그렇지만 종찬이는 친구들을 위해 음식 만드는 것을 즐기는 멋진 사람이었다.

수배 중이고 노동현장을 준비하느라 돈이 없었던 시절, 이 친구가 저녁 때 돼지비계와 껍데기를 가지고 들어왔다. 정육점에서 거저나 다름없이 얻었다고 했다. 맛깔스럽게 요리를 해주었던 기억도 새록새록 떠오른다.

종찬이는 정이 넘치고 주위를 매사 즐겁게 만들어 주는 친구였다. 특히 장난기가 심했다. 그런 종찬이에게 나는 리버럴하다고 비판도 많이 했다. 내가 아무리 정색하고 말을 해도 그는 장난으로 얼버무려 넘기곤 했다. 내가 오히려 머쓱해져서 결국 이야기는 웃음으로 마무리되기 일쑤였다. 그는 규율에 얽매이지 않는 자유로운 영혼의 소유자였다.

1988년 12월, 6월 항쟁으로 직선제 대통령이 선출되고 3년 반 만에 수배가 해제되었다. 집으로 돌아가 병역을 마쳐야 했고, 부천의 노동현장을 떠나면서 종찬이와 소원해지게 되었다.

시간이 흘러 나는 제천으로 낙향해 사업도 하고 지역 사회단체 일도 관여하며 그럭저럭 사회에 적응하며 살고 있었다. 그 무렵 종찬이는 중국으로 떠났다. 중국, 연해주에서 활동하다 10여 년 전 귀국해 고향인 충주 앙성으로 돌아왔다. 친구들이 찾아오면 놀 수 있도록 집을 민박 수준으로 꾸며 놓고 그곳에서 농사를 지으며 살았다.

2021년도 초여름 어느 날, 실로 오랜만에 종찬이의 산골 집에서 우린 다시 만났다. 밤새도록 술을 마셨다. 막걸리로 시작해 소주를 거쳐 아껴두었던 양주까지 싹 비웠다. 번갈아 오바이트를 몇 번이나 했다. 나도 당시 고민이 많았고, 그도 취기를 빌어 속내를 털어놓고 싶었던 거 같다.

종찬이는 중국에서 탈북자를 도와 대사관에 진입시켰던 과정을 들려주었다. 중국 공안당국에 두들겨 맞고 체포되는 등 지난한 이야기들이었다. 당시 운동권에 크게 공감되지 못한 일을 한 그 역시 하고 싶었던 말이 많았던 모양이다. 중국에 사업하러 갔음에도 남의 어려움을 외면하지 못하는 심성을 지닌 종찬이, 역시 내 친구다운 모습이란 생각이 든다.

그 후 몇 번 충주에 찾아갔었다. 비내섬에도 가고 종찬이가 가꾸는 뽕나무도 살펴보며 이곳저곳을 돌아다녔다. 앙성에 있는 폐교를 개조해 만든 테마파크 '오대호 아트팩토리'에 갔을 때 표를 끊으려 하니 자기와 같이 오면 그냥 들어가도 된다고 했다. 사교성과 활동성이 넘치는 종찬이는 이미 지역사람들과 어울리며 교분을 두텁게 쌓았던 것 같다. 동행자는 무료입장시킬 만큼.

그가 재배하고 있는 뽕나무 농장에는 이미 많은 친구들이 다녀갔었다. 난희 친구와 함께 민족민주유가족협의회의 유가족 어머니들이 오디를 따러 가기도 했다.

다음 해 여름휴가를 다녀오며 종찬이 산골 집에 들르니, 집에 없었다. 서울에 있다고 했다. 집 앞에 찾아오는 길고양이를 위해 사료 좀 꺼내놔 달라고 부탁했다. 고양이들이 매일 찾아오자 먹이를 준비해 두었는데 서울에 머무는 기간이 길어져 고양이 걱정을 하고 있었던 것이다. 종찬이는 어려운 처지에 있으면 사람이나 짐승이나 가리지 않고 도와주려는 그런 선량한 친구였다.

2022년 2월경, 통화할 때 집을 오래 비웠더니 보일러가 다 터졌다고 했다. 산골 집에서 술이나 한잔 하자고 했는데 결국 못 갔다. 그리고 이틀 뒤엔가 사고를 당했다는 소식을 들었다. 고단하기만 했던 청춘을 함께 했다가 중년에 만나 짧은 시간을 뒤로한 채 우리는 그렇게 영원히 헤어졌다.

이삿짐 정리하다 발견한 오디식품은 오디농장을 하던 종찬이가 충주시 농업기술센터의 기술지원을 받아 상품화한 것이다. 뽕나무 농장의 오디 재배에서 한 걸음 더 나아가 '오디널리'라는 상호를 만들었다. 충주 오디, 충주 뽕잎으로 만든 콩고기 '오디 알콩달콩'을 제품화해 판매를 시작하고 있었다.

종찬이가 갑작스레 세상을 떠난 후 그의 가족들은 지인들에게 오디를 나눠주려 했지만 나는 받을 수 없었다. 그 친구가 더 생각나고 마음이 괴로울 것 같아 도저히 받아먹을 수가 없었다. 집에 있는 오디식품 역시 먹지도 않으면서 버리지도 않아 지금까지 갖고 있게 된 것이다.

(사)성균민주기념사업회 업무 가운데 으뜸으로 중요한 일 하나는 열사추모제다. 이 행사

를 여는 이유는 엄혹한 시절, 민주화를 위해 싸워왔던 우리의 역사를 그리고 우리의 동지를 기억하고 또 다음 세대에 전하기 위함이다.

80년대 군부독재시절 우리는 민주주의를 위해, 이 땅에서 소외당하고 고통 받는 수많은 민중의 생존권을 위해 밤새 토론을 하며 길바닥에서 시위를 했다. 노동 현장에도 들어갔다. 함께했던 동지이자 친구들 몇몇은 이미 저 세상 사람이 되었다. 그들이 꿈엔들 잊히겠는가.

먼저 떠난 따뜻하고 유쾌했던 우리 친구 종찬이! 그 친구를 생각하면 여전히 마음이 아프다. 그를 잊지 않고 기억하기 위해 이렇게 글을 쓴다.

장난기 심했던 그 친구는 지금도 이렇게 말할 것 같다.

"야! 죽는 것도 별거 아니야. 너도 죽어 보면 알아. 그때 만나면 술이나 한잔 해!"

그래, 종찬아! 그 세상에서 다시 보면 또 밤새 술이나 한번 마시자꾸나!

추모글 04

먼 곳에 있는 친구에게

임어진

먼 곳에 있는 친구에게

용우야.

지난 해 늦가을 소리사랑 40주년 기념 공연이 있었어. 몇 명으로 시작한 작은 동아리 하나가 명맥이 끊어지지 않고 40년 역사를 이어와 기념 공연까지 하다니 대단하지. 반백이 된 선배 노래꾼들과 젊은 재학생 후배들이 한 목소리로 노래하고, 청중들도 하나가 되어 따라 부르며 마음 뭉클하고 벅찼던 시간이었어.

그런데 그 목소리들 속에서 나는 자꾸 너를 찾고 있었어. 너도 그 자리에 있어야 할 사람이었으니까. 혹시나 노래 사이에 이야기가 나오지 않을까 싶어 기다려 보았지만 들리지 않았어. 그 날 은행나무가 노랗게 물든 대성로 길을 걸어내려 오며 뭔가 조금 허전하고 헛헛했던 건 그 때문일 거야. 함께 했던 이름들도 한 번쯤 불러주면 좋았을 걸 싶어서. 먼 저 곳에서 너도 참 좋아하며 지켜보았을 텐데, 좀 서운했겠다 싶어서.

1984년 봄이었던가, 딱 그 자리인 대성로 옆 잔디밭에서 너와 소리사랑 동기인 문대현이 기타를 치며 무슨 노래인가를 흥얼거렸던 기억이 나. 새로 만든 곡이라며 심산에서 분가(!)해 노래 동아리를 만들었다는 자랑과 함께. 그 노래가 혹시 〈광야에서〉였니?

그렇게 스쳐 지나갔는데, 시간이 역사가 되고, 노래는 전설이 되었네. 어쩌면 그 기념 공연에서 네 이름을 듣지 못한 서운함이 남아 이 글을 쓰게 되었는지도 몰라. 우리들의 회장인 병일이가 뜻밖의 제안을 해 82친구들이 살아온 이야기들을 이렇게 성심껏 써 모음집을 묶게 되었는데, 여기서도 네 이름이 빠져서는 안 될 것 같았기에. 하지만 네 삶을 내가 쓸 수는 없어. 그럴 만큼 네가 살아온 굽이굽이들을 알고 있지는 못하거든. 네가 어떤 생각을 하며 살았는지도 사실 거의 모르고……. 나는 그냥 기억 속에 남은 네 모습 몇 개를 옛날 사진처럼 꺼내보려고 해.

"맞아, 그랬던 적이 있지."

네가 빙그레 웃고, 친구들도 너와의 추억을 한 번쯤 떠올릴 수 있으면 그걸로 충분해.

우리가 한 팀이었던 1984년 3학년 여름이었을 거야. 선배들이 오픈 서클 82들을 역할별로 팀을 나눠 묶으면서 영희, 봉환이와 함께 한 학기쯤 같이 활동을 했지.

불교 동아리였던 나는 지호 외에는 동기가 없었던 참이라 처음으로 다른 동아리 친구들과 한 팀이 돼 공부하는 게 좋았어. 탈춤반 영희와 노래 동아리 용우 네가 있어서였는지 사실 공부보다는 노는 시간이 더 재미있긴 했지만 말이야. 그 인연으로 영희는 봉환이 옥바라지 담당이 됐고, 둘은 나중에 부부가 되었지. 영희와 내 남자친구는 같이 옥바라지하러 다니다가 수감자 가족으로 친구가 되었고……. 그렇게 관계가 이어진 걸 생각하면 신기하네.

다시 3학년 때로 돌아가서, 운동을 이제 진지하게 받아들일 때의 일이야. 그전까지는 문학에 대한 생각으로 혼란스러웠는데, 이제 마음을 다잡고 사회과학 공부를 나름 열심히 하고 있었지. 그때의 '열심' 때문에 예상치 못한 일이 있었어. 어느 날 팀을 지도하던 선배가 1박2일 엠티를 가서 세미나를 하자는 거야. 가려던 곳이 강촌이었는지 대성리였는지 헷갈린다. 거창한 학습 계획대로 세미나 할 책을 열심히 읽고 약속 장소인 청량리역에 갔어. 그런데 나온 사람이 너밖에 없었어. 네게는 당시 우리들 아무에게도 없던 텐트와 코펠 버너가 있었어. 너는 그걸 짊어지고 나와 있었어. 팀 지도 선배도 다른 멤버들(이때도 영희 봉환이인지는 모르겠네. 어쩌면 이때는 다른 멤버들이었을 수도 있어.)도 없어 상황이 애매했지. 하지만 '세미나'와 약속에 진심이었던 나는 당연히 둘이서라도 엠티를 가야 한다고 했어. 이상형이 서로 달라 이성이어도 부담스럽지 않았던 것 같아. 그때 탄 완행열차가 무궁화호였나? 우리는 강촌역인지 대성리역인지에 내려 모래와 자갈이 많은 강가에 텐트를 쳤어. 강물을 떠다 밥도 지어 먹었지. 그러고는 세미나를 하려고 했는데, 너무 흥이 안 났어. 둘이서 하는 세미나가 재미있을 턱이 없잖아. 세미나는 시늉만 하고 근처에서 노는 다른 팀 사람들 구경을 하다가 적당히 떨어져 자고, 우리는 다음날 썰렁하게 돌아왔어. 지금 생각하면 좀 어이가 없기도 해. 세미나가 뭐라고. 우리가 어지간히도 고지식했지. 이왕 갔으면 밤에 별도 보고 살아온 얘기도 주고받았으면 좋았잖아. 그게 큰일도 아닌데, 온통 '운동'에만 붙들려 있었던 것 같아. 그 시대가 그만큼 우리를 짓눌렀겠지. 그러고 보니 내 생애 처음으로 텐트에서 자 본 날이었네.

그 해 여름 끝 무렵이었을 거야. 팀 지도 선배는 제대로 완수 못한 엠티를 다시 가자고 했어. 이번에는 도봉산 계곡이었지. 이때는 영희 봉환이가 아닌 다른 친구들과 갔던 것 같아. 성수, 송만이, 정철이었나? 왠지 한성이가 있었던 것도 같고……. 너무 오래 전 일이라 그 무렵 멤버 구성이 헷갈리는데, 너는 있었던 게 분명해. 왜냐하면 그날 갑자기 비가 퍼부어 네 텐트며 코펠 버너가 다 떠내려가 버렸거든. 계곡 가에 텐트를 치고 세미나를 하고 있던 우리는 비가 퍼붓는데도 태평한 채 토론만 했지. 그런데 물이 순식간에 불어나 텐트 안으로 넘실넘실 들어오려고 했어. 밖을 내다보니 계곡 물이 빵 부풀듯이 불어나 있었어. 물은 금방이라도 우리 텐트를 덮칠 것 같았어. 계곡 건너편에서 아마도 구조요원들인 듯한 사람들이 소리를 질러댔어. 텐트 밖으로 빨리 나와 줄잡고 건너오라고 말이야. 건너편까지 굵은 밧줄이 쳐져 있었어. 여기저기서 놀고 있던 사람들이 그 줄을 잡고 건너가고 있었어.

"어어, 텐트는 어떡하지? 코펠 버너는……?"

고민할 필요도 없었어. 우리가 세미나 하던 책과 자료들만 챙겨들고 우물쭈물하는 사이에 계곡물이 사정없이 불어나 그것들을 한꺼번에 휩쓸어가 버렸거든. 우리는 그제야 정신이 번쩍 들어 후다닥 줄을 잡고 계곡 건너편으로 한 사람씩 넘어 왔어.

지금 생각해 보면 사람 안 떠내려간 게 천만다행이야. 참 무모하고 무지했지. 계곡 가에 텐트를 치다니. 하지만 그때는 그 생각보다 떠내려 간 텐트랑 코펠 버너가 더 아까웠어. 용우 네가 집에서 혼날까 봐 걱정이었고. 저 비싼 것들을 집에서 갖고 나와 다 잃어버렸으니 큰일났다! 용우 이제 어떡하냐! 그런데 너는 뜻밖에 태연한 얼굴이었어.

"그거 뭐…… 할 수 없지."

그런 네 태연함이 나는 너무 신기했어. '와! 얘 뭐지? 집이 부자인가?' 네가 왠지 다른 부류의 사람 같았어. 그때 배웠던 단어 '부르주아'도 떠올랐고……. 캠핑 장비들이 흔치 않고 아직 생소하던 때라 내가 대단한 물건들로 여겼나 봐. 사실 네 태연함은 '부자'도 '부르주아'여서도 아니고, 그저 천성에 가까웠던 것 같은데……. 그래도 생각하면 나는 지금도 그 텐트와 코펠 버너가 아까워.

3학년 2학기가 되면서 우리는 다른 팀이 됐어. 그리고 각자 자기 몫을 해내기 바빠 어떻게 활동하고 있는지 서로 잘 모르고 있었어. 몰라야 하는 게 당연하던 때이기도 했고. 너와 다시 조우한 건 뜻밖에 1985년 겨울 어느 유치장 같은 곳이었어.

4학년 말 진성이, 승선이와 함께 가두시위를 주도하고 구속되었을 때, 우리끼리 대화를 나누지 못하도록 분산 수감하려고 그랬던 건지, 어딘가에 잠시 혼자 송치된 적이 있어. 아무도, 아무 것도 없는 유치장 같은 방에 있었는데, 적막하기도 하고 쓸쓸하기도 했지. 비록 스스로 결단해서 그곳에 있게 된 상황이지만, 지금껏 겪어 보지 못한 낯설고 버거운 경험인 건 사실이었으니까.

그때 어느 방에서인가 누가 구호를 외쳤어. 우리가 숨 쉬듯 어디서나 외치던 익숙한 구호였지. 일상 공간 어디서나 운동하고 투쟁해야 한다고 배웠으니 당연하게 여겼는데, 뜻밖에 목소리가 익숙했어. 바로 용우 너였어. 나는 반가워서 네 이름을 불러댔지.

"용우니? 너 용우지?"

너도 내 목소리를 알아채고 큰소리로 인사를 했어. 보이지는 않았지만 어느 방엔가 네가 있었어. 너도 어딘가로 이송 중에 잠시 대기하고 있었나 봐. 우리는 반가워서 서로 또 이름을 부르고 간단한 안부를 나눴어. 얘기를 이어갈 만큼 가까운 거리는 아니었어. 잠시 뒤 네 방 쪽은 조용해졌어. 나는 좁은 방을 혼자 배회하다 노래를 불렀어. 시가 좋아서 종종 불렀던 〈녹두꽃〉이었어. 퍼렇게 날이 서 있고 펄펄 끓어오르던 때의 지하 시로 만든 노래지.

가까이 하는 물성으로 그 사람의 본질을 짐작해 볼 때가 있어. 나무를 품고 다듬어 그릇을 만들어 놓고 떠난 용우야. 나무처럼 과묵하고 투박하고 다정했던 친구. 웅숭 깊고 기대고 싶은 나무 같은 친구.

빈 손 가득 움켜 쥔 햇살에 살아/ 벽에도 쇠창살에도 노을로 붉게 살아…….

혹시 아스라이라도 들렸을까? 이제는 노랫말도 까먹어 생각난 김에 다시 찾아 들어보니 무척 어렵고 높이 올라가야 하는 노래네. 그때는 이런 노래도 부를 수 있었다는 게 신기하긴 하다. 지금은 첫 소절 한 마디도 안 되니 말이야.

그렇게 옥에서 얼굴도 보지 못한 채 헤어진 우리는 거의 30년이 지나서야 다시 만났어. 당시 회장 성필이가 입학 30주년 기념으로 친구들을 한 자리에 불러 모은 덕분이었지. 친구들은 서먹했던 시간을 순식간에 뛰어 넘어 다시 만날 수 있었어. 그 자리에서 나는 홍천에 귀농해 명이나물 농사짓는다는 네 이야기를 들었고, 우리는 한 차례 연락해 만나 근황을 나눴어. 너는 30대 사회생활 초반에 일찌감치 감행한 귀농 얘기, 혼자 결정하고 떠난 귀농지에 뒤늦게 합류한 가족들 얘기를 했지. 손수 지은 집 얘기도 들었네. 정작 함께했던 추억들은 잊고 묻지 못했어. 강촌이었는지 대성리였는지, 떠내려간 텐트와 코펠 버너 때문에 혼나지는 않았는지, 녹두꽃은 들었는지…….

그런 즐거웠던 기억들은 잊고 심심한 생활 얘기만 나누다가 우리는 헤어졌어. 네가 사는 홍천이 아름답다기에 가보고 싶다고 했더니 놀러오라는 말을 했고, 나도 가겠다고 했지. 홍천은 4월이 가장 아름답다기에 친구들과 그때 꼭 가겠다고 했는데, 얼마 뒤 네가 아프다는 소식을 들었어.

그러다가 다시 지낼 만하다는 이야기를 들었고, 며느리 사랑으로 행복해한다는 이야기도 영신이에게 들었는데, 이제 너는 없네. 나는 영영 약속을 지킬 수 없게 되었네.

지난해 봄, 심산 동기 정철이가 지키는 시화호환경센터 작은 공간에 네 부인과 친구들이 마련한 나무 공예 작품 전시를 보고 왔어. 네 나무 작품들은 전혀 의외라 친근하면서도 생소했어. 그 뭉근하고 투박하면서도 오밀조밀 부드럽고 따스한 결이라니! 작품들은 하나같이 생활공간 곳곳에 가까이 두고 쓸 만한 탐나는 용품들이기도 했어. 그런 걸 네가 깎고 파고 매만져 공예품으로 만들어 낼 생각을 했다니 신기하기만 하더라.

그러고 보면 너는 개성과 지향이 참 분명한 친구였던 것 같아. 그게 용우라는 사람을 지탱한 힘이었는지도 모르겠어. 또 너는 늘 조금씩 예상 밖이었어. 나는 번번이 너를 제대로 예측하지 못했어. 이렇게 너무 빨리 멀리 떠난 것도…….

이제 너는 나무작품 몇 점으로 내 생활공간에서 가끔씩 인사를 해. 나도 잠깐씩 눈길을 주고 마주 인사를 해. 그러고 또 잊고 지내. 그러면 되지 뭐. 허전하지만 하는 수 없지.

가까이 하는 물성으로 그 사람의 본질을 짐작해 볼 때가 있어. 나무를 품고 다듬어 그릇을 만들어 놓고 떠난 용우야. 나무처럼 과묵하고 투박하고 다정했던 친구. 웅숭 깊고 기대고 싶은 나무 같은 친구.

친구들 즐거이 모여 웃는 자리 너도 적적하지 않게 지켜보고, 멀리서나마 함께 웃을 수 있기를 바래. 부디 편안하렴. 그만 인사할게. 허허실실, 느물느물 웃던 네가 그립다.

CHAPTER 03

함께한 아름다운 시간

CHAPTER 03

01

역대 회장단 활동들

홍성필

주형길

조영신

권순필

이성수

김병일

동지들! 얼굴 한 번 봅시다

2012년 3월 30일, 종로 동숭동 탕명마루에서 입학 30주년(!), 송년회 모임(회장, 홍성필_경제)이 있었다.

조영신(국문) 사회로 진행된 이 날 모임에는 60여명이 동기들이 참석, 화기애애한 덕담과 함께 그간 나누지 못한 사연들을 풀어 놓느라 2차까지 자리를 뜨지 않는 친구들이 많았다.

혜화초등학교 정문앞 최가네 삼계탕에서

2014년 11월 25일, 종로구 혜화동에서 송년회 모임(회장, 주형길_경제)이 있었다. 이날 모임에는 30여명이 넘는 동기들이 참석하여 덕담과 함께 그간 나누지 못한 회포를 풀었다.

맨 앞쪽 (좌) 허광봉, (우), 조영신

50대 초반..!! 이 날도 술은 흥을 돋구고 대화의 분위기를 띄우는데 제 역할을 톡톡히 했다. 유쾌한 시간이 이어지고 파이팅도 넘쳤다.

50대에 이르자 친구들은 산을 더 자주 찾게 된다.
그러면서 친목도 다졌다..!!

2014. 3. 23일 충남 예봉산

북한산에서_좌로부터 백창석, 문광석, 홍성필, 이숙, 이진, 조영신, 김병일, 류지호

좌로부터 이진, 박종찬, 김난희, 윤미향, 조영신

마침내 60대, 청춘의 시작 "반갑다 친구야 살아있었네"

2022년 5월 22일(일), 경복궁역 근처 '가장 맛있는 족발'에서 성민동 82, 입학 40주년 기념모임이 40여 명의 동기들이 모인 가운데 성대하게 진행되었다.

오전 모교 청룡상 앞으로 입학 40주년을 기념하기 위해 친구들이 하나 둘 모여들었다. 대부분 60이 넘은 나이다. 지나온 세월의 무게인지 얼굴에 잔주름이 언뜻언뜻 묻어 났다.

이날 청룡상 앞에는 고맙게도 성민동 후배들이 입학40주년을 맞이한 우리들을 기념해주기 위해 플래카드를 만들어 찾아주었다. 그렇게 응원까지 받으며 수선관 뒤편의 옥류정으로 이동하여 지난 시절, 회상도 하고 담소를 나눴다.

옥류정에서

코로나 3년간 회장의 중책을 맡아 어려운 시간을 이끌어 온 이성수(산심)의 인사말과 총무 임어진(한철)의 경과보고가 있었다.

경복궁역 근처 가장 맛있는 족발집에서

한차례 화기애애한 시간이 흐른 뒤 차기 신임 집행부가 꾸려졌다. 유쾌하고 다채로운 활동으로 따뜻한 동기모임을 천명한 김병일(신방), 조영신(국문)이 동기들로부터 큰 박수를 받으며 새로운 출범을 알렸다.

총무를 맡아 알뜰하게 살림을 해준 임어진에게 선물 증정하는 이성수 모습

산찾아 인생찾아 설악산 귀떼기청봉에 오르던 날

한계령 휴게소에서, 좌로부터 홍성필, 조영신, 김병일

22년6월11일(토), 조영신, 홍성필, 김병일 등 동기들은 설악산 서북주릉의 맹주라 할 수 있는 귀때기청봉(1,578m)에 오른다.

귀떼기청봉에서 본 운해

귀떼기청봉은 남쪽으로 장쾌한 가리봉 능선, 북쪽으로 낮게 흘러가는 듯한 공룡능선을 감상할 수 있는 코스다.

산에 오르며 함께 자연을 감상하고 덕담과 격려를 나누는 시간은 늘 값진 선물과 같다.

돌로미티(Dolomites)[1] 트레킹

험준한 암석과 그 아래 계곡을 덮고 있는 푸른 고산 초원사이의 놀라운 대조가 압권이란다.

산을 가로지르는 구불구불한 트레일러를 걷거나 산허리를 휘감아 돌다보면 우뚝 솟은 절벽, 깊은 협곡을 마주한다. 웅장하고 경이롭다.

산타 막달레나에서

라가주오이

1) 이탈리아 북부 알프스 지방에 위치하고 있으며 볼차노, 오르티세이, 코르티나 담페초에 이르는 영역을 일컫는다.

라가주오이, 저 앞쪽으로 조영신 부부가 보인다.

라가주오이, 포로도이

라가주오이

돌로미티트레킹을 하고 나서 두가지 선물을 얻었다. 건강과 성찰이다. 힘들었지만 뿌듯했고 건강에 대한 자신감도 얻었다. 친구들과의 좋은 추억이 그림자처럼 따라 와 줬다.

라가주오이

친구들, 그대들이 있음에

주작산

2022년11월12일(토), 홍성필, 류지호, 김병일이 강진 주작산(428m) 과 제암산을 올랐다.

제암산 자연휴양림에서, 좌로부터 한근수, 강호준, 류지호, 홍성필, 김병일

이날 일행은 주작의 주능선을 우회해서 작천소령-주작산 정상-주작산 자연휴양림 코스로 짧게 산행을 했다. 제암산 자연휴양림에서 1박을 한 친구들은 13일(일), 제암산을 오른다. 등산을 하는 동안 가을비가 단풍으로 붉게 물든 제암산을 적셨다.

제암산에서

술한잔 걸치니 다시 청춘이여

22년12월4일(일), 경북궁역 근처 가장 맛있는 족발에서 송년모임을 가졌다. 오랜만에 주형길이 함께 했다. 성민동 후배 김아란(조경85)회장과 오기태(산심89) 사무국장이 함께 했다.

경북궁역 근처 가장 맛있는 족발집에서

성민동 후배 맨앞쪽 좌측 오기태(산심89), 우측 김아란(조경 85)

경북궁역 근처 시장의 밤거리 모습은 늘 정겹다.

명불허전..! 코타키나발루산을 오르다..!!

해발 1866m의 팀폰게이트 입구에서, 좌로부터 김병일 누나, 류지호, 백창석, 문광석/조영신 부부, 이숙/김병일 부부, 김경희/장용서(김병일 여동생 부부)

23년1월19일(목), 동남아시아 최고봉인 코타키나발루산(4,095m)을 조영신, 류지호, 백창석, 김병일이 올랐다. 이날은 김병일부부와 형제들, 조영신부부도 함께 했다.

산과 일출, 운해의 장엄함이 함께 어우러지다..!!
우리는 평생 잊지못할 참으로 대단한 광경을 마주했다.

코타키나발루산 정상에서 본 일출과 운해

코타키나발루산 정상..!

지금 여기, 새로운 출발점에 서다..!!

사진 뒤편의 뾰족하게 솟아 오른 봉우리는 몽크피크(고릴라봉)

아이구, 자주 보니 정든다

'23년2월16일(목), 경북궁역 근처에서 신년 모임을 가졌다. 계묘년(癸卯年, 검은 토끼의 해), 이 시기는 코로나19가 이전의 일상으로 돌아선 해이기도 했다.

경북궁역 밤거리는 언제 걸어도 정답다. 2차 자리로 이동 중인 사진인데, 무슨 이야기들을 나누는지 강재봉, 양미경, 임어진, 류지호, 백창석의 얼굴이 유쾌하다. 이 날도 모임은 밤 늦게까지 이어졌다. 늘 만나면 반갑고 헤어지려면 아쉽다.

여느 봄 날 부는 바람처럼

23년4월12일(수), 경북궁역 근처에서 모임을 가졌다. 여느 봄날 부는 바람처럼 우리의 새 청춘도 이 날만큼은 더 훈훈하고 따뜻했다.

이날 오랜만에 홍순영이 등산을 마치고 참석했다.

친구들이 있어..더 행복하고 좋은 날..

바람도 참 좋았다. 햇살도 참 따스했다..

꽃들도 참 예뻤다.

산종구 물맑은 조성환의 고향을 찾아서

23년4월22일(토), 친구들은 진안의 구봉산에 올랐다. 전북 진안은 조성환(영문)의 고향이다. 산세가 수려하고 인심이 훈훈한 곳이다. 이날 친구들은 구봉산 아홉 봉우리를 유쾌한 담소를 나누면서 오르내렸다. 대부분 60이 넘은 나이였으니 함께 산행하는 것만으로도 즐거움은 배가 되었다.

이날 천안고가 배출한 걸출한 인물 이기춘(사학, 천안고 총동창회장), 부부가 어둑해질 무렵 합류했다. 이기춘은 삼겹살 불판 굽는 솜씨가 거의 신기에 가까웠다. "총동창회장은 역시 아무나 하는 것이 아닌게 벼" 여기저기 탄성이 나왔다.

이성수..! 그대가 있어 행복했던 날

23년5월31일(수), 이날도 경복궁역에서 모임을 가졌다. 성수가 고맙다. 그 비싼 식비를 다 내준 것 때문만은 아니었다. "이제 나 술의 두려움에서 해방된 겨...어서 술 한잔씩들 혀.." 깐깐한 친구가 이 날은 술에 대한 자신감이 묻어났다. 술잔이 이리저리 옮겨 지면서 자리는 더없이 화기애애하고 유쾌했다.

류시화는 그의 시 '바람부는 날의 꿈'에서 이렇게 적고 있다.

바람부는 날 풀들이 억센 바람에도.. 넘어지지 않는 것은..
서로가 서로의 손을 굳게 잡아 주기 때문이다

쓰러질 만하면.. 곁의 풀이 또 곁의 풀을 잡아주고 일으켜
주기 때문이다..

이 세상에서 이 보다 아름다운 모습이 어디 있으랴.. 이것이다.
우리가 사랑하고 또 사랑하는 것도...

–이하 중략

꽃향기 가득한 날씨였다.

늘 세심하게 배려하는 홍성필두 그렇구..이젠 누이같은 따스함이 가득한 이진, 임어진, 김미, 박양숙... 모두가 더 가깝게만 느껴졌다. 이렇게 함께 하는 이 시간이 참으로 소중하지 않은가..

마침내 백창석옹의 미생물 강의가 한바탕 불꽃을 피운다. 옹께서 손수 담은 40°가 넘는 생사주가 취기를 한 껏 끌어 올리면서 그 뜨거웠던 술자리는 정리가 되었다.

오늘따라 율풍회 회장 강재봉의 기분이 좋다. 늘 말보다 따뜻한 맘씨가 주위를 훈훈하게 한다. 역시 공짜가 좋다..2차 자리를 더 힐링할 수 있게 만들어 준 박양숙의 얼굴에 빛이 났다. "고맙다 양숙아∞", 정치인으로서도 큰 성취를 이어가길 친구들이 한 목소리로 응원을 해준다.

장하다 류지호..! 230좌 완등 축하 겸 친구들 환갑여행

'23년9월1일(금), 친구들은 울릉도행 카페리선에 몸을 싣는다. 류지호의 230좌 완등 축하연이 기다리고 있었다. 무엇보다 동기들 대부분이 환갑을 맞고 있어 함께 기념하기 위해서다.

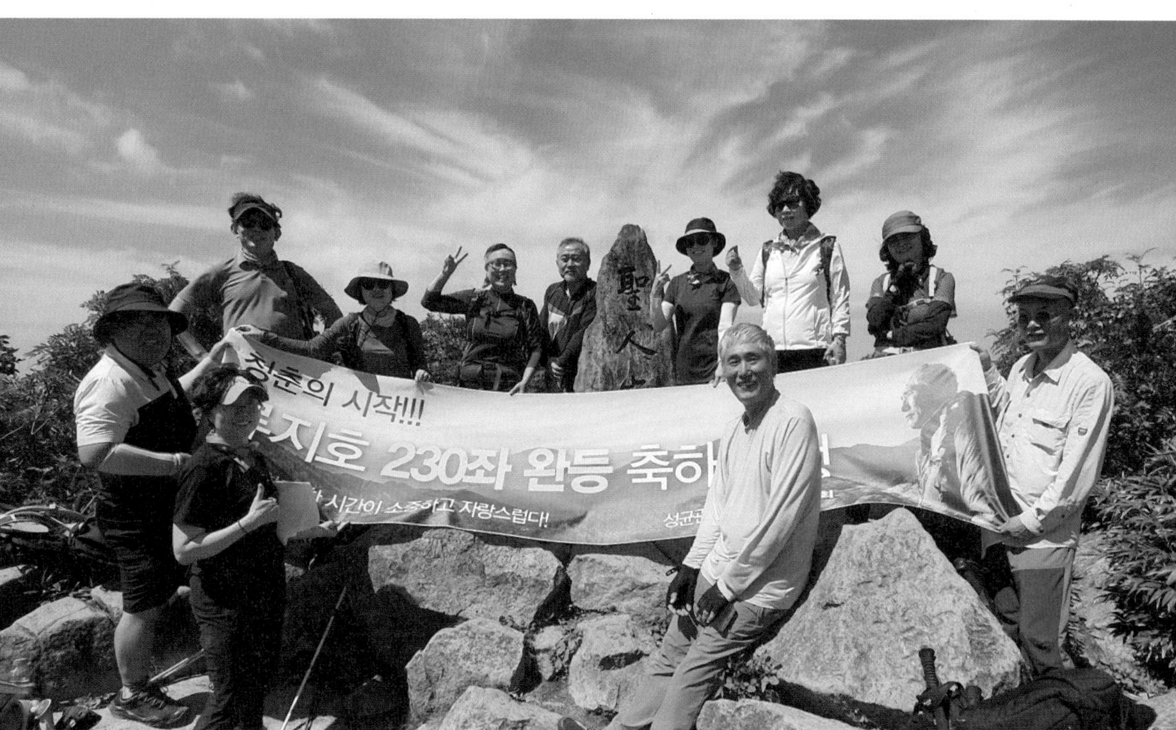

좌로부터 이숙(병일아내), 김방식, 김병일, 홍순영, 조영신·문광석, 이진, 박양숙, 최진성, 백창석, 류지호

어딘가 모를 해안가에 82동기들을 위한 플래카드가 펼쳐졌다. 함께 한 친구들의 모습이 밝고 즐겁다.

울릉도행의 첫 하루가 바쁜 일정을 소화하며 저문다. 다음날 아침, 류지호와 동기들은 성인봉(987m)에 오른다. 모두들 산을 오르는 발걸음이 가벼워 보인다.

마침내 류지호가 230좌 완등에 정점을 찍는다. 이 얼마나 자랑스러운 시간인가..!! 친구들은 누구 누구 할 것 없이 아낌없는 축하와 덕담을 건넸다. 류지호, 김방식, 백창석, 조영신·문광석, 김병일·이숙 부부, 글쿠 여성동기들의 환한 모습이 좋다.

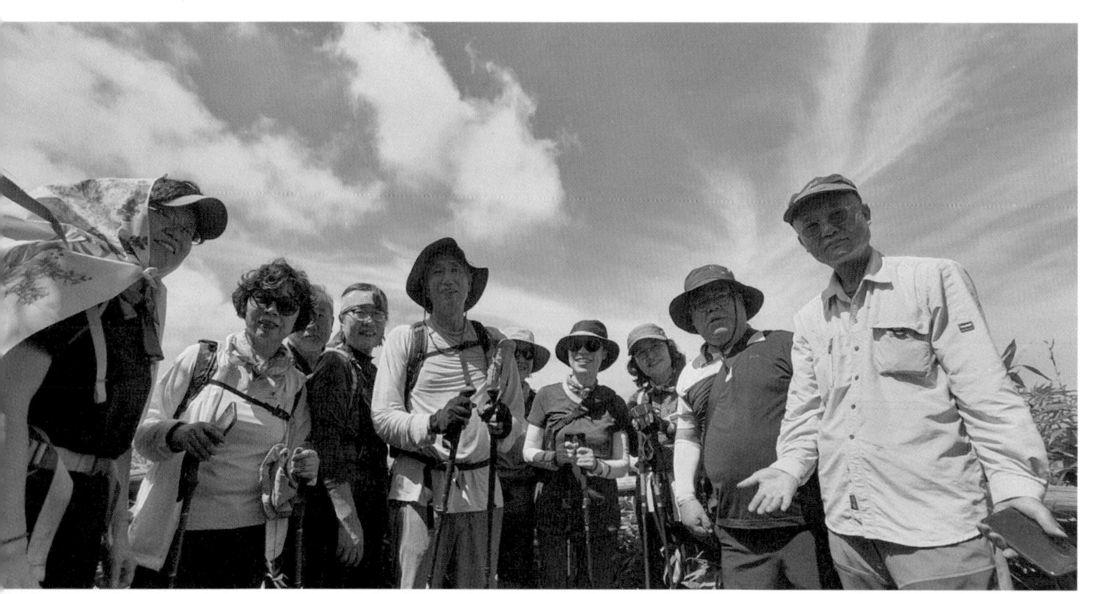

이 뜻깊은 시간을 기념하기 위한 단체사진이다.

당일 성인봉 산행을 대신해 독도행 카페리선을 탄 친구들이 있었다. 모두 우리 땅, 독도 밟기를 열망해 왔었던차다. 태극기를 손에 들고 흔드는 모습이 마냥 정겹다..

역시 행사의 꽃은 뒷풀이였다. 성인봉 나리분지의 행사일정을 마친 친구들은 잠시 숙소에서 여독을 푼뒤 날이 어둑어둑해 졌을 무렵 해안가 근처 식당으로 무대를 옮긴다. 얼마 지나지 않아 흥과 에너지가 고조되었다. 여기저기 못다한 이야기가 꽃을 피웠다. 여산회(회장 이진)가 이 때 발족한다. 동기들의 박수와 환호속에 성민동82의 새로운 신화를 기약하게 된다.

좌로부터 류지호, 김병일, 박양숙, 이숙, 문광석, 조영신, 이성수

그런데, 이 시간을 이대로 끝낼 수 없었나 보다. 가요주점으로 자리가 옮겨졌다. 여성 동기들의 "Whisky on the Rock"이 열창되고 고현주의 흐느적거리는 춤사위가 무대를 채운다. 그날 밤 우리들의 열정 가득했던 시간은 가슴에 담고 살았던 60년 세월을 태우며 노래 가락에 맞춰 흐르고 있었다.

2박3일의 일정은 너무 짧았다. 그렇게 느낄만큼 꽉찬 시간이었다. 울릉도 여행길에서 쌓았던 느낌과 여운을 간직한채 친구들은 하나 둘 승선길에 오른다...언제 또 이 곳을 찾을지 기약도 하지 못한채...

선후배님들의 따뜻한 축하를 받은 60세 환갑연..!!

23년9월16일(토), 선후배님들이 함께 한 가운데 경북궁역 가장 맛있는 족발집에서 성민동82 환갑연을 가졌다. 이날은 오랜만에 원상엽(중문), 권재용(산심), 제갈순수(산심), 이광우(사회), 장진희(조경), 이승령(조경) 등도 참석해 분위기가 더 화기애애했다.

동기모임을 이끌고 있는 김병일은 인사말을 통해 "벌써 환갑이라니 믿어지지가 않습니다. 살다보니 여기까지 왔네요. 오늘 이 시간이 우리들의 지나온 날들에 대한 따뜻한 위로와 앞으로의 새로운 청춘을 기약하는 자리가 되면 좋겠습니다"라는 말을 전했다. 이어 서강석(사학), 이근덕(사학), 민병래(유학) '80선배님들의 덕담이 이어졌다. 위 세분외에도 전성호(경제), 박종근(산심) '81 선배님들과 후배들의 따뜻한 덕담과 응원이 있었다.

올해로 내 나이/ 어느새 환갑
인생을 사계절로 치면/ 훌쩍 늦가을에 닿은 거다.
지상에서/ 나그네 인생길

어언 육십 년을/ 걸어온 당신.
때로는 몹시 힘든 날도
있었을 텐데

그 동안 참/수고 많이 하셨어요.
이제 늦가을로 접어드는/당신의 생../고운 단풍으로/
물들어 가기를 기원해요.

시인 정연복_ 회갑축시

이날 특별한 코너가 있었다. 민병래선배가 저술한 '간토대학살 침묵을 깨라'란 책 증정 시간을 가졌다. 참석한 동기들에게 일일이 저자 싸인까지 하여 선물하니 여간 고마운 일이 아니었다.

열혈남아 권순필(금속)의 익살스런 이야기가 여성동기들의 웃음을 자아낸다. 앞 좌측 강재봉(농경제)의 이런 모습은 참 보기 힘들다..도대체 무슨 이야길 한거여 ㅎㅎ

가을을 신고하는 비가 내린다. 이 비 맞으며 이렇게 친구들과 마냥 걸을 수 있다면.. 2차도 유쾌한 자리가 이어지구, 그렇게 우리들의 밤은 저물고 있었다.

해불양수(海不讓水)의 도시 인천을 찾아..!!

23년10월23일(월), 최정학, 김병일, 양미경의 초대로 친구들은 인천을 찾는다. 인구 3백만의 도시로 "인천의 꿈, 대한민국의 미래"라 할만큼 성장을 거듭하고 있는 도시이다.

1883년 개항한 인천항(내항, 북항, 남항, 인천신항)은 부산항과 함께 우리나라를 대표하는 항만이다. 한해 총물동량 1억6천만톤을 처리 전세계 25위권이고, 컨테이너물동량은 345만TEU(1teu는 20ft 컨테이너 1개를 의미) 정도를 처리 하는 세계 50위권의 항만이다.

친구들은 갑문의 관제탑을 올라 입출입 선박과 항만의 전경을 살펴보고 월미도로 발길을 옮겼다. 바다를 가로질러 멀리 보이는 곳은 인천국제공항이 있는 영종도이다.

인천항의 문화와 역사가 함께 하는 월미공원 앞이다. 이후부터 인천학의 대가 최정학(사학)의 해박한 해설이 시간을 압도하며 빛을 발했다. 참으로 풍부하고 깊은 맛이 나는 멋진 해설이었다. 최정학의 손짓과 이야기에 친구들의 시선이 잠시도 떨어지지 못한 것은 당연지사....

이러는 사이 송도의 밤이 깊었다. 짧았지만 인천의 역사, 문화, 지리에 스며든 속살을 40년 지기들이 유쾌한 시선으로 들여다 볼 수 있었던 값진 시간이었다. 근데 어쩌랴.. 아쉽지만 헤어져야 할 시간이 다가왔다.

희열과 감동..!! 노고단 일출과 함께..

'23년10월28일(토), 전날 구례의 조영신 집과 근처 게스트하우스에서 1박을 한 친구들은 새벽 노고단(1,507m) 일출산행을 나선다. 어둑한 새벽이었지만 가을의 상쾌함이 물씬했다. 여기저기 친구들의 이야기 소리가 들렸다. 밤새 취기도 남아 있으련만 정상에 오르는 시간이 길지 않게 느껴졌다. 일출을 기다리는 친구들의 모습이 여유롭다.

노고단은 천왕봉(1,915m), 반야봉(1,732m)과 함께 지리산 3대 주봉중 하나이다. 환갑이 넘어 친구들과 함께 한 노고단 정상에서의 시간.. 이 시간이 더없이 소중하게 느껴지는 것은 말하면 무엇하리...

좌로부터 최진성(한문교육), 김병일(신문방송), 권재용(산업심리) 부부

일행은 어느 덧 노고단 고개길을 통과 반야봉코스에 접어든다.

등산로가 잘 정비되어 있었다.

산허리를 돌아가는지 오르막도 없이 온순한 길이 계속된다.

억새풀이 보인다. 가을이 무르익어 감을 느꼈다. 맨앞쪽 백창석, 손들고 있는 친구는 홍성필이다.

좌측사진, 평택 배밭집 막내 딸 홍순영

이 멋진 가을을 보내는 것이 마냥 아쉬운 듯 홍순영의 눈이 가을 풍광에서 떨어질 줄 모른다. 서부 지리산의 최고봉인 반야봉을 지나 삼도봉에서 휴식을 취한다. 가까이 가을단풍이 무르익고 있었다. 멀리 천왕봉을 바라보며 나누는 따뜻한 차한잔과 오가는 덕담이 정겹다.

참으로 즐거웠다.. 보약같은 이런 시간이 얼마나 좋은가.. 잠시였지만 등산의 피로를 풀고 하산길을 재촉한다. 이내 뱀사골계곡의 아름다운 절경에 빠져든다. 이 곳은 한신계곡, 칠선계곡과 함께 지리산 3대 계곡으로도 유명하다.

좌측사진, 홍성필(경제학과), 우측사진, 장의현(섬유), 백창석(기계), 홍순영(한철), 이숙

노랗게 또 빨갛게 물든 단풍이 아름답다. 홍성필, 홍순영의 저 모습은 충분히 이 멋진 단풍을 감상하면서 천천히 오라는 몸짓같다. 절정으로 치닫고 있는 뱀사골의 단풍을 놓칠세라 친구들은 잠시 걸음을 멈추고 고개를 들어 울긋불긋 풍광에 잠시 젖어본다.

마침내 9.2km 하산길을 포함, 새벽부터 시작된 노고단 ~ 반야봉 ~ 삼도봉 ~ 뱀사골 ~ 반선에 이르는 23km 동행길은 많은 추억을 갈무리한 채 끝을 맺는다...

그날 송년회가 특별했던 이유는..!!

23년12월16일(토), 한해의 끝자락, 강남 교대역 근처에서 송년회를 가졌다. 교대역을 빠져나와 모임장소까지 가는 길 내내 추위가 제법 매서웠다. 녹녹하지 않은 날씨임에도 많은 친구들이 함께 해 분위기가 바로 달아 올랐다.

오랜만에 한필훈, 이강백, 이광우, 윤미향, 율풍회 김도형(조경)도 이날은 얼굴이 보인다. 조금 늦게 조성환이 검정 목도리를 두르고 나타나고, 반가운 모습이 여기저기 물결치듯 했다.

좋은 모임은 늘 2차가 기다린다. 그냥 이렇게 헤어질 순 없잖아.. 조성환의 술 따르는 솜씨가 장자 양생주편에 나오는 포정(庖丁)의 경지에 이른 듯했다. 눈길을 떼지 못하는 최진성의 모습이 보인다.

술잔이 몇 순배 또 돌았다... 2차 분위기가 점점 무르익어 갈 즈음 회장 선임건으로 자연스레 화제가 돌려졌다.

이날의 히어로 제갈순수가 이때 나선다. “이제 막 집행부에 기대를 갖게 됐는데...어쩌라구∽...200만원 당장 내놓을테니 좀 더 해 보셔”...여기저기 친구들의 박수 소리가 들렸다. 이번에는 류지호가 거들고 나선다. 매년 200만원씩 10년간 지원할테니 멋지게 함 지내 보자구...

이렇게 친구들은 다사다난했던 한해를 훌훌 날려 보냈다.
새해 더 멋진 시간의 기약과 함께...

새해 덕유산 향적봉에 오르다..!!

'24년1월14일(일), 친구들은 눈꽃산행 최고의 명소인 덕유산을 올랐다. 눈이 쌓인 덕유산의 설경은 형언할 수 없을만큼 아름답다. 전날부터 산에 올라 감상할 풍광을 생각하며 친구들은 가슴이 뛰었을 법했다. 밤 잠도 설친채 이른 아침 안성탐방센터에서 동업령을 오른다.

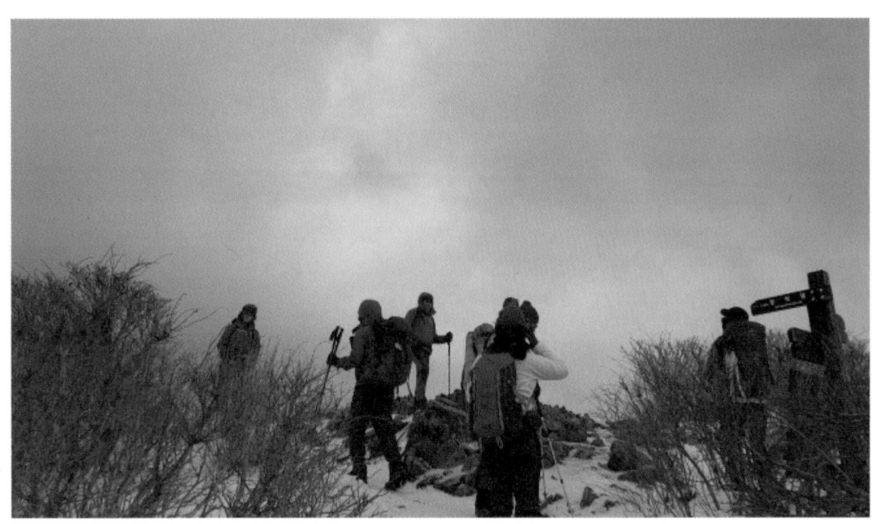

백암봉을 지나 중봉을 향한다. 아니 아직 시선은 지나온 등산로에서 눈길을 떼지 못하고 있다. 조금이라도 저 아름다운 풍광을 더 눈에 담아 놓고 싶었던 것 같다.

백암봉에서 중봉으로 발걸음을 옮긴다. 우측의 사진은 그 유명한 덕유평전의 전경을 담고 있다.. 봄철에는 진달래와 철쭉이, 여름에는 원추리, 비비추가 피어 아름다운 풍경을 자랑한다. 겨울에는 당연히 눈꽃이 멋지다.

멀게만 느껴졌던 중봉(1,594m)이 이젠 눈앞이다.
손을 흔들고 있는 홍순영의 모습도 보인다.

마침내 김병일부부가 중봉에 도착하구, 그곳 가까이에 있던 박현정(의상)이 멋진 풍광을 담는다.

새벽 서울서 내려온 여산회 멤버들과 반갑게 합류를 하는데, 마치 오래 전 헤어진 가족을 만난 것 같다..

향적봉을 내려오는데 설천봉 곤도라 대기줄이 어마무시하다...

이럴 때 사진한장 얼른 찍는 것도 센스다.. 멀리 설천봉의 랜드마크 상제루가 친구들 사이로 언뜻 보인다..아마 눈이 내렸으면 어느 카렌다에서 보던 한 폭의 산수화였을 거다...

덕유산에 어둑어둑 밤이 찾아 오고 있었다.. 얼마 지나지 않아 가슴 행복 꽃, 한아름 가득 안고 몸을 실었던 차량은 서울로 빠르게 질주하고 있었다...

따뜻한 여성정치인 박양숙을 응원가다..!!

'24년1월27일(토), 친구들은 서울시 중구 성동(갑) 국회의원 출마선언을 한 박양숙(역교) 선거캠프 사무소 개소식에 갔다.

박양숙은 서울시의회 재선의원, 서울시 정무수석, 대통령직속 국가균형발전위원회 전문위원, 국민연금공단 상임이사 등 30여년동안 한땀 한땀 현장에서 실력을 쌓아 온 재원이다.

주말임에도 많은 친구들이 한걸음에 달려와 응원을 해주었으니..

역시 우리는 깨어있는 친구였고 동지였다..

새로운 계획과 당찬 결의를 한 신년모임..!!

'24년1월30일(화), 친구들은 인사동에서 신년회겸 조촐한 술자리를 갖었다. 저 뒤쪽의 장진희(조경)가 서있는 모습이 보인다. 그 옆 우측이 소재두(동철)다. 넘 반갑게도 참 오랜만에 모임에 참석해 얼굴을 보여줬다.

역시 인사동은 갈 곳도 볼 곳도 많다. 친구들의 발길이 인사동을 대표하는 맛집 찻집 인사동에 머문다.. 실내 분위기가 따뜻하고 아늑했다..

언제부터 시작되었는지 딱 기억은 나지 않는다. "우리가 함께 했던 지난시절, 소중히 기억될 수 있도록 지난 40년의 기록을 책으로 함 만들어보자"는 이야기가 점차 힘을 얻어 가고 있었다.

그려.. 우리 글 한번 남겨보는 겨.

한라산 윗세오름에서 설경에 취하다..!!

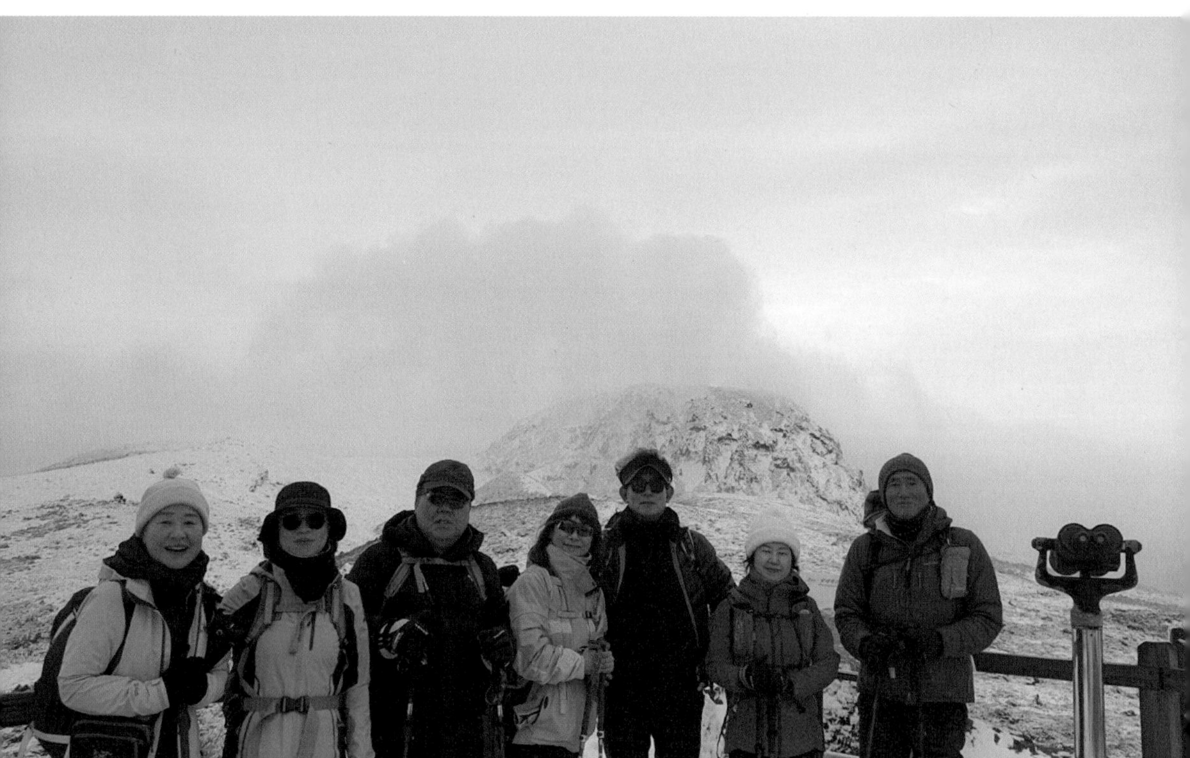

좌로부터 홍순영, 이진, 김방식, 박현정, 김병일, 임어진, 류지호

'24년2월24일(토), 아직 이른 새벽인데도 친구들의 몸은 부산했다.

한라산 오름 중 으뜸이라는 윗세오름(1,740.5m)을 오르기 위해서다. 이곳의 겨울 설경은 그 아름다움이 정평 나있다.

멀리 한라산 백록담 서벽을 향해 떨어지지 않는 발길을 뗀다.

이 이국적 풍광은 무엇인가...저 앞 류지호가 무언가 썰을 푸는 것 같은데..

고산지대라 그런지 도통 들리지가 않는다 ㅋㅋ..

이번에도 2박3일의 일정은 너무 짧았다. 아직은 청춘이었다...

윗세오름에서 하산길, 류지호

마침내 지리산 천왕봉에 오르다..!!

'24년5월27일(월), 동기들은 천왕봉에 올랐다. 좋은 계절이었기에 친구들과 산을 오르는 것이 더할 나위없이 기쁘고 유쾌했다.

새벽 3시 장터목에서 출발했는데 거친 비바람이 조금 걱정이 되었다. 다행히 천왕봉 가까이 이르렀을 때는 비가 멎고 거친 바람도 수그러들어 일출과 운해를 동시에 감상 할 수 있게 되었다.

좌측부터 이성수, 권순필, 류지호

천왕봉 정상에서 본 운해

천왕봉 하산시 마주한 멋진 풍광들

좌측부터 권순필, 이성수, 홍순영, 류지호, 강재봉, 홍성필(뒤쪽),
조영신, 김병일, 문광석(조영신 남편)

한라산 백록담에 오르다..!!

한라산 정상에서 좌로부터 최진성, 류지호, 홍성필, 박현정, 홍순영, 김병일, 권재용. 앞쪽은 박양숙, 이진

2024년9월27일(금), 친구들은 성판악과 관음사 두 팀으로 나뉘어 한라산 백록담을 올랐다.

한라산 정상에서 바라 본 운해

전 날 비가 내린 뒤라 날씨가 청명하고 운해까지 피어 올라 멋진 풍광을 보면서 최고의 산행을 할 수 있었다.

한라산 정상에서 본 관음사 방향 전경

9월26일(목), 붉은 오름과 27일(금) 한라산 백록담과 사라오름 전망대까지 30km 넘는 트레킹을 거뜬히 소화한 여친들이 정말 대단해 보였다.

붉은오름에서, 좌로부터 홍순영, 박양숙, 임어진, 박현정, 최진성, 이 진

제주 애월에서 사진, 홍순영

CHAPTER **03**

02

인생의 옆자리에 늘 함께하는 율풍회 친구들

율풍회, 처음엔 느슨하게, 다시 똘똘뭉친 친구들

율풍회의 시작은 정확히 기억나지 않지만, 88년 전후로 학교를 마치거나 옥살이를 마친 친구들이 하나 둘 모이기 시작했다. 아마 권총(권순필)이 대장이 되어 모이자~ 하면서 시작되었으리라. 모두 사회에 첫발을 내딛으며 정신없고 어려운 시절, 그래도 가끔 만나서 서로를 격려할 수 있었다. 그런데 좀 느슨했다. 경조사를 지원할 회칙도 없고, 각자의 여건이 다르다 보니 참여 수준도 다르고 모임에 대한 기대도 다르고... 그렇게 몇 년을 만났다.

율풍회 2기, 딴딴한 모임으로 개혁

94년 즈음, 느슨한 모임에 대한 불만이 김선걸과 장진희가 일으킨 쿠데타를 통해서 모임의 개혁으로 맺어졌다. 회칙을 만들어 회비와 경조사 지급 기준, 정기모임 일정 등을 정했다. 가장 재미난 규정 중 하나가 만장일치제도이다. 율풍회 2기가 가동된 이후 회원이 되고 싶은 친구는 기존회원의 만장일치 찬성이 있어야 가능하다는 규정이다. 가입하려는 친구를 문밖에 세워두고 깔깔거리며 투표하는 흉내를 내던 장면들이 기억난다. 그렇다. 이 투표에서 반대표가 나온 적은 단 한 번도 없었다. 그저 결속력의 중요성을 상징한 것이었다. 그리고 송년모임을 1박2일 하는 전통은 지금까지 이루어지고 있다. 밤새 술 마시고 떠들면서 올라오는 옛날 이야기는 매번 들어도 서로 웃게 만드는 추억거리이다.

40대의 율풍회, 보다 폭 넓게 만나온 친구들

율풍회를 통한 만남은 보다 넓어졌다. 선후배간의 교류 확장을 위해 80년대 학번을 중심으로 선후배가 함께하는 체육대회를 율전 캠퍼스에서 열기도 했고, 성민동 자동이체 확대나 황혜인 열사 추모 기금 지원 등 성민동에의 적극적 참여가 시작된 것도 이 즈음이다. 2005년 강재봉이 총무를 맡으면서 율풍회의 체계는 더욱 딴딴해졌다. 2002년 7월에 다음카페를, 2013년 네이버 밴드를 만들어 소통하고 있다. 우리의 정기모임은 거의 가족 동반 MT로 함께했다.

90년대 어느 야유회에서

2010년 12월 제주도에서

50대, 60대 이제는 가족처럼 곁에 있는 친구들

율전에 바람을 일으키자는 율풍회는 이제 우리 삶에 우뚝 자리잡고 있다. 친구의 기쁨과 슬픔을 함께하고, 일 년에 두세 번은 함께 여행하고, 매년 연말을 함께 지새우고, 촛불집회 등 민주시민으로서의 활동에 함께하고, 세상사를 기탄없이 떠들어 댈 수 있는 친구들이다.

2016년 5월 20일 김해 봉하마을과 경주

사소한 일로 싸우거나 삐지기도 하지만 우리가 쌓아온 미운정 고운정은 우리를 가족처럼 곁에 있게 한다. 50대에 들어서면서 율풍회 회장은 가나다 순으로 하게 되었고, 2024년 장의현이 회장을 맡으며 한바퀴를 돌았다. 회장에 따라 재미난 문화행사가 추가되기도 하며 우리는 평생 친구로 지내고 있다.

2018년 5월 12일 양평과 두물머리 세미원

2018년 9월, 통일의 염원으로 준비한 파주, 도라산 여행

2019년 10월 26일 서울나들이 창경궁

2019년 5월 25일 공주 공산성, 마곡사

2019년 8월 4일~6일
지리산과 거림계곡

2020년 1월 말, 율풍회 친구중 유일하게 외국에서 생활하는 전규화(건축)가 10여년만에 한국에 들어와서 친구들과 찐한 회포를 풀고 찍은 사진

2020년 6월 20일 거제도, 남해

2022년 8월 6일 경남 하동 평사리

2023년 12월4일 인천 무의도

2023년 5월 20일 강원도 평창 월정사

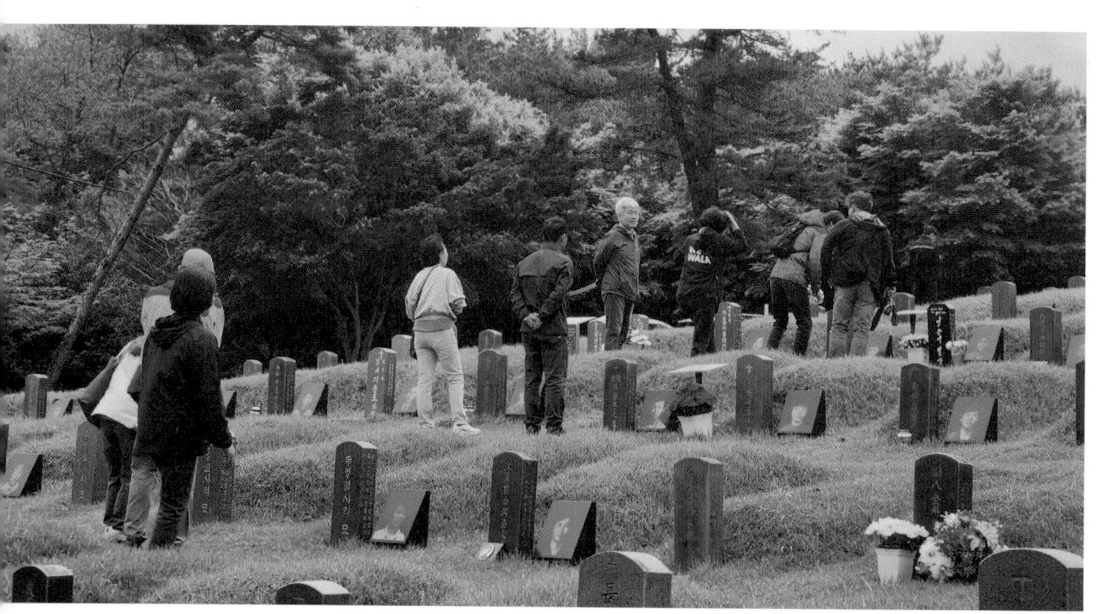

2024년 4월 20일 광주

등산모임 사진

2021년 3월 14일 율풍회 산악반의 첫 산행! 건강을 위해 가벼운 산행을 하기로 했는데 처음에는 적응하느라 서울둘레길을 걸었고, 이후에는 서울 인근의 산을 다니고 있다. 우리는 매월 첫째주 토요일에 산을 오른다.

해외여행 사진

세 번의 해외여행은 정기모임은 아니었지만 많은 친구가 함께했다.

2015년 라오스 여행, 정기모임은 아니지만 율풍회 첫 해외여행

2016년 블리디보스톡 여행, 우리는 사회주의 국가만 여행한다?

2023년 8월 스위스 여행 - 회갑 자축 여행으로 함께함

CHAPTER 03

03

에코성균

성균민주기념사업회 김태영 이사장 취임 축하자리에 참석했다가 82학번 이사가 필요하다는 이야기가 오가면서 얼떨결에 지목을 받고 기념사업회 이사가 되었다. 이후, 성민동 회원을 중심으로 한 봉사단체를 만들게 되었다.
최종적으로 봉사모임의 이름은 '에코성균'으로 했다.

일시 : 24년 3월 23일 (토) 10시 – 14시

장소 : 혜화문 – 와룡공원 - 말바위안내소 -숙정문 – 창의문

첫 번째 활동으로 한양도성 백악구간 청소봉사를 하였다. 준비물을 들고 모임의 장소인 혜화문으로 가는데 사전답사도 안해봐서 행사 진행이 잘 될까 걱정이 앞섰지만 모여서 조끼를 입고 한손에 집게와 한손에 비닐봉투를 들고 혜화문을 출발하여 일렬로 줄 지어 쓰레기를 줍기 시작하니 전혀 어색하지 않고 자연스럽게 줍기를 하게 되었다.

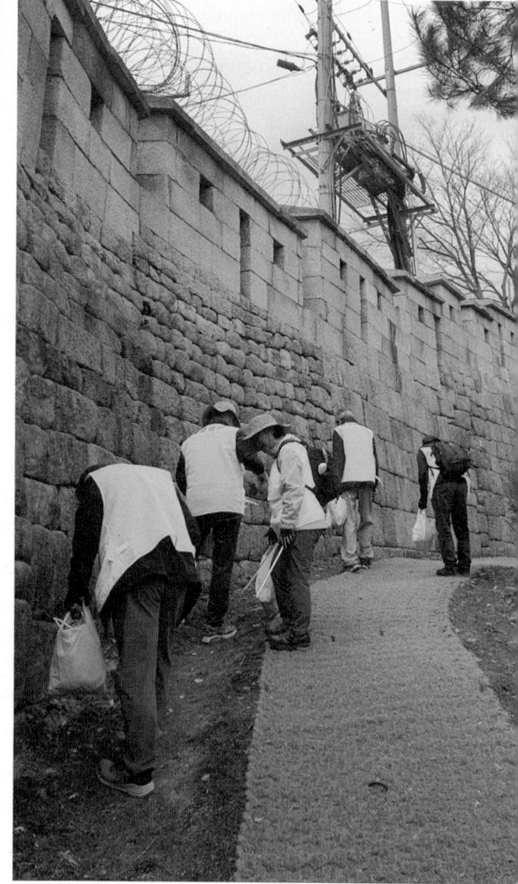

일시 : 24년 5월 11일 (토) 11시 – 14시

장소 : 마석모란공원 민족민주열사묘역

두 번째 행사로는 마석모란공원 열사묘역 비석닦기와 청소를 했다. 단순 참배로 갔던 때와는 달리 묘지의 상석과 비석을 닦고 고인의 살아온 이야기를 읽으면서 청소를 하니 백기완선생님, 문익환 목사님, 전태일열사와 이소선어머님, 박종철열사, 노회찬의원, 박원순시장, 홍세화선생, 역교과 82 김종배 친구 등 고인 한 분 한 분에 대한 고마움과 그리움, 안타까움의 감정들이 뒤섞여 올라왔다.

일시 : 24년 6월 15일 (토) 10시 – 13시 30분

장소 : 드림시티 노숙인센터

드림시티를 운영하는 목사님으로부터 어떻게 노숙인을 도울 생각을 했는지, 일절 정부지원없이 후원금만으로 운영을 하는 노하우 등 많은 이야기를 듣고 아침식사와 후원으로들어온 빵도 먹으면서 에너지를 충전한 뒤 일부는 부엌 청소를 하고 나머지는 각 층에 걸려있는 약 30대의 선풍기를 떼어와서 분해, 청소를 하면서 봉사활동을 했다. 무덥고 습한 날씨여서 땀을 많이 흘렸지만 오늘도 많을 것을 배우며 마무리를 하였다. 이번 참여인원 9명중 7명이 우리 친구들이었다.

일시 : 24년 8월 24일 (토) 10시 – 13시

장소 : 대한성공회 살림터

네 번째 행사로 이수범(유학 88)동문이 대표로 있는 성공회 살림터에서 활동을 하였다. 이곳은 자활센터로 위기가정을 도와 무료숙식을 제공하고 자립지원활동을 하는 곳이다. 처음 시설 소개와 라운딩 시간을 갖고 3층, 4층 화장실 및 세면실, 주방, 1-5층 복도계단청소로 나누어 땀 흘리며 보람찬 청소활동을 하였다.

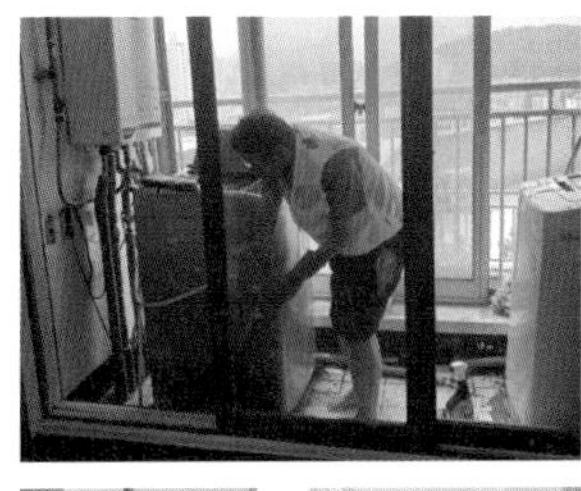

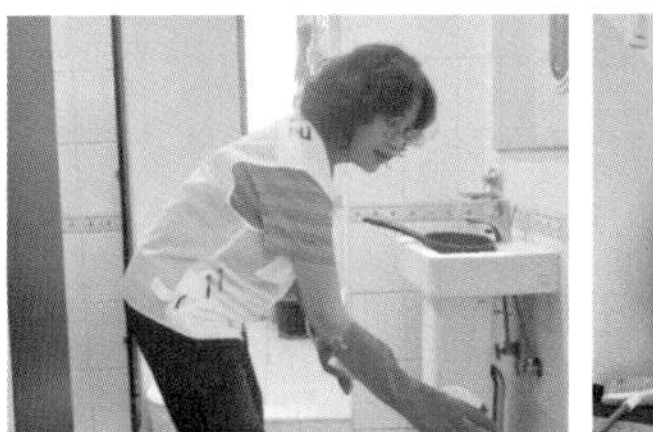

CHAPTER 03

04

언저리 여행 일지

'세계는 책이다. 여행을 많이 다닌다는 것은, 책을 많이 읽는 것과 같다.'

언저리 여행 모임은 여행을 통해서 즐겁고 건강한 생활을 하자는 취지로 모인 친구들의 모임이다. 산언저리·강 언저리·마을 언저리·사람들 언저리·삶의 언저리……. '언저리'라는 단어가 주는 편안하고 여유로운 느낌이 좋아서 모임 이름을 '언저리 여행'으로 지었다.

산 좋고 물 좋고 사람 좋은 곳들을 신명나게 다니며 사는 이야기도 나누고, 좋은 전시 등 문화생활도 하면서 친구들과의 우정을 돈독하게 하는 모임으로 계속 이어갔으면 좋겠다.

2020. 10. 27 화요일

화담숲

언저리여행의 첫 모임은 화담숲으로 정했다. 김기나, 김봉환, 양미경, 이진, 임어진부부, 조영신부부와 함께 9명의 친구들이 가을 단풍 정취가 절정인 화담숲을 따로 또 같이 다니며 즐겼다. 화담숲의 화담(和談)은 '정답게 이야기를 나누다'는 의미로 인간과 자연이 교감할 수 있는 친환경적인 생태 공간으로 숲을 조성하였단다. 그래서인지 전체 숲길을 걸어다니는 데에 큰 무리가 없었다.

2021. 04. 13 화요일

철원 주상절리길 - 비둘기낭 폭포 - 화적연

두 번째 여행은 철원으로 향했다. 양미경, 이진, 임어진, 조영신부부와 함께 6명이 최근에 새롭게 조성되고 있다는 한탄강변 주상절리길을 걸었다. 한탄강은 순우리말 한, 여울 탄(灘)의 '큰 여울이 있는 강'이라는 뜻을 지녔으며, 김정호의 대동지지를 보면 대탄강(大灘江)으로 적혀 있으며, 한반도의 대표적인 화산암 지형으로 유네스코 지질공원으로 지정되었다.

2021. 05 17 월요일

무의도-소무의도 - 8명

무의대교가 생기면서 섬에서 육지로 변한 무의도에 김기나, 박현정, 양미경, 이진, 임어진, 조영신 부부 등 8명이 여행을 갔다. 보슬보슬 비가 내리는 가운데, 하나개해수욕장 옆의 기암절벽 아구리 해안을 따라 바다위에 만든 해상탐방로 데크길과 바닷가 등을 아이들처럼 깔깔거리며 걸으며 여유로운 시간을 보냈다.

2021. 06. 11 금요일

양수리 다산생태공원

언저리여행의 세 번째 코스는 박현정, 양미경, 이진, 임어진, 조영신부부와 함께 7명이 친환경적인 수변 생태공원인 양수리 다산생태공원으로 향했다. 6월의 풍성한 신록과 남한강, 북한강이 만나는 양수리 팔당호의 그림같은 풍경 속에서 엽서 같은 사진들을 찍으며 하하호호 모두들 즐거운 시간을 보냈다.

중간에 들어간 양수리빵공장 베이커리카페에서는 사회적으로 문제가 되었던 조영남의 화투그림이 전시되고 있었고, 나인블럭 서종점 카페에서는 오드리 헵번 초상화가 있는 갤러리와 숲향기 가득한 야외정원이 있어서 힐링이 많이 되는 여행이었다.

2021. 12. 01 수요일

원주 뮤지엄산

원주의 유명한 박물관 뮤지엄산을 박현정, 양미경, 이진, 임어진과 함께 찾아갔다. 건축투어 해설가의 설명을 플라워가든 - 워터가든 - 본관 - 박물관 - 미술관 - 스톤가든 차례로 들었다. 대충만 알고 있었던 안도 타다오라는 건축가에 대해서 좀 더 자세히 알 수 있는 계기가 되었고, 그 후 국내에 있는 안도 타다오의 건축물들을 찾아가서 보게 되었다.

노출 콘크리트, 공간과 틈 사이의 빛을 활용해서 만든 건축물은 마치 한 편의 예술작품을 보는 것과 같았다. 경주고분을 모티브로 한 스톤가든과 제임스 터렐의 전시관도 독특했다. 다양한 컨텐츠로 이뤄진 뮤지엄산은 사계절 주변 환경의 변화와 함께 즐기러 와도 좋은 곳이라는 생각이 든다.

2022. 05. 27 금요일

대전 계족산 황톳길, 계족산성

대전 장동산림욕장 안에 조성된 계족산 황톳길과 계족산성을 박현정, 양미경, 이진, 임덕빈, 임어진, 장의현, 한근수와 함께 8명이 걸었다. 비가 많이 안 와서 그런지 황톳길이 부드럽지 않고 조금 딱딱해서 걷기가 불편했지만, 맨발로 길을 걷는 8명의 친구들은 마냥 즐거웠다. 중간중간 쉼터가 있어서 힘들지도 않았다.

2023. 07 11 화요일

빗속의 양재천변

김병일 회장이 양재천변 걷고 맛있는 것 먹는 모임하자고 해서 시간을 가졌는데, 하필 모이는 날 장맛비가 억수로 쏟아지는 날이었다. 도곡역 4번출구 앞에서 만난 김병일, 양미경, 이진, 임어진, 장의현, 홍순영 6명의 친구들과 빗속을 걸었다.

쏟아지는 장대비 속에서 물이 불어나 출입금지된 양재천을 바라보며 길을 걷는 7명의 친구들은, 이미 나이지긋한 신사.숙녀의 모습은 어디론가 던져버리고, 비에 흠뻑 젖어 길거리에서 까불거리며 뛰어노는 영락없는 10대 청춘남녀의 모습이었다.

우리가 언제 이렇게 놀아봤던가... 우리가 언제 또 이렇게 놀아볼 수 있을 건가...

2023. 10. 28 토요일 - 30 월요일

구례 락페스티발 - 만복대일출 - 지리산 - 무주 덕유산

10여명의 율전과 명륜동 친구들이 모여 친구 조영신이 진행하는 '구례 자연드림 락페스티발'을 보고, 숙소에 모여 즐거운 시간을 보냈다.

다음날 새벽, 강우식, 박현정, 임어진, 장의현, 최진성 등 6명의 친구들이 정령치를 거쳐 만복대의 일출을 보러 출발했고, 나머지 친구들은 다른 등반 일정으로 움직였다.

만복대에서 일출을 보고, 강우식과 최진성은 다른 일정이 있어 먼저 가고, 남은 4명은 인드라망 생명공동체를 실천하는 지리산 마을절 실상사에 들렀다. 고즈넉하고 평화로운 기운이 가득한 실상사는 국보1점과 보물11점을 보유한 국내 최다 문화재 보유 절이기도 하다.

실상사를 나와 대원사계곡과 지리산빨치산토벌전시관을 둘러보았다.

지리산빨치산토벌전시관은 제목 그대로 빨치산 토벌을 기념하여 지어진 전시관이었다. 거기에서는 역으로 당시 지리산 빨치산들이 얼마나 힘들게, 얼마나 가열차게 싸웠었는지를 엿볼 수가 있었다.

붉은 단풍이 아름다운 중산리계곡과 대원사계곡이 그냥 붉은색 단풍은 아닌 듯해서 가슴이 먹먹했다.

지리산을 뒤로 하고 무주로 올라와서 1박을 하고, 다음날, 4명은 덕유산관광리조트를 타고 설천봉을 거쳐 덕유산 정상 향적봉으로 갔다. 좋은 날씨에 비해 너무 짧은 코스라 몸이 덜 풀린 친구들은 중봉까지 갔다가 왔다. 산을 내려와서는 신라와 백제의 국경이었던 무주 석모산 아래에 일제강점기 금광 개발을 위해 뚫은 조그마한 굴인 '라제통문'에서 잠시 쉬었다가 귀경을 했다.

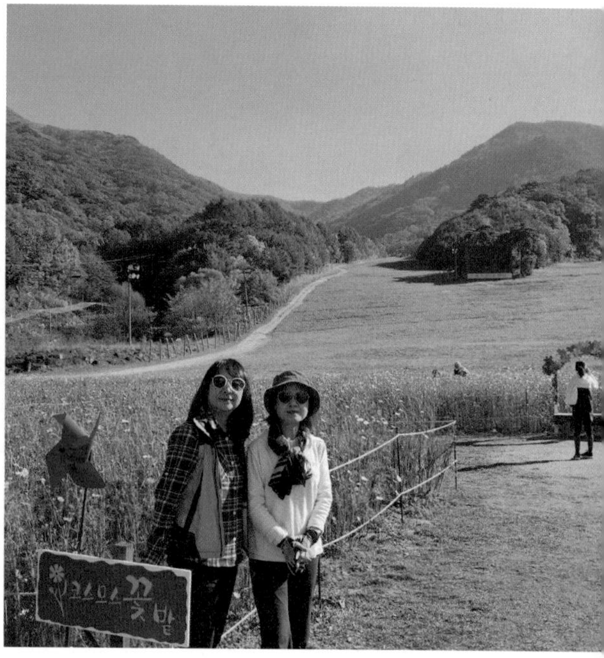

CHAPTER 03

05

여산회의 출범과 오늘까지

2023년, 많은 친구들이 함께 한 울릉도여행에서 성인봉을 오를 때였다. 배포있는 기획의 대가, 조영신이 “야, 성대 82 여성산악회를 만들자. 회장은 진이야.” 라는 농담섞인 말 한마디에서 여산회는 시작되었다. 진담과 농담사이를 오가는 그의 말 한마디가, ‘등린이’인 내가 산악회를 이끌게 하였다. 순영이라는 걸출한 산행대장의 진두지휘하에 나는 바람만 잡으면 되었고, 월 1회 산행, 3인이상이면 무조건 출발한다는 기본지침을 세워 10월 2일 대망의 첫산행을 관악산으로 하게 되었다.

1차 산행 – 관악산 / 2023. 10. 02

첫 산행엔 김기나, 김미, 박현정, 임어진, 최진성, 홍순영, 이진, 김방식과 류지호가 함께 하였다.

저질체력이라고 두려워하던 친구들이 모두 관악산 정상까지 문제없이 올랐고 여산회의 행보가 꽃길이 될거라는 전망을 밝혀주었다.

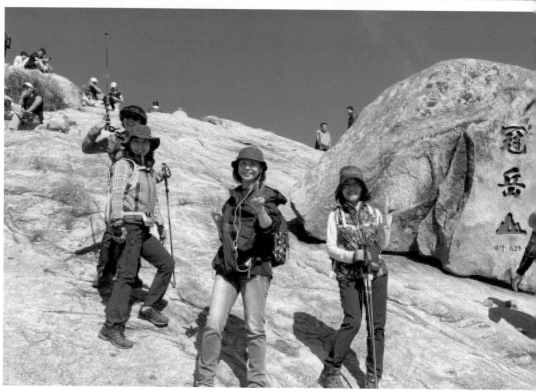

2차 산행 – 청계산 / 2023. 11.12

두번째 산행은 원래 북한산으로 예정되어 있었으나 산행대장의 감기와 여러 친구들의 갑작스런 불참으로 청계산으로 변경하여 진행되었다. 옥녀봉에 머무르지 않고 매봉까지 단숨에 오른 저력의 산악대임을 2회차에 벌써 확인하던 날!!

임어진, 윤미향, 최진성, 박현정, 이진 총 5인이 참석하였고 뒤풀이때 김병일 회장과 신희재가 함께 하였다.

3차 산행 – 송년산행(안산, 인왕산) / 2023. 12. 10

세번째 산행은 한 해를 보내는 송년산행으로 안산에서 인왕산 정상까지 오르고 자하문. 부암동으로 하산하여 송년뒤풀이를 길게 하였다. 김미, 홍순영, 김기나, 이진 넷이서 가진 행복의 한자락!!

4차 산행 – 신년산행 (덕유산) / 2024. 01. 14

2024년 새해 여산회 첫등산은 덕유산 눈꽃산행! 여산회 첫 원정산행이다. 서울 사당에서 버스를 이용하는 1팀(김기나,김난희,김미,박현정,홍순영)은 무주에서 곤돌라탑승-향적봉-중봉-원점회귀 코스다. 안성탐방에서 오르는 2팀(김병일부부,조영신부부)은 동업령-중봉-향적봉-곤돌라 하산이다. 육십이 넘은 나이에 덕유 겨울눈산행을 꿈꾼 친구들이었는데 안타깝게도 덕유는 눈꽃세상을 내어주진 않았다. 그래도 날씨가 쾌청하여 저멀리 남덕유산, 지리산이 보이는 듯~ 초보산행 친구들에게 향적봉 정상(1,614m)과 중봉 겨울산행길은 충분히 멋진 산행이었다.

5차 산행 – 제주(한라산 영실코스) / 2024.02.23~25

한라산행은 원래 여산회의 일정이기 보다 82 전체의 행사로 만들어져 여산회의 참석자수가 제한적이었다. 제주도라는 지역적 한계 때문에 많은 친구가 함께 하지는 못했지만 개인적으로 360도 막힌곳 없이 탁 트인 설원은 환상의 바다였다.

6차 산행 – 북한산 / 2024. 3.10

봄이 오는 북한산을 보고자 했으나 정상에 가까워지니 녹지 않은 눈으로 여기저기 미끄러운 눈길로 진땀나는 산행이었다. 역시 산행은 겸손해야 하고 늘 준비되어야 한다는 생각을 하게 한 날이었다. 김난희가 산길에 미끄러져 갈비뼈에 금이 간 불운의 날이기도 했다. 류지호, 이성수, 김태영, 박현정, 김기나, 최진성, 김미, 김난희, 임어진, 홍순영, 이진 총 11인이 함께 하였다.

7차 산행 – 광교산 / 2024. 04. 07

가을에 시작한 여산회 산행이 어느덧 벚꽃산행이다. 최진성, 김태영과 함께하는 광교산행~ 이번산행에는 율풍회 친구들도 함께 해 더욱 풍요로운 산행이 되었다. 여기저기 진달래가 반겨주며 봄기운을 만끽하고 오르는 광교산~ 하산길이 만만치 않아 운동까지 제대로 시켜준 광교산! 벚꽃이 흐드러진 호숫길을 걸으며 봄을 만끽한 산행이었다.

8차 산행 – 남산 / 2024. 05.12

회가 거듭되며 친구들이 더해지고 새로운 인재발굴이 이루어져 주형길이라는 불세출의 산악인이 산행대장으로 등장하는 8차 산행이었다. 남산 구석구석을 맨발로 느끼고 새로운 남산을 만나는 기회였고 형길이의 세심한 배려와 리딩이 훌륭했다.

간식과 중앙아시아음식점 뒤풀이까지 형길의 정성을 느낄 수 있는 순간들이었다. 김미, 최진성, 박현정, 김은영, 박양숙, 이승선, 권재용, 홍순영, 이진, 주형길 김태영, 권순필, 강재봉 13인 참석

9차 산행 – 북한산 대남문 / 2024. 06.09

형길과 순영의 리딩으로 3월 북한산과는 다른 코스로 오르고 하산길은 악명높은 칼바위 능선으로 내려와 진일보한 여산회를 증명해 내었다.

아슬아슬한 바위능선을 무탈하게 내려오며 " 우리 칼바위 능선 탄 여자들이야 " 하며 웃을 수 있었다. 등린이들이 모여 시작한 산악회가 이제 어느덧 10차 산행을 앞두고 있다.

10차 산행 – 수락폭포 경반계곡 트레킹 / 2024. 08. 11

2024년 8월 11일(일), 친구들은 가평 수락폭포와 경반계곡을 트래킹하며 한 여름 더위를 이겨냈다.

좌측부터 이진, 그 앞쪽이 홍순영, 맨 앞쪽은 김미, 맨 우측 박현정

이 날 트래킹은 칼봉자연휴양림에서 시작하여 한석봉마을, 경반계곡, 수락폭포로 진행되었다. 특히 수락폭포에서의 시간은 어린 동심의 세계에 빠진 것 같은 큰 즐거움을 선사 받았다.

좌측사진 박현정, 가운데 사진_박현정, 홍순영, 이진, 주형길, 우측사진_이진, 박현정, 홍순영(앞쪽)

편집 후기

서가를 서성인 발걸음이 헤아려지지 않는다. 출판사 한답시고 종이더미 틈바구니에서 산 세월이 길다. 현미경과 망원경을 오래도 지니고 살았다. 세세하게 때로는 광활하게 활자를 더듬는 관찰자, 그게 나였다.

친구들 글을 하나씩 펼쳐볼 적마다 선물세트 사탕을 쏙쏙 빼먹는 아이의 심정이었다. 어떤 것은 달착지근한 유가였고 또 어떤 것은 쾌한 박하거나 알싸한 계피였다. 향과 맛은 달라도 읽는 내내 맛있었다. 82학번 문집을 내자고 뽐뿌질한 건 탁월한 선택이었다.

40년 전 우리들은 자식들보다 어렸더라. 그리고 상처를 받았더라. 보호해줘도 시원찮을 판에 어린 녀석들에게 국가는 잔인했더라. 국가의 극악한 역사는 독립 운동가들로 시작해 지금의 잘파세대(Z+alpha)까지 대물림 되고 있다. 통탄할 일이다. 눈 깜짝할 새 어른이 되어버렸다. 후생가외(後生可畏)라 하였으니 이제 찐, 어른이 될 시간이다.

그대들의 모든 시간에 갈채를 보낸다.

2024. 11. 23

소재두

《대추 한 알》

저게 저절로 붉어질 리는 없다
저 안에 태풍 몇 개
저 안에 천둥 몇 개
저 안에 벼락 몇 개

저게 저 혼자 둥글어질 리는 없다
저 안에 무서리 내리는 몇 밤
저 안에 땡볕 두어 달
저 안에 초승달 몇 날이 들어서서
둥글게 만드는 것일 게다

대추 나무야
너는 세상과 통하였구나

장석주 시인의《대추 한 알》에는 인생과 우주가 함축되어 있다.
이번 성균관대 82학번 문집《이토록 빛나는 1982》에는 우리들의 인생 여정이 담겨있다.

우리도 기쁨과 슬픔, 고뇌와 시련의 모든 세월을 견뎌 지금의 '나'로 존재한다.
그 세월을 견뎌낸 우리에게 축하와 감사의 박수를 보내자.

시대와 사회에 온몸으로 부딪혀온 우리들의 인생에 한 매듭을 짓는 문집을 내면서
모두에게 자기 성찰의 기회가 되었을 것이다.
인생의 일부분이겠지만 진솔한 이야기를 담아낸 친구들의 수고와 열정에 감탄하며,
다음 매듭짓기까지 새로운 출발점으로 삼고 살아갑시다.
앞으로가 더 기대되는 '부라보! 우리의 인생!'

2024. 11. 23
윤미향

이토록 빛나는 1982

2024년 11월 22일 초판 1쇄 발행

글 | 성균관대학교 82학번

펴낸이 | 류지호

펴낸곳 | 원더박스

출판등록 | 제 2022-000212호(2012.6.27)

주소 | (03173) 서울시 종로구 새문안로3길 30, 대우빌딩 911호

대표전화 | 02-720-1202

팩시밀리 | 0303-3448-1202

블로그 | blog.naver.com / wonderbox13

이메일 | wonderbox13@naver.com

ISBN 979-11-92953-41-0 (03300)

〈만든 사람들〉

기획 | 김병일, 소재두, 구자춘

편집위원 | 강재봉, 권순필, 류지호, 이기춘, 이성수, 이진, 임어진, 장진희, 조영신, 홍순영

책임편집 | 윤미향

교정·교열 | 한필훈

켈리그라피 | 구자춘

디자인 | 진애드(이수연, 윤미리)